HISTOIRE

DES

USAGES FUNÈBRES

ET DES

SEPULTURES DES PEUPLES ANCIENS

PARIS. — IMPRIMERIE DE J. CLAYE

RUE SAINT-BENOÎT, 7

HISTOIRE

DES

USAGES FUNÈBRES

ET DES

SÉPULTURES DES PEUPLES ANCIENS

PAR

ERNEST FEYDEAU

PLANCHES ET PLANS

EXÉCUTÉS SOUS LA DIRECTION DE M. ALFRED FEYDEAU, ARCHITECTE DE LA VILLE DE PARIS

Ouvrage publié avec les auspices de M. le Ministre d'État et de la Maison de l'Empereur
et de M. le Ministre de l'Instruction publique et des Cultes

TOME DEUXIÈME

PARIS

GIDE, LIBRAIRE-ÉDITEUR, 5 RUE BONAPARTE

M DCCC LVIII

HISTOIRE

DES

USAGES FUNÈBRES

ET DES

SÉPULTURES DES PEUPLES ANCIENS

PERSES

PREMIÈRE PARTIE

USAGES FUNÈBRES

I

Nous avons dit, en retraçant l'histoire des usages funèbres de l'Inde que, vers le Histoire des Perses primitifs. xv⁰ siècle avant J.-C., la famille aryenne qui habitait les plateaux de la Haute-Asie, se divisa en deux branches au moment d'émigrer de son territoire. La première, qui fut la souche du peuple indou, se dirigea vers le Midi et s'établit dans les vallées du Gange et de l'Indus. La seconde descendit vers l'Ouest et prit possession de l'Iran, vaste pays borné par l'Indus, l'Oxus, le Tigre et le golfe Persique.

L'Iran, — dont les Grecs firent l'Ariane — était pour ainsi dire enfermé entre trois contrées différentes : l'Inde, la Tartarie et l'Assyrie; mais ces deux dernières contrées lui étaient complétement étrangères par la langue, par l'origine, comme par les coutumes. L'Inde seule peut revendiquer une part dans la civilisation de la famille iranienne : sa langue était un dialecte du sanscrit, et sa religion présentait de nombreuses analogies avec celle qui se manifesta pour la première fois, ainsi que nous l'avons vu, dans les Védas.

« Ce fut très-anciennement, » dit Burnouf, « que les événements séparèrent les « peuples ariens en deux grandes branches. Au moment où fut rédigé le Rig-Véda, « les brahmanes avaient connaissance, soit par eux-mêmes, soit par une tradition « ancienne, d'une autre race d'hommes ayant des rapports d'origine avec la famille « brahmanique, mais actuellement séparée d'elle, race qu'ils personnifiaient dans un « individu appelé d'un nom dont ils ignoraient sans doute le sens. Ce qu'il est permis « encore de conclure, c'est que ces hommes de la première loi, ces *Piekdadiens* « fameux, si célèbres dans les traditions persanes, sont les ancêtres communs des « Ariens de la Bactriane et des Ariens de l'Inde[1]. »

La Perse était une des provinces de l'Iran. De nombreuses peuplades l'habitaient, sortant toutes de la même famille[2]. Celle des Mèdes, par la ressemblance de sa langue et de son histoire, doit être considérée comme une branche de la nation persane[3]. De même que les Aryens de l'Inde, ceux de l'Iran restèrent longtemps laboureurs et pasteurs, et leur culte se réduisait à celui de la nature. Ils adoraient les éléments et les astres; ils n'avaient pas de temples; ils se divisaient en castes. Cependant ils ne prirent pas possession de leur conquête lentement et par des invasions successives comme les Indous. L'homme qui les fit descendre des plateaux de la Haute-Asie pour les conduire dans les vallées de la Mésopotamie, de même que son imitateur Mahomet, devait imposer son culte par le glaive.

Zoroastre. — Son histoire et sa doctrine.

Nous devons dire quelques mots de cet homme extraordinaire qui est resté l'une des plus grandes figures de l'histoire.

Aucun annaliste, aucun érudit n'a pu, jusqu'à présent, déterminer le siècle dans lequel vécut Zoroastre. Les uns l'ont considérablement rapproché de notre ère; d'autres l'ont fait reculer jusques dans les limbes de la plus haute antiquité; d'autres encore, ne pouvant parvenir à concilier l'archaïsme du caractère de sa doctrine avec les traditions des prêtres de sa religion, ont prétendu qu'il avait existé deux personnages du même nom, le second réformant l'œuvre du premier. Tout est obscurité et contradiction jusque dans les suppositions émises sur le compte de cet homme unique.

Les anciens cependant étaient à peu près unanimes pour reconnaître que Zoroastre avait vécu dans un âge fort reculé. L'auteur du plus savant travail publié sur sa personne, M. Jean Reynaud[4], a recueilli tous leurs témoignages, et, de ces témoignages,

1. Burnouf, *Commentaires sur le Yaçna*, pages 568-569.
2. Heeren, *De la Politique et du Commerce des peuples de l'antiquité*, I, 436.
3. *Id.*   *ibid.*
4. *Encyclopédie nouvelle*, article *Zoroastre*.

il ressort que les uns, tels qu'Hermodore le platonicien, Diogène-Laërte, Hermippe, Plutarque, Eudoxe, le faisaient vivre plusieurs milliers d'années avant la guerre de Troie, et les autres, à peu près à la même époque que cette guerre. Ce qu'il y a de plus certain, c'est que les nombreuses analogies que présentent les livres de Zoroastre avec les plus anciens livres du monde : les Védas et la Genèse, indiquent que ces trois œuvres appartiennent à la plus haute antiquité.

Les fragments des livres de Zoroastre qui nous restent, ne forment, dit Burnouf, « qu'une portion peu considérable de l'ensemble des livres qui portent le nom « du législateur et que les Parses regardent comme le fondement de leur loi. Ces « livres se divisaient en vingt et une sections sous le nom de *Naçka*; nous ne possédons « qu'une partie de la vingtième, appelée par les Parses *Vendidad*, et traduit par « Anquetil-Duperron sous ce titre. A cette portion du vingtième *naçka*, il faut « ajouter le livre de la liturgie connu par les Parses sous le nom de *Yaçna* [1]. »

Les *Naçkas* dont la réunion est connue sous le nom de *Zend-Avesta*, n'ont jamais été, malheureusement, traduits avec une fidélité rigoureuse. La version d'Anquetil, au dire de Burnouf, est remplie d'erreurs grammaticales et de contre-sens théologiques. Dans l'impossibilité où nous sommes, — avec tout le monde depuis la mort de Burnouf, — de redresser les erreurs de cette version, nous avons dû nous contenter de signaler les doutes du savant orientaliste. Le temps n'est pas encore venu où les historiens pourront rien écrire de bien certain sur les premiers âges des grands empires asiatiques.

La religion de Zoroastre dont l'idée-mère est la lutte contre le mal, porte le nom de Mazdéisme. Les Guèbres ou Parses la suivent encore. M. Jean Reynaud que doit forcément citer tout écrivain qui prononce le nom du grand civilisateur de la Perse donne une explication très-nette de sa doctrine. « La théologie du mazdéisme, » dit-il, « est très-simple. Elle procède de la définition catégorique du bien et du mal, « et, déterminant sur ces principes les lois de l'union des créatures entre elles et « avec Dieu, en vue de la résistance au mal et de la persévérance dans le bien, elle « se conclut par la prophétie de la réconciliation finale de tous les êtres dans une « adoration commune [2]. »

Ormuzd, dieu suprême du mazdéisme, est le principe de tout bien. Il est incorporel, unique, éternel. Sous ses ordres existent un certain nombre d'esprits divins qui sont les agents directs de sa volonté. Il ne faut point les confondre avec les dieux inférieurs du polythéisme indou, car Zoroastre protesta toujours contre la division de la divinité, et il déclara même une guerre ouverte aux dieux de l'Inde en les qualifiant de mauvais

---

1. Burnouf, *Commentaires sur le Yaçna*, Avant-propos.
2. *Encyclopédie nouvelle*, Zoroastre.

génies[1]. Il y a cependant de telles affinités entre la religion de Zoroastre et celle de Manou qu'on peut affirmer qu'elles eurent une commune origine, et que la première ne fit des mauvais génies des dieux de la seconde que lorsque les deux branches de la même race s'étant séparées, entrèrent en rivalité. Les *devas* de l'Inde nommés *dews* par Zoroastre, représentaient d'un côté de l'Indus des divinités protectrices, et de l'autre les agents d'Ahriman, principe du mal et des ténèbres.

Les esprits divins ou bons génies de la religion de Zoroastre, sous le nom d'*izeds*, étaient répandus dans tout l'univers. Chaque élément, chaque objet de la création avait le sien. Ils présidaient à chaque jour de l'année, à chaque heure du jour, à chaque mois, à chaque année ; comme aux biens de la terre, à la pluie, aux vents, à la lumière, à la prospérité des troupeaux, aux récoltes. Parmi eux, ou au-dessus d'eux, — pour être plus exact, — régnaient les *Férouers* ou types divins de chacun des êtres doués d'intelligence, son *idée* dans la pensée d'Ormuzd, le génie supérieur qui l'inspirait et veillait sur lui[2]. C'est par les Férouers que tout subsistait dans le ciel et sur la terre. Les astres, les animaux, les hommes, les anges avaient leur Férouer. Ormuzd lui-même n'en était pas exempt[3]. Ainsi toute créature trouvait dans le ciel son double, son image, sa correspondance immortelle. M. Jean Reynaud ne manque pas de constater la ressemblance frappante qui existe entre ces véritables anges gardiens et ceux de la religion chrétienne : « Les invocations et les sacrifices des Parses, » dit-il, « vont chercher dans le ciel les Férouers des hommes qui ne « sont plus, et ces anges en descendent à la prière qui les implore ; ceux des hommes « qui ne sont point encore nés y sont déjà ; enfin, chacun des passagers qui vivent « actuellement sur la terre peut s'élancer par le cœur vers ce protecteur invisible « qui, par son essence est à lui et veille sur lui[4]. »

Nous verrons plus loin et tout au long comment, chez les Parses, le culte des morts se développa, grâce à ce dogme consolant.

II

Le Zend-Avesta contient des prescriptions très-nombreuses sur les usages funèbres de la Perse. Nous les étudierons, les unes après les autres, ainsi que nous avons étudié déjà celles du code de Manou, en tirant les conséquences intéressantes de

1. Nève, *Études sur les hymnes du Rig-Véda.*
2. Burnouf, *Commentaire sur le Yaçna.* Page 270.
3. Jean Reynaud.
4. *Id.*

ces prescriptions et constatant leurs ressemblances avec celles de l'Égypte et de l'Inde, à mesure que ces comparaisons se présenteront naturellement à nous.

La loi mentionne d'abord l'interdiction de certains modes d'inhumation :

« Juste juge du monde, qui existe par votre puissance, dit Zoroastre à Ormuzd, quelle est « la seconde chose qui déplaise à cette terre (que nous habitons), et l'empêche d'être favorable?

« Ormuzd répondit : C'est lorsqu'après l'avoir bien unie, on la creuse pour y mettre le « cadavre d'un chien ou celui d'un homme, que l'on recouvre ensuite de terre.

« Quelle est la troisième chose qui déplaise à cette terre (que nous habitons), et l'empêche « d'être favorable?

« Ormuzd répondit : C'est lorsqu'après l'avoir bien unie, on y construit un dakhmé (un « cimetière)[1], dans lequel on met les cadavres des hommes.

« Quelle est la cinquième chose qui déplaise à cette terre (que nous habitons), et l'empêche « d'être favorable?

« Ormuzd répondit : C'est lorsqu'un homme juste, ô supérieur[2] Zoroastre, une femme ou « un jeune homme vont et viennent, et se couvrent la tête de poussière, en répandant des « pleurs et des plaintes.

« Quelle est 1° la terre la plus excellente, celle qui marque à l'homme sa satisfaction, en le « favorisant de ses dons?

« Ormuzd répondit : C'est celle que l'on unit bien, après en avoir retiré le cadavre d'un « chien ou celui d'un homme qui y était renfermé.

« Quelle est 2° la terre la plus excellente, celle qui marque à l'homme sa satisfaction, en le « favorisant de ses dons?

« Ormuzd répondit : C'est celle que l'on unit et façonne après avoir détruit le dakhmé (qui « était) construit dessus, et dans lequel il y avait des corps morts[3]. »

Dès le début, nous voyons chez les Parses, l'idée d'un grand respect pour la Terre. C'est la souiller que déposer dans son sein des corps d'hommes et d'animaux; c'est se souiller soi-même que se livrer aux exagérations du deuil antique auprès des tombeaux creusés dans la terre. Le code de Manou ne montre de préoccupation que pour la souillure imprimée aux vivants par le contact des morts. Celui de Zoroastre va plus loin. Les lois de ces deux codes, inspirées par la salubrité, se rencontrent dans leur principe, mais elles portent sur des objets totalement différents.

« Quel doit être le lieu, continue Zoroastre, destiné aux kesches, qui sont les places des « cadavres des hommes?

« Ormuzd répondit : Il faut que ce soit une terre entièrement séparée de l'eau et des

1. Anquetil-Duperron traduit Dakhmé par cimetière. C'est une faute; il faut lire : *Tombeau commun*. Le mot cimetière est un mot chrétien.
2. Excellent.
3. Anquetil-Duperron. Zend-Avesta, 2-281.

Interdiction de certains modes d'inhumation.

Emplacement des sépultures.

« arbres, que ce soit une terre très-pure et très-sèche. Que le kesche bien proportionné au
« corps de l'homme, soit dans un endroit où il passe le moins qu'il sera possible d'animaux
« domestiques et de bestiaux, où il n'y ait ni feu d'Ormuzd, ni Barsom lié purement, ni
« homme saint[1]. »

Voilà la mention d'un emplacement particulier pour inhumer les corps très-nettement posée. La loi indoue ne s'en était pas occupée. Nous verrons plus loin, dans les plus grands détails, quelle doit être la disposition de cet emplacement.

La loi indoue, cependant, s'était contentée de mentionner les moyens de purification pour effacer la souillure causée par le contact des morts; celle de Zoroastre, plus sévère, va désigner le châtiment qui doit frapper les transgresseurs.

Châtiment des transgresseurs de la loi.

« Lorsqu'un chien mort, ou un homme mort, a été mis en terre, si l'on laisse passer la moitié
« d'une année sans le déterrer, quelle sera la punition de ce (crime)?
« Alors Ormuzd dit : (Le coupable) doit être frappé cinq cents fois (avec des courroyes de
« peau) de cheval ou de (peau de) chameau; ce qui répond à cinq cents derems.
« Lorsqu'un chien mort, ou un homme mort, a été mis en terre, si l'on laisse passer une
« année entière sans le déterrer, quelle sera la punition de ce crime?
« Alors Ormuzd dit : (Le coupable) doit être frappé mille fois (avec des courroyes de peau)
« de cheval ou de (peau de) chameau; ce qui répond à mille derems.
« Lorsqu'un chien mort, ou un homme mort, a été mis en terre, si l'on laisse passer deux
« années entières sans le déterrer, quelle sera la punition de ce crime; comment (le coupable)
« passera-t-il le pont[2], comment sera-t-il purifié?
« Alors Ormuzd dit : Il n'y a pas d'expiation (de ce crime. Le coupable) ne passera pas le
« pont : il ne pourra être purifié. Cette action l'empêchera de passer le pont, jusqu'à la
« résurrection. Que doit-il donc (faire)? Il doit écouter avec soumission ce qu'ordonne la Loi
« des Mazdéesnans. Mais celui qui n'écoute pas avec soumission ce qu'ordonne la Loi des
« Mazdéesnans, ceux qui sont de l'indubitable Loi des Mazdéesnans le sépareront (du corps
« des Fidèles), lui qui n'obéit pas à cette (Loi), qui fait le contraire de ce qu'elle ordonne.
« Chassez cet homme, ô sapetman Zoroastre, du (corps) de l'indubitable Loi des Mazdéesnans,
« et coupez-lui (le corps) aux jointures[3]. »

Plus loin le législateur ajoute une prescription qui nous montre l'usage égyptien, déjà retrouvé dans l'Inde, établi dans la Bactriane :

« Séparez de votre communion, dit-il, celui qui enterre un mort[4]. »

---

1. Zend-Avesta, 2, 332. — Le barsom est le faisceau de branches d'arbres que les Parses doivent tenir de la main gauche en priant.
2. Qui sépare la terre du ciel.
3. Zend-Avesta, 2, 335.
4. Id.   2, 336.

Cet ordre indique, selon moi, que tous les hommes employés aux soins des sépultures et des funérailles devaient former une caste à part. Précédemment le législateur avait dit :

« Qu'un homme ne porte pas seul un mort. Si un homme porte seul un corps mort, le « daroudj Nesosch [1] (qui obsède le mort) saisira le porteur par le nez, les yeux, la langue, le « derrière, les parties naturelles, par tout le corps. Le mort même, sur lequel le daroudj « Nesosch se promène, élèvera la voix contre cet homme, qui ne sera ensuite purifié de ce « crime qu'à la résurrection [2]. »

Le législateur va défendre maintenant d'abandonner les cadavres sur la terre :

« Lorsqu'un homme meurt dans les bouches (où sont situés) les villages, les oiseaux s'élèvent « du haut des montagnes, (descendent) dans ces gorges, (et se jetant) sur le corps de cet « homme mort, ils le mangent avec avidité. Ensuite les oiseaux s'élèvent de ces gorges sur « le sommet des montagnes. Leur bec dur comme l'amande porte la chair morte et la « graisse sur (ces montagnes). De cette façon, le cadavre de l'homme est transporté des « vallées sur le haut des montagnes.

« Il faut mettre le cadavre dans un lieu tel, que ni le chien, ni l'oiseau, ni le loup, ni « le vent, ni la mouche ne puissent rien emporter de ce (cadavre); pour que (le daroudj) « Nesosch ne rende pas l'homme criminel. Car si le chien, l'oiseau, le loup, le vent ou la « mouche emportent (quelque chose du cadavre), (le daroudj) Nesosch rend l'homme criminel. « Si l'homme se conduit ainsi, le cruel Eschem [3] frappera ce qui fait les délices du monde « existant; l'âme de cet homme ne passera pas le pont. Tel sera certainement (le sort) de « celui qui laisse un mort sur la terre. [4] »

Ainsi les châtiments frapperont les transgresseurs de la loi dans cette vie comme dans l'autre. Il n'était pas possible de faire davantage pour obliger les hommes à obéir.

Voici maintenant les nombreuses et très-ingénieuses prescriptions funéraires que doit suivre tout fidèle. L'emplacement des sépultures, l'attitude des cadavres, seront clairement désignés :

« Pendant le chaud et pendant le froid, à quoi les disciples de la loi excellente doivent-ils « avoir attention ?

1. Le daroudj Nesosch est un mauvais génie produit par Ahriman, principe du mal, qui a mission de multiplier la mort dans le monde, en se dégageant de la dépouille des morts pour attaquer les vivants.
2. Zend-Avesta, 2, 281.
3. Dew de l'envie, le plus puissant des dews.
4. Zend-Avesta, 2, 298.

« Alors Ormuzd dit : Il faut que celui qui est mort dans un lieu (dans une maison), ou
« dans une rue, soit porté dans un troisième endroit.

« Comment sera l'endroit où l'on posera le mort?

« Ormuzd répondit : Qu'il soit tel, que la tête du mort ne soit pas frappée (gênée),
« que les pieds et les mains ne soient pas séparés du corps. Tel doit être le dâdgâh destiné
« au mort.

« Si le corps est en morceaux, on peut le mettre pour deux ou trois nuits, ou pour un
« mois entier, dans un lieu où les oiseaux passent, où il croisse des arbres, où l'eau coule,
« et où le vent sèche promptement la terre.

« Si l'on met (le cadavre) dans un lieu où les oiseaux passent, où les arbres croissent en
« abondance, où l'eau coule, et où le vent puisse sécher promptement la terre, il faut que
« les Mazdéiesnans fassent en sorte que le soleil voye le corps. Si les Mazdéiesnans ne font
« pas en sorte que le soleil voye le corps, le lieu (où on l'aura mis) ne sera pur qu'au bout
« d'une année, et celui (qui aura fait cette faute), en sera puni.

« Il faut absolument mettre les cadavres dans un lieu élevé, construire les dakhmés sur des
« hauteurs, y porter ce qui appartient au mort, pour que les oiseaux le mangent.

« C'est vous qui donnez l'eau, vous qui êtes Ormuzd, (l'eau) tirée du fleuve Woorokesché [1]
« avec le secours du vent et des nuées. Vous la répandez sur le mort, vous qui êtes Ormuzd ;
« sur le dakhmé, vous qui êtes Ormuzd ; sur ce qui appartient au cadavre, vous qui êtes
« Ormuzd ; sur les os, vous qui êtes Ormuzd ; vous la faites couler dans le monde, vous qui
« êtes Ormuzd. Vous faites aussi couler l'eau sur le fleuve Pouetekô [2]. »

Il est remarquable que Zoroastre ait adopté une variante du mode d'inhumation
égyptien, — sans doute afin d'éloigner plus complétement les morts des vivants. —
Il est plus remarquable encore d'observer qu'il prescrivit d'établir les sépultures sur
la partie la plus élevée des montagnes ; mais il est difficile de concevoir pour quelle
raison, — au lieu d'adopter le mode d'embaumement égyptien, — il fait dessécher les
corps par le soleil et le vent, et les livre en pâture aux oiseaux de proie. Il y a là,
au point de vue de la salubrité, une sorte de contre-sens incompréhensible.

Suivent de singuliers détails sur la manière dont l'impureté se communique des
morts aux vivants :

Comment l'impureté se communique des morts aux vivants.

« Lorsque dans un lieu plusieurs personnes sont rassemblées et se touchent sur un tapis ou
« sur un matelas, soit que ces personnes, qui sont en présence l'une de l'autre, soient au
« nombre de deux, de cinq, de cinquante ou de cent ; si une d'entre elles vient à mourir, sur
« combien (de personnes) le darondj Nesosch se reposera-t-il, en cas que quelqu'une soit
« touchée par des choses impures, la graisse et la pourriture (qui peuvent sortir du corps du
« mort) ?

1. L'Araxe.
2. Zend-Avesta, 2, 293 et 394. — Le Pouetekô est une des branches de l'Araxe.

« Alors Ormuzd dit : Si c'est un athorné[1] (qui est mort), le Daroudj Nesosch court au
« milieu de ces (personnes), ô sapetman Zoroastre. Si (la pourriture) a atteint la onzième, il
« rendra la dixième impure.

« Si c'est un militaire, le Daroudj Nesosch court au milieu de ces (personnes), ô sapetman
« Zoroastre. Si (la pourriture) a atteint la dixième, il rendra la neuvième impure.

« Si c'est un laboureur, source de biens, le Daroudj nesoch court au milieu de ces
« (personnes), ô sapetman Zoroastre. Si (la pourriture) a atteint la neuvième, il rendra la
« huitième impure.

« Si c'est un chien pasoschoroun[7] (qui est mort), le Daroudj Nesosch court au milieu des
« (personnes parmi lesquelles ce chien se trouve), ô sapetman Zoroastre. Si (la pourriture)
« a atteint la huitième, ce (Daroudj) rendra la septième impure.

« Si c'est un chien veschoroun[8], le Daroudj Nesosch court au milieu de ces (personnes),
« ô sapetman Zoroastre. Si (la pourriture) a atteint la septième, il rendra la sixième
« impure.

« Si c'est un chien vôhunezag[4], le Daroudj Nesosch court au milieu de ces (personnes),
« ô sapetman Zoroastre. Si (la pourriture) a atteint la sixième, il rendra la cinquième impure.

« Si c'est un chien toroun[5], le Daroudj Nesosch court au milieu de ces (personnes),
« ô sapetman Zoroastre. Si (la pourriture) a atteint la cinquième, il rendra la quatrième
« impure.

« Si c'est un chien sukoroun[6], le Daroudj Nesosch court au milieu de ces (personnes),
« ô sapetman Zoroastre. Si (la pourriture) a atteint la quatrième, il rendra la troisième impure.

« Si c'est un chien djetjosch[7], le Daroudj Nesosch court au milieu de ces (personnes),
« ô sapetman Zoroastre. Si (la pourriture) a atteint la troisième, il rendra la seconde impure.

« Si c'est un chien evizosch[8], le Daroudj Nesosch court au milieu de ces (personnes),
« ô sapetman Zoroastre. Si (la pourriture) a atteint la seconde, il rendra la première impure.

« Si c'est un chien vizosch[9], le Daroudj Nesosch court sur (ceux qui sont présents),
« ô sapetman Zoroastre. S'il (n') y a (pas) une personne, et que la pourriture l'atteigne, ce
« (Daroudj) la rendra (souverainement) impure.

« Mais si c'est le chien oropesch[10], combien de personnes, dans le monde de l'Être absorbé
« dans l'excellence, ce chien oropesch rendra-t-il (impures de l'impureté) hamrid[11]?

« Ormuzd répondit : le chien oropesch dans le monde de l'Être caché dans l'excellence,

1. Membre de l'un des trois ordres du sacerdoce.
2. Qui est dressé à combattre le loup.
3. Chien de garde.
4. Chien sans maître.
5. Chien fort.
6. Chien aveugle.
7. Chien dressé à tuer les couleuvres.
8. Hérisson.
9. Espèce de fouine.
10. Espèce de renard.
11. Impureté que produit l'attouchement d'un être impur par lui-même.

« ne rendra rien (lorsqu de l'impureté) hamrid ; quelque chose qu'il frappe, à quelque
« chose qu'il s'attache, cette chose (durera) toujours et jusqu'à la résurrection[1]. »

Ce Daroudj Nesosch, espèce de personnification de la contagion qui doit naître des cadavres, joue dans le monde le rôle le plus funeste. Non-seulement il rend impur la personne qu'il touche, mais encore celui qui se tient auprès de cette personne et qui n'a pu se trouver directement souillé par le contact du mort. Nous avons observé dans l'Inde un fait à peu près semblable : à la mort d'un roi, tous les habitants de la ville dans laquelle il réside sont impurs.

Suivent de nouvelles prescriptions qui ne sont que la conséquence exagérée du principe de salubrité :

Prescription relative à la terre souillée par le contact d'un mort.

« Combien de temps laissera-t-on en friche la terre sur laquelle est mort un chien ou un homme?
« Alors Ormuzd dit : Il faut laisser un an entier en friche, ô pur Zoroastre, la terre sur
« laquelle est mort un chien ou un homme. Que les mazdéiesnans ne cultivent pas la terre sur
« laquelle est mort un chien ou un homme, qu'ils ne l'arrosent pas, dans l'espace d'une année
« entière. Ensuite, après une année entière, le devoir des mazdéiesnans est de labourer
« et d'arroser la terre sur laquelle est mort un chien ou un homme. Si les mazdéiesnans
« cultivent dans l'espace d'une année la terre sur laquelle est mort un chien ou un homme,
« s'ils l'arrosent, ces mazdéiesnans peuvent dans la suite apercevoir dans cette terre arrosée
« et couverte d'arbres, quelque portion de cadavre qui y aura été caché[2]. »

L'énumération des cruels châtiments qui doivent punir les transgresseurs de la loi nous montreront une fois de plus à quel point extraordinaire Zoroastre se préoccupait de la salubrité :

« Si les mazdéiesnans cultivent et arrosent dans le courant d'une année la terre sur laquelle
« est mort un chien ou un homme, quelle sera la punition de cette (faute)?
« Ormuzd répondit : C'est comme pour le tanafour[3]; (le coupable) sera frappé deux cents
« fois (avec des courroies de peau) de cheval ou de (peau de) chameau ; ce qui répond à
« deux cents derems[4].
« Lorsque les mazdéiesnans veulent creuser des ruisseaux dedans et autour d'une terre pour
« l'humecter, à quoi ces mazdéiesnans doivent-ils avoir attention?
« Ormuzd répondit : Les mazdéiesnans examineront bien ce terrain, pour voir s'ils n'y
« trouveront pas des os, des cheveux, des ongles, de la peau, du sang encore coulant.
« Si les (mazdéiesnans) n'examinent pas avec attention s'il y a (dans ce terrain) des os,
« des cheveux, des ongles, de la peau, du sang encore coulant, quelle sera leur punition?

---

1. Zend-Avesta, 2, 363 et suivantes.
2. Zend-Avesta, 2, 300.
3. Péché qui empêche de passer le pont qui sépare la terre du ciel.
4. Pièce de monnaie pesant un peu moins que l'ancien gros de France.

« Ormuzd répondit: C'est le crime de tanafour; ils seront frappés deux cents fois (avec
« des courroies de peau) de cheval ou de (peau de) chameau, ce qui répond à deux cents
« derems.

« Si en mettant (sur la terre) une partie du cadavre d'un chien ou de celui d'un homme,
« égale à la grande division (au grand article) du petit doigt, (on fait sortir) de ce cadavre
« beaucoup de graisse et de moelle, quelle sera la punition de ce (crime)?

« Ormuzd répondit: (Le coupable) sera frappé trente fois (avec des courroies de peau) de
« cheval ou du (peau de) chameau; ce qui répond à trente derems.

« Si en mettant (sur la terre) une partie du cadavre d'un chien ou de celui d'un homme
« égale au grand article du doigt moyen (l'annulaire), (on fait sortir) de ce cadavre
« beaucoup de graisse et de moelle, quelle sera la punition de ce (crime)?

« Ormuzd répondit : (Le coupable) sera frappé cinquante fois (avec des courroies de
« peau) de cheval ou de (peau de) chameau; ce qui répond à cinquante derems.

« Si en mettant (sur la terre) une partie du cadavre d'un chien ou d'un homme, égale
« au grand article du grand doigt, (on fait sortir) de ce cadavre beaucoup de graisse et
« de moelle, quelle sera la punition de ce (crime)?

« Ormuzd répondit : (Le coupable) sera frappé soixante-dix fois (avec des courroies de
« peau de cheval) ou de (chameau); ce qui répond à soixante-dix derems.

« Si en mettant (sur la terre) une partie du cadavre d'un chien ou celui d'un homme,
« égale au grand doigt, ou à un grand côté, (on fait sortir de ce cadavre beaucoup de
« graisse et de moelle, quelle sera la punition de ce (crime)?

« Ormuzd répondit : (Le coupable) sera frappé quatre-vingt-dix fois (avec des courroies
« de peau) de cheval ou de (peau de) chameau; ce qui répond à quatre-vingt-dix derems.

« Si en mettant (sur la terre) une partie du cadavre d'un chien ou de celui d'un homme,
« égale à deux grands doigts, ou à deux grands côtés, (on fait sortir) de ce cadavre
« beaucoup de graisse et de moelle, quelle sera la punition de ce (crime)?

« Ormuzd répondit : c'est comme pour le tanafour; (le coupable) sera frappé deux
« cents fois (avec des courroies de peau) de cheval ou de (peau de) chameau; ce qui
« répond à deux cents derems.

« Si en mettant (sur la terre) une partie du cadavre d'un chien ou de celui d'un homme,
« égale à un bâzou [1], ou à une grande poitrine, (on fait sortir) de ce cadavre beaucoup
« de graisse et de moelle, quelle sera la punition de ce (crime)?

« Ormuzd répondit : (Le coupable) sera frappé quatre cents fois (avec des courroies de
« peau) de cheval ou de (peau de) chameau; ce qui répond à quatre cents derems.

« Si en mettant (sur la terre) une partie du cadavre d'un chien ou de celui d'un homme,
« comme la tête d'un homme, (on fait sortir) de ce cadavre beaucoup de graisse et de moelle,
« quelle sera la punition de ce (crime)?

« Ormuzd répondit : (Le coupable) sera frappé six cents fois (avec des courroies de peau)
« de cheval ou de (peau de) chameau, ce qui répond à six cents derems.

1. Mesure de la longueur du bras.

« Si en mettant (sur la terre) un cadavre entier, celui d'un chien ou celui d'un homme,
« (on fait sortir) de ce cadavre beaucoup de graisse ou de moelle, quelle sera la punition
« de ce (crime)?

« Ormuzd répondit : (Le coupable) sera frappé mille fois (avec des courroies de peau) de
« cheval ou de (peau de) chameau, ce qui répond à mille darems[1]. »

Tous ces articles du code se comprennent parfaitement. La punition est logiquement et puérilement graduée en proportion de la quantité de chair morte dont les transgresseurs de la loi peuvent souiller la terre.

Nous allons apprendre maintenant quels devoirs ont à remplir les fidèles qui trouvent un cadavre abandonné dans l'eau :

Prescription relative à l'eau souillée par le contact d'un mort.

« Si un mazdéiesnan allant à pied ou en bateau, porté (dans une voiture), ou élevé de
« quelque façon que ce soit (aperçoit) un mort qui a été atteint par l'eau courante, que
« fera alors ce mazdéiesnan?

« Ormuzd répondit : Qu'on mette le mort sur un (tapis) de poil, sur un drap, et (qu'on le
« porte au Dâdgâh, en la manière (prescrite), ô Zoroastre. C'est une action honorable que
« de tirer le mort de l'eau, ô Zoroastre; soit que l'eau (couvre le pié, qu'elle aille au genouil,
« au milieu (du corps), ou qu'elle soit plus haute que l'homme, malgré tout cela, il faut sur-
« le-champ s'approcher du corps mort (et le tirer de l'eau).

« Si le cadavre est pourri et s'en va en morceaux, que fera alors le mazdéiesnan?

« Ormuzd répondit : Il faut, de quelque façon que ce soit, prendre (le cadavre) avec
« les deux mains; le tirer sur-le-champ de l'eau, et le mettre sur un terrain sec. Qu'on
« ne se rende pas criminel en laissant dans l'eau des os, des cheveux, des ongles, de la
« peau, et du sang coulant.

« Si une eau creusée (l'eau d'un étang) est atteinte par les matières impures, la graisse
« et la pourriture (qui sortent d'un cadavre), jusqu'à quelle distance sera-t-elle (obsédée)
« par le Daroudj Nesosch?

« Ormuzd répondit : Elle le sera à six gâms[2]; comment? Des quatre côtés. Cette eau
« est absolument impure. On ne peut en boire que le cadavre n'en ait été tiré. Il faut
« retirer sur-le-champ le mort de l'eau, et le mettre sur un terrain sec. Ensuite on
« purifiera cette eau, soit que ce soit la moitié, la troisième partie, la quatrième, la cinquième
« partie de l'étang : (on la purifiera), si on le peut; si on ne peut pas (la purifier, elle
« restera souillée). Lorsque l'on a retiré le mort, lorsque l'on a purifié l'eau, cette eau est
« pure; les animaux domestiques et les quadrupèdes peuvent en boire, comme auparavant.

« Si l'eau d'un puits est atteinte par les matières impures, la graisse et la pourriture
« (qui sortent d'un cadavre) jusqu'à quelle distance sera-t-elle (obsédée) par le Daroudj
« Nesosch?

1. Zend-Avesta, 2, 340 et suivantes.
2. Mesure de distance égale à trois pas.

« Ormuzd répondit : Cette eau est absolument impure. On ne peut en boire, que le
« cadavre n'en ait été tiré. Il faut retirer sur-le-champ le mort de l'eau et le mettre
« sur un terrain sec. Ensuite on purifiera cette eau, soit que ce soit la moitié, la troisième
« partie, la quatrième ou la cinquième partie du puits : (on la purifiera) si on le peut ;
« si on ne peut pas (la purifier, elle restera souillée). Lorsque l'on a retiré le mort, lorsque
« l'on a purifié l'eau, cette eau est pure ; les animaux domestiques et les quadrupèdes peuvent
« en boire, comme auparavant.

« Si l'eau qui, en frappant (la terre), forme des bulles, et y creuse (des espèces de
« réservoirs), est atteinte par les matières impures, la graisse et la pourriture qui (sortent
« d'un cadavre), jusqu'à quelle distance cette eau sera-t-elle (obsédée) par le Daroudj
« Nesosch?

« Ormuzd répondit : Elle le sera à trois gâms ; comment? Des quatre côtés. Cette eau est
« absolument impure. On ne peut en boire, que le cadavre n'en ait été tiré. Il faut retirer
« sur-le-champ le mort de l'eau, et le mettre sur un terrain sec. Après que le mort a été
« tiré (de l'eau), que l'eau (souillée) s'est écoulée, l'eau est pure ; les quadrupèdes et les
« oiseaux peuvent en boire, comme auparavant.

« Si une eau courante est atteinte par les matières impures, la graisse et la pourriture
« (qui sortent d'un cadavre) jusqu'à quelle distance sera-t-elle (obsédée) par le Daroudj
« Nesosch?

« Ormuzd répondit : (Cette eau sera impure) à trois gâms de profondeur, à neuf, sous
« (c'est-à-dire devant) le corps, et à dix derrière (et des côtés.) Cette eau est absolument
« impure. On ne peut en boire, que le cadavre n'en ait été tiré. Il faut sur-le-champ tirer
« le cadavre de l'eau, et le mettre sur un terrain sec. Après que le corps a été tiré de (l'eau),
« après que l'on a (plongé) trois fois, (pour) en ôter les parties du cadavre (qui auraient pu
« y rester), l'eau est pure. Les animaux domestiques et les oiseaux peuvent en boire, comme
« auparavant[1]. »

Suit la dernière conséquence de l'impureté de l'eau, recherchée par le méticuleux
législateur jusque dans l'humidité des arbres.

« Si l'on a porté sur le hom[2], ô par Ormuzd, le cadavre d'un chien ou celui d'un homme,
« quelle sera la portion de cet (arbre) qui restera pure?

« Ormuzd répondit : Le hom sera pur, ô saint Zoroastre : mais il ne faut pas boire (du
« jus de ce qui) est souillé, de (la portion) sur laquelle le mort, le nesa a été porté. On boira
« (du jus) de ce qui en est à quatre doigts. On mettra (la portion souillée), sur la terre
« dans un endroit séparé : on la laissera ainsi pendant une année entière. Ensuite, au bout
« d'un an, les hommes purs peuvent en boire le jus, comme auparavant[3]. »

1. Zend-Avesta, 2, 312 et suivantes.
2. Arbre auquel préside le dieu du même nom.
3. Zend-Avesta, 2, 314 et suivantes.

La loi revient maintenant sur les emplacements spécialement affectés aux sépultures, ou plutôt à l'exposition des cadavres :

« Où portera-t-on, ô Ormuzd, le corps d'un homme mort, où le mettra-t-on?

« Ormuzd répondit : Ce sera sur une hauteur, sur un lieu de cette espèce, ô sapetman
« Zoroastre. On le mettra sur cette hauteur; mais après qu'il aura été frappé, comme c'est
« l'usage pour les morts, par le chien qui mange les corps, ou par l'oiseau qui mange les
« corps. Maintenant les mazdéiesnans porteront le mort, l'un par les pieds, l'autre par la
« tête (dans un cercueil) de fer, de pierre ou de plomb. Surtout, que ni le chien qui mange
« le corps, ni l'oiseau qui mange les corps, n'en portent aucune partie dans l'eau ni sur
« les arbres.

« Si l'on ne porte pas (le mort) sur un lieu (élevé), et que le chien qui mange les corps
« ou l'oiseau qui mange les corps, en porte quelque partie dans l'eau ou sur les arbres,
« quelle sera la punition de ce (crime)?

« Ormuzd répondit : C'est comme pour le tanafour, (le coupable) sera frappé deux cents
« fois (avec des courroies de peau) de cheval ou de (peau de) chameau; ce qui répond à
« deux cents deretis.

« Où portera-t-on les corps morts pour les conserver, ô Ormuzd? (en attendant qu'on
« les porte au Dakhme), où les mettra-t-on?

« Ormuzd répondit : Il faut les mettre sur un lieu élevé, au-dessus (c'est-à-dire) (hors de
« l'atteinte) du chien, du renard, du loup; qu'il ne pleuve pas sur cet endroit. Si les
« mazdéiesnans sont riches, et qu'ils puissent construire (pour cet usage un bâtiment de
« pierre), qu'ils le construisent. Si les mazdéiesnans ne sont pas en état (de faire cette
« dépense), ils mettront (le mort) sur la terre dans son propre habit, dans le lieu même où
« il (est mort, et cela) de manière que la lumière donne dessus, et que le soleil le voie[1]. »

Toutes ces indications sont précieuses en ce qu'elles nous montrent quelques
lambeaux des usages des anciens Parses. Mais il n'est guère possible de les lire sans
être frappé de leur puérilité. Le législateur ne cesse de revenir sur les mêmes
prescriptions; il semble qu'il craigne de n'être jamais bien compris. Ce qui suit nous
fera voir comment le symbole de la corruption cadavérique, sous la forme d'une
mouche, attaque l'homme au moment même de sa mort :

« Zoroastre consulta Ormuzd, (en lui disant) : Ormuzd, absorbé dans l'excellence, juste juge
« du monde qui existe par votre puissance, vous qui êtes la pureté même, lorsqu'un homme
« est mort, quand le Daroudj Nesosch court-il sur lui?

« Ormuzd répondit : Dès qu'un homme est mort, ô sapetman Zoroastre, sur-le-champ le
« Daroudj Nesosch vient et court dans les jointures des membres du cadavre. Il vient de la

[1]. Zend-Avesta 2, 315.

« partie du nord sous la forme d'une mouche, il se place sur (le mort), et le frappe, comme
« le Djodjé, chien des déserts, détruit les productions des Dews et leurs demeures.

« Lorsqu'un homme a été frappé par un chien, lorsqu'il a été frappé par un loup, lorsqu'il
« a été frappé par la magie, lorsqu'il a été frappé par la maladie, lorsqu'il a été frappé par la
« frayeur, lorsqu'il a été frappé par l'homme, lorsqu'il a été frappé par la violence (qu'il s'est
« faite à lui-même), lorsqu'il a été frappé par la détresse, le chagrin, après combien de temps
« le Daroudj Nesosch court-il sur lui?

« Ormuzd répondit : Dans le moment le plus proche (de la mort d'un homme) le Daroudj
« Nesosch court sur lui [1]. »

Voici maintenant la mention du châtiment suprême que mérite le plus grand des
criminels, celui qui mange la chair des cadavres ou souille volontairement l'eau et
le feu par le contact d'un mort.

Châtiment de celui qui souille l'eau et le feu par le contact d'un mort.

« Celui qui mange d'un chien mort, ou d'un homme mort, peut-il être pur, ô saint
« Ormuzd?

« Ormuzd répondit : Il est souillé, ô saint Zoroastre. Cet homme a beau fondre en pleurs,
« devenir jaune (de douleur); quand la (membrane nommée) conjonctive lui sortirait de l'œil,
« cela n'empêcherait pas le Daroudj Nesosch de s'en emparer depuis la tête jusqu'aux pieds. Il
« sera ensuite impur, tant que les siècles couleront.

« L'homme qui, tenant un mort sous son aisselle, le porte dans l'eau ou dans le feu, et
« souille par là ces (éléments), peut-il être pur, ô saint Ormuzd?

« Ormuzd répondit : Cet homme est souillé, ô saint Zoroastre. Celui qui aide lui-même un
« chien à porter un mort (dans l'eau) est darvand [2]. Celui qui aide une personne qui a dessein,
« qui veut porter un mort (dans l'eau) est darvand. Celui qui aide le Dew, qui a donné l'hiver,
« qui frappe les troupeaux, qui de la bouche et du cœur cherche à faire du mal, cet ennemi,
« cet auteur de maux, qui ne fait que le mal, (celui qui), en portant un mort dans l'eau,
« (contribue à augmenter son pouvoir), est darvand. Le Daroudj saisira ces (pécheurs) depuis
« la tête jusqu'aux pieds. Ils seront ensuite impurs, tant que les siècles couleront [3]. »

Nous revenons ici sur les modes de purification. Cette fois il s'agit de la pureté
du bois, des graines et des foins :

Purification du bois, des graines et du foin souillés par le contact d'un mort.

« Si l'on a porté sur du bois le cadavre d'un chien ou celui d'un homme, comment ce bois
« sera-t-il pur, ô saint Ormuzd?

« Ormuzd répondit : Ce bois sera pur, ô saint Zoroastre ; comment? Si ce mort a été regardé
« par le chien qui mange les corps ou par l'oiseau qui mange les corps. Si ce (bois) est sec, (on
« en ôtera l'endroit que le mort a touché et ce qui l'environne) à un viteschté [4] de distance, et

---

1. Zend-Avesta, 2, 316.
2. Damad.
3. Zend-Avesta, 2, 239.
4. Mesure égale à la longueur de douze doigts.

« s'il est vert ou mouillé, à un râthné [1]; et l'on mettra ces morceaux sur la terre, de manière que
« l'eau en lave une fois les quatre côtés et les purifie.

« Mais lorsque le mort n'a été regardé ni par le chien qui mange les corps, ni par l'oiseau
« qui mange les corps, si le bois est sec, (on en ôtera l'endroit que le mort a touché et ce qui
« l'environne), à un grand râthné de distance, et s'il est vert ou mouillé, à un grand bâzou; et
« l'on mettra ces morceaux sur la terre, de manière que l'eau en lave une fois les quatre côtés et
« les purifie. Ainsi, que le bois soit sec ou mouillé, dur ou (pris) d'un arbre fruitier, il faut
« le mettre sur la terre, de manière que l'eau en lave une fois les quatre côtés et le purifie.

« Les graines et les foins sur lesquels on a porté quelque partie du cadavre d'un chien ou de
« celui d'un homme, comment seront-ils purs, ô saint Ormuzd?

« Ormuzd répondit: Ils sont purs, ô saint Zoroastre; comment? Si le mort a été regardé par
« le chien qui mange les corps ou par l'oiseau qui mange les corps. Si ces (productions de la
« terre) sont sèches, (on en ôtera la portion que le mort a touchée et ce qui l'environne) à un
« grand râthné de distance, et si elles sont vertes ou mouillées, à un grand bâzou, et l'on mettra
« ces portions sur la terre, de manière que l'eau en lave une fois les quatre côtés et les purifie.

« Mais lorsque le cadavre n'a été regardé ni par le chien qui mange les corps, ni par l'oiseau
« qui mange les corps; si les (graines ou les foins) sont secs, (on en ôtera la portion que le
« mort a touchée et ce qui l'environne) à un bâzou de distance, et s'ils sont verts ou mouillés,
« à deux bâzous; et l'on mettra ces portions sur la terre, de manière que l'eau en lave
« une fois les quatre côtés et les purifie. Ainsi, soit que ces (productions de la terre) soient
« sèches ou humides, qu'elles aient été plantées ou non plantées; qu'elles aient été semées ou
« non semées; qu'elles soient (de l'espèce de) celles qui en pourrissant (germent), ou qu'elles
« n'en soient pas; qu'elles aient une enveloppe ou qu'elles n'en aient pas; qu'auparavant
« elles aient été pures ou non pures, on mettra ces germes, ces graines sur la terre, de manière
« que l'eau en lave une fois les quatre côtés et les purifie [2]. »

Nous avons vu précédemment que la terre sur laquelle était mort un chien ou un
homme devait rester en friche pendant un an; le législateur, suivant toujours le
même esprit de recherches et de distinctions, va établir différentes catégories pour
permettre aux fidèles de rendre à la culture l'emplacement des tombeaux:

« Après combien de temps labourera-t-on la terre sur laquelle on a mis un homme mort de
« manière que la lumière donne dessus et que le soleil le voie?

« Ormuzd répondit: Au bout d'une année entière, ô saint Zoroastre, on labourera la terre
« sur laquelle on a mis un homme mort, de manière que la lumière donne dessus et que le
« soleil le voie.

« Après combien de temps labourera-t-on la terre dans laquelle on a renfermé un homme
« mort.

1. Mesure double de la précédente.
2. Zend-Avesta, 2, 321.

« Ormuzd répondit : Après cinquante ans, on pourra labourer la terre dans laquelle on a
« renfermé un mort.

« Après combien de temps labourera-t-on la terre sur laquelle a été construit un dakhmé qui
« renferme les cadavres des hommes?

« Ormuzd répondit : Ce ne sera pas dans le moment, ô sapetman Zoroastre ; mais, lorsque
« les (corps) seront mêlés à la poussière.

« Que dans le monde qui existe par ma puissance, ô sapetman Zoroastre, on ait soin de ren-
« verser les dakhmés. L'(homme) qui les détruira, ces grands dakhmés où sont les corps,
« c'est comme s'il faisait le Pater de pensée, le Pater de parole, le Pater d'action ; il aura le
« mérite de celui qui est pur de pensée, pur de parole et pur d'action. Il est dit que le deuxième
« être absorbé (dans l'excès, Ahriman) n'aura pas de pouvoir sur lui. Il ira éclatant de gloire
« dans les demeures du Beheschit[1] ; il sera, ô Zoroastre, au-dessus des astres, de la Lune, du
« Soleil[2]. »

Je crois que Zoroastre, en conseillant de renverser les dakhmés pour purifier la
terre, indiquait seulement ceux de ces monuments qui ne pouvaient plus servir parce
qu'ils étaient encombrés par les morts ou parce qu'ils ne contenaient que des morts
réduits en poussière. De quelque manière qu'on veuille interpréter cet article de la
loi, le fait saillant qui doit nous frapper, c'est que les Perses, comme les Indous, — au
rebours des Égyptiens, — poursuivaient la destruction du corps et l'anéantissement
de ses restes avec une idée fixe presque sauvage. Les Indous cependant, qui ne
craignaient de souiller ni l'eau ni le feu, — objets sacrés, — en les chargeant de
détruire les cadavres, avaient trouvé un moyen de destruction beaucoup moins
horrible et plus expéditif. Quoi qu'il en soit, il est remarquable que le fait qui était
recommandé aux fidèles chez les uns, devenait, chez les autres, le plus grand des
crimes; nouvelle preuve de l'antique unité et de l'antique antagonisme des deux
religions des peuples ariens.

Afin d'éloigner les vivants des emplacements des sépultures, le législateur va nous
montrer les tombeaux comme étant le séjour habituel des mauvais génies :

« Quel est le lieu où sont les dews (mâles), où sont les dews (femelles), où les dews
« courent en foule, où les dews produisent beaucoup (de Kharfesters)[3], où les dews courent
« en foule de cinquante côtés, de cent, de mille, de dix mille côtés, enfin de tous côtés ?

« Ormuzd répondit : Ces dakhmés, ô sapetman Zoroastre, qui sont sur la terre, qui ont été
« construits dessus, et dans lesquels on a mis des hommes morts, c'est là que sont les dews
« (mâles), les dews (femelles), c'est là que les dews courent en foule, qu'ils produisent
« beaucoup (de Kharfesters), que les dews courent en foule de cinquante côtés, de cent, de

1. Nom de la partie du ciel où réside Ormuzd.
2. Zend-Avesta, 2, 324.
3. Productions des dews, comme les fourmis, les scorpions, les tigres.

« mille, de dix mille, enfin de tous côtés. Les dews se répandent, ô sapetman Zoroastre, dans
« les dakhmés, comme l'eau coule et (pénètre) partout.

« Lorsque dans le monde qui existe (par ma puissance) vous mangez, ô hommes, du pain
« cuit, de la viande cuite, et que cette nourriture vous paraît bonne, ô hommes, vous pensez
« en vous-même à (en manger) une seconde fois : les dews ont le même plaisir (à s'emparer
« des corps). Ils portent envie à tout ce qui (est dans les dakhmés), et se jettent dessus pour
« l'enlever. Qu'il y ait dans ces dakhmés des corps pourris, ou encore chauds, d'autres froids
« comme la fièvre, ou qui soient dans l'état le plus affreux, et que tout soit plein de cheveux ;
« les dews veulent détruire dans ces dakhmés les corps des hommes ; mais par la protection de
« (l'oiseau) houfraschmodaï[1], ils n'osent manger ni les petits corps ni les grands. Le dew djé[2]
« (veut) détruire les trois endroits souillés ; il faut que l'âme se trouve dans le monde dans ces
« trois endroits[3]. »

Maintenant nous allons observer un rapprochement très-curieux entre la doctrine
de Zoroastre et celle de Manou. La souillure causée aux vivants par la mort d'un de
leurs parents qui nécessitait, dans l'Inde, une purification variant en raison du
degré de parenté, sera reproduite, chez les Ariens de l'Iran avec une fidélité
rigoureuse. Seulement, le mode de purification indou consistait dans le Sraddha ou
festin funèbre suivi de l'immersion dans l'eau pure ; en Perse, ainsi que nous allons
le voir, la purification se fera par la prière :

« Après la mort d'un père ou d'une mère, combien leurs (enfans) feront-ils de prières à
« Dahman[4], le fils pour son père, la fille pour sa mère ? Combien (cette action leur
« remettra-t-elle) de tanafours ?[5]

« Ormuzd répondit : (Ils feront) trente prières à Dahman, (ce qui répond) à soixante
« tanafours.

« Comment purifiera-t-on le lieu (où ces personnes seront mortes) ? Comment ce lieu
« sera-t-il pur ?

« Ormuzd répondit : On lavera quatre fois la place que le corps (aura occupée) ; on lavera
« trois fois les vêtements (et les tapis qui seront dans ce lieu) ; on récitera trois fois la
« parole ; on fera izeschné[6] au feu ; on lira le barsom ; on portera l'eau pure, le zour[7].
« Après cela ce lieu sera pur ; l'eau peut y couler, les arbres peuvent y croître ; les
« Ameschaspands[8] peuvent y aller, ô sapetman Zoroastre.

« Si un enfant mâle vient à mourir, ou (si) une fille vient à mourir, combien leurs (parents)

---

1. Coq céleste.
2. Génie de l'impureté, qui prohibe les règles des femmes.
3. Zend-Avesta, 2, 325.
4. Celui qui conduit les âmes au ciel.
5. Prières.
6. Prière dans laquelle on relève la grandeur de celui à qui on s'adresse.
7. Eau de purification.
8. Les sept premiers esprits célestes.

« feront-ils de prières à Dahman, le père pour son fils, la mère pour sa fille? Combien
« (cette action leur remettra-t-elle) de tanafours?

« Ormuzd répondit : (Ils feront) trente prières à Dahman, (ce qui répond à) soixante
« tanafours.

« Comment purifiera-t-on le lieu (où ces personnes seront mortes)? Comment ce lieu
« sera-t-il pur?

« Ormuzd répondit : on lavera trois fois la place, etc.

« Si un frère vient à mourir, ou (si) une sœur vient à mourir, combien leurs (parents)
« feront-ils de prières à Dahman, le frère pour la sœur, la sœur pour le frère? Combien
« (cette action leur remettra-t-elle) de tanafours?

« Ormuzd répondit : (Ils feront) trente prières à Dahman, (ce qui répond à) soixante
« tanafours.

« Comment purifiera-t-on le lieu (où ces personnes seront mortes)? Comment ce lieu
« sera-t-il pur?

« Ormuzd répondit : On lavera trois fois la place, etc.

« Si un maître de maison vient à mourir, ou (si) une maîtresse de maison vient à mourir,
« combien fera-t-on pour eux de prières à Dahman? Combien (cette action remettra-t-elle)
« de tanafours?

« Ormuzd répondit : (On fera pendant) six mois, (une fois par mois), la prière à Dahman;
« (ce qui répond à) douze tanafours (qui seront remis) à la servante et au fils de la servante
« (de ces personnes).

« Comment purifiera-t-on le lieu (où ces personnes seront mortes)? Comment ce lieu sera-t-il
« pur?

« Ormuzd répondit : On lavera trois fois la place, etc.

« Si un grand-père vient à mourir, ou (si) une grand'mère vient à mourir, combien leurs
« (petits-enfants) feront-ils de prières à Dahman, le petit-fils pour son grand-père, la
« petite-fille pour sa grand'mère? Combien (cette action leur remettra-t-elle) de tanafours?

« Ormuzd répondit : (Ils feront) vingt-cinq prières à Dahman; (ce qui répond à) cinquante
« tanafours.

« Comment purifiera-t-on le lieu (où ces personnes seront mortes)? Comment ce lieu
« sera-t-il pur?

« Ormuzd répondit : On lavera trois fois la place, etc.

« Si un petit-fils vient à mourir, ou (si) une petite-fille vient à mourir, combien leurs
« (parents) feront-ils de prières à Dahman, le grand-père pour son petit-fils, la grand'mère
« pour sa petite-fille? Combien (cette action leur remettra-t-elle) de tanafours?

« Ormuzd répondit : (Ils feront) vingt-cinq prières à Dahman; (ce qui répond à) cinquante
« tanafours.

« Comment purifiera-t-on le lieu (où ces personnes seront mortes)? Comment ce lieu
« sera-t-il pur?

« Ormuzd répondit : On lavera trois fois la place, etc.

« Si un cousin vient à mourir, ou (si une cousine vient à mourir, combien fera-t-on pour
» eux de prières à Dahman? Combien (cette action) remettra-t-elle de tanafours?

« Ormuzd répondit : On fera vingt prières à Dahman, (ce qui répond à) quarante
» tanafours.

« Comment purifiera-t-on le lieu (où ces personnes seront mortes)? Comment ce lieu
» sera-t-il pur?

« Ormuzd répondit : On lavera trois fois la place, etc.

« Si (un parent au) quatrième (degré, en ligne directe ou collatérale, ascendante ou descen-
» dante), vient à mourir, ou si une (parente au) quatrième (degré) vient à mourir, combien
» fera-t-on pour eux de prières à Dahman? Combien (cette action remettra-t-elle de tanafours?

« Ormuzd répondit : On fera quinze prières à Dahman, (ce qui répond à) trente
» tanafours.

« Comment purifiera-t-on le lieu (où ces personnes seront mortes)? Comment ce lieu
» sera-t-il pur?

« Ormuzd répondit : On lavera trois fois la place, etc.

« Si le fils d'un (parent au) quatrième (degré) vient à mourir, ou (si) la fille d'un (parent
» au) quatrième (degré) vient à mourir, combien fera-t-on pour eux de prières à Dahman?
» Combien (cette action remettra-t-elle) de tanafours?

« Ormuzd répondit : (On fera) dix prières à Dahman, (ce qui répond à) vingt
» tanafours.

« Comment purifiera-t-on le lieu (où ces personnes seront mortes)? Comment ce lieu sera-
» t-il pur?

« Ormuzd répondit : On lavera trois fois la place, etc.

« Si le petit-fils d'un (parent au) quatrième (degré) vient à mourir, ou si la petite-fille
» d'une (parente au) quatrième (degré) vient à mourir, combien fera-t-on pour eux de
» prières à Dahman? Combien (cette action remettra-t-elle) de tanafours?

« Ormuzd répondit : (On fera) cinq prières à Dahman, (ce qui répond à) dix tanafours.

« Comment purifiera-t-on le lieu (où ces personnes seront mortes)? Comment ce lieu sera-
» t-il pur?

« Ormuzd répondit : On lavera trois fois la place que le corps (aura occupée); on lavera
» trois fois les vêtements (qui seront dans ce lieu); on récitera trois fois la parole; on fera
» izeschné au feu; on fera le barsom; on portera l'eau pure, le zour. Après cela ce lieu sera
» pur : l'eau peut y couler, les arbres peuvent y croître, les Amschaspands peuvent y aller,
» ô saperman Zoroastre [1]. »

Ainsi le fait de la souillure imprimée aux vivants par le contact des morts et par
le deuil, dont nous avons observé de faibles indices chez les Égyptiens et qui avait
acquis une telle gravité dans l'Inde que le code de Manou lui consacra tout un livre,
se retrouve dans l'Iran, avec toute sa rigueur et ses conséquences. Si, dans l'Inde,

1. Zend-Avesta, 2, 371 et suivantes.

la présence d'un mort rend impurs tous les habitants d'une maison et si cette impureté doit durer pendant dix jours pour les proches parents du mort ; en Perse, les parents les plus éloignés comme les plus proches, également atteints par l'impureté, doivent se purifier en suivant la règle prescrite. Cette règle consiste dans la prière qui, en purifiant les vivants, leur remet un certain nombre de péchés ; elle consiste aussi dans les ablutions répétées qui doivent effacer la souillure de la place sur laquelle le mort est resté comme celle des vêtements qu'il portait. Il est remarquable d'observer les variantes du nombre de prières que Zoroastre détermina, en raison du degré de parenté qui liait les morts aux vivants : les petits-enfants des parents au quatrième degré ne sont condamnés à réciter que cinq prières ; les servantes de la maison dont le maître vient de mourir doivent en réciter six ; les enfants des parents au 4e degré sont taxés à dix ; leurs père et mère à 15 ; les cousins et cousines à 20 ; les grands parents, à la mort des petits enfants à 25 ; et les petits enfants, à la mort des grands parents, au même nombre ; enfin le père et la mère, le frère et la sœur, le fils et la fille, sont réciproquement imposés au même nombre de 30 prières ; et chacune de ces prières, quel que soit le degré de parenté, remet deux péchés à celui qui les récite.

III

Repassons cependant rapidement en revue toutes les prescriptions du code de l'Iran relatives à la mort, aux sacrifices, aux mânes, aux sépultures et à l'impureté communiquée aux vivants par les cadavres. Trois faits principaux doivent attirer notre attention. Le premier concerne « la Terre, fille d'Ormuzd, créée par lui, à laquelle « il ne faut pas déplaire et qu'il ne faut pas souiller. » Le législateur interdit aux fidèles tous les modes d'inhumation qui ne sont pas celui qu'il a imaginé pour isoler le plus possible la sépulture des lieux habités, et ce mode, dérivé peut-être en partie de celui des Égyptiens, différera violemment cependant en principe, des prescriptions du grand Rituel funéraire. La même insouciance pour la conservation des corps morts qui nous a frappé dans l'Inde, se retrouve dans l'Iran, sa voisine, peuplée d'hommes qui naquirent au berceau commun des plateaux de l'Himalaya. L'Inde brûle ou submerge les cadavres dans les fleuves ; l'Iran les transporte sur des lieux séparés et élevés, également dépourvus de sources et d'arbres, desséchés par le vent, où nul animal ne vient paître, au sommet enfin d'aériennes solitudes que le seul oiseau visite. Comme l'impureté communiquée par le contact des morts atteint aussi bien l'homme que la terre, l'eau, le bois, les graines, les herbes, il est défendu d'abandonner les cadavres sur la terre, et quiconque les rencontre sur son chemin ou les voit flotter sur l'eau des fleuves, doit les porter lui-même aux lieux spéciaux que la loi a désignés. Afin de mieux éloigner les vivants de ces lieux, la loi dit qu'ils sont le séjour habituel des mauvais génies. Afin d'obliger les possesseurs du sol sur lequel se trouve un cadavre à délivrer le sol de son contact impur, elle déclare qu'il doit rester en friche pendant un an et les menace d'un châtiment qui varie de dix coups à mille coups de courroie, selon la quantité de chair morte qu'ils auraient abandonnée sur la terre. Et, pour qu'ils n'essaient pas de se soustraire à l'obligation de transporter aux dakhmés les cadavres qu'ils pourraient rencontrer, en les enfouissant, elle ordonne qu'ils seront fustigés 500 fois s'ils les laissent enfouis pendant six mois, mille fois s'ils les laissent pendant un an. Passé ce terme, il n'y a plus, pour eux, de rémission possible : ils sont damnés.

La logique de cette loi exigeait que la damnation, — le plus grand de tous les châtiments pour les fidèles, — frappât également ceux qui souilleraient l'eau et le feu par le contact des cadavres, l'eau « sainte créée par Ormuzd, qui chasse les dews « et renouvelle la nature ; » le feu, « symbole de la divinité. » De même, elle devait enseigner, — au rebours de la loi égyptienne, — de supprimer les tombeaux lorsqu'ils ne pouvaient plus servir. Aussi les emplacements des sépultures de l'Iran, lorsqu'ils sont comblés de morts réduits en poussière, retournent-ils après le temps exigé pour leur purification, à la culture. Il n'y a au fond de toutes ces prescriptions différentes qu'une seule loi et un seul but : la salubrité.

Le second fait qui doit nous frapper, c'est la mutualité de l'échange qui se fait en Perse comme dans l'Inde, entre les vivants et les morts. Le Sraddha, ou festin mensuel de la religion brahmanique, établissait une influence heureuse, aussi bien des vivants sur les morts que des morts sur les vivants. Les uns procuraient aux mânes la satisfaction qu'ils recherchaient, les autres leur rendaient les bienfaits matériels qui pouvaient alléger leur existence. Les prières que les sectateurs de Zoroastre récitent ont, de même, une double action : les vivants, en les prononçant et les adressant à Dahman, le conducteur des âmes dans le ciel, facilitent le passage des âmes ; en même temps, comme une rémunération généreuse autant que juste, ces prières leur remettent un nombre double de péchés. Touchant échange que l'Égypte n'avait pas en l'idée de concevoir et que le monde entier, — le monde chrétien surtout, — devait emprunter aux codes religieux de l'extrême Orient !

Le troisième fait porte sur le mode de purification. Celui des Indous est, pour ainsi dire, purement matériel : il consiste dans l'immersion ; celui de la Perse, entièrement spirituel, consiste dans la prière. Tous les peuples, au surplus, pour une cause ou pour une autre, sacrifièrent aux mânes des ancêtres et prièrent la divinité de leur être favorable. Mais ce qui appartient en propre à la doctrine de Zoroastre, c'est l'idée de faire consister la purification des personnes souillées par le contact d'un mort dans la prière même. Les cérémonies du Mazdéisme, célébrées en l'honneur des Férouers des morts nous sont inconnues, mais les prières que prononçaient les fidèles pendant les dix derniers jours de l'année qui leur étaient consacrés, retrouvées par Anquetil-Duperron, nous donneront une idée précise et touchante de l'esprit de famille qui animait les Parses au même degré que les Indous. Voici un fragment de l'oraison des Naçkas relative à la fête des Férouers :

« Nous offrons le sacrifice aux bons, aux forts, aux Férouers des justes, ceux
« qui descendent de leur demeure vers le temps de Hamaspathmaëdha. Alors ils
« se répandent ici-bas pendant dix nuits exprimant leurs désirs par les questions
« suivantes : Qui nous louera ? Qui nous offrira le sacrifice ? Qui répandra pour nous
« l'offrande ? Qui nous plaira ? Qui nous invitera en portant à la main le lait de la
« vache et un vêtement, avec la prière qui fait obtenir la pureté ? Quel est celui
« d'entre nous dont on prononcera le nom ? Quel est celui d'entre nous dont l'âme
« sera l'objet d'un culte ? Quel est celui d'entre nous auquel sera donnée l'offrande,
« pour qu'il ait à manger une nourriture qui ne manque ni jamais ni toujours ?
« Alors l'homme qui nous offre le sacrifice en portant à la main le lait de la vache
« et un vêtement, avec la prière qui fait obtenir la pureté, ils le bénissent, satisfaits,
« favorables, bienveillants, les forts Férouers des justes, en disant : Qu'il y ait
« dans cette maison un troupeau formé d'une vache et de ses veaux ! Qu'il y ait un
« cheval rapide et un taureau vigoureux ! Que ce soit un homme respecté, un homme
« sage, celui qui nous offre sans cesse le sacrifice en portant à la main le lait de la
« vache et un vêtement, avec la prière qui fait obtenir la pureté [1]. »

Ne croirait-on pas que ce fragment des Naçkas a été détaché des hymnes du Rig-Véda ? C'est la même forme littéraire, ce sont les mêmes sentiments, les mêmes usages. Il est très-remarquable d'observer que, de même que l'Egypte et l'Inde, la Perse croit devoir nourrir les morts, tout en détruisant leurs dépouilles comme l'Inde. Quelle plus forte attestation de la croyance en l'immortalité de l'âme pourrait-on invoquer, s'il en était besoin.

IV

Les croyances en l'immortalité de l'âme, dans la Perse, comme partout ailleurs, devait forcément conduire à l'idée de la résurrection générale des morts. Anquetil-Duperron nous a conservé un précieux monument sur les idées des sectateurs de

Résurrection générale des morts, d'après les sectateurs de Zoroastre.

----

[1] Jean Reynaud. (Zoroastre.)

Zoroastre à l'égard de ce fait suprême. Le *Boun-Dehesch* pelvi vient immédiatement chez les Parses, après les livres Zends, dans l'antiquité de leurs traditions. Il passe même, chez eux, pour la traduction d'un des livres de Zoroastre. « Il est plus « probable, » dit Anquetil, « qu'il n'est qu'un abrégé ou traduction de plusieurs « morceaux Zends qui, traitant principalement de l'origine des êtres et de la « distribution de l'univers, auront été réunis sous un titre propre à en marquer « l'objet. » Quoi qu'il en soit, le fragment de ce livre que nous allons transcrire va nous fournir les détails les plus curieux sur la résurrection générale des morts et sur le jugement qui doit le suivre.

« Il est dit dans la loi, au sujet de la résurrection des morts et du rétablissement des corps, « que, comme Meschia[1] et Meschiané[2], qui ont cru de la terre, ont d'abord bu de l'eau, qu'ils « ont ensuite mangé du fruit des arbres, puis du lait, après cela de la viande ; les hommes, « qui, dans le temps, seront venus d'eux, mangeront d'abord de la viande, puis du lait, et « ensuite du pain, jusqu'à ce qu'ils prennent le parti de ne vivre que d'eau.

« Dans le mille d'Oscheder-Mah[3] il y aura encore de la force dans la nature, mais elle « diminuera. Les hommes passeront trois jours et trois nuits, faisant izeschné, mangeant « l'un avec l'autre, et se trouveront à la fin des temps. Ensuite ils cesseront de manger de « la viande, et mangeront du fruit des arbres et du lait ; puis ils quitteront le lait, « cesseront de manger du fruit des arbres, et ne boiront que de l'eau. Ensuite la dernière « année, lorsque Sosiosch[4] paroîtra, l'homme ne mangera plus, et malgré cela il ne « mourra pas.

« Après cela, Sosiosch fera revivre les morts, comme il est dit : Zoroastre consulta « Ormuzd en lui disant : le vent emporte le corps, l'eau l'enlève ; comment sera-t-il rétabli, « comment se fera la résurrection ? Ormuzd répondit : c'est par moi que l'Asman[5], gros « d'étoiles, est dans l'espace céleste, lui dont l'office est, en montrant son visage, de donner « au loin la lumière qui était cachée. C'est par moi que la terre existe, qu'elle a été tirée du « monde subsistant ; la terre sur laquelle marche le maître du monde. C'est par moi que le « soleil, la lune, les étoiles élèvent dans les nuées leurs corps lumineux. J'ai donné le grain, « qui passant dans la terre, croît de nouveau et se multiplie abondamment. C'est moi qui « ai donné dans les arbres des veines (des racines) de différentes espèces. C'est moi qui ai « mis dans les arbres et dans les autres êtres un feu qui ne les brûle pas. C'est moi qui « mets, selon son espèce, l'enfant dans celle qui porte ; qui donne séparément à tous les « êtres, la peau, les ongles, le sang, le pied, l'œil et l'oreille. C'est moi qui donne l'eau « en bas pour qu'elle coule ; je la donne en haut, pour porter l'eau à ce monde, en la faisant

1. Le premier homme.
2. L'arbre qui donna naissance au premier homme.
3. C'est-à-dire : pendant les mille années où vivra Oscheder-Mah, second fils posthume de Zoroastre.
4. Troisième fils posthume de Zoroastre.
5. Le ciel.

« tomber en pluie. C'est moi qui donne l'homme, dont l'œil voit, que l'œil éclaire et conduit,
« dont la force est dans le vent (la respiration); lorsqu'il veut s'élever on ne peut le vaincre
« avec le bras. C'est moi qui donne chacun de ces êtres. Que celui qui ne fait que le mal
« paraisse et essaie d'opérer la résurrection; il aurait beau aider ces choses à ressusciter, il ne
« pourrait les faire revivre. Mais on la verra certainement cette résurrection. Les veines seront
« de nouveau rendues au corps, et lorsque la résurrection aura été faite, il ne faudra pas la
« faire une seconde fois. Car dans ce temps, de la terre céleste viendront les os; de l'eau,
« le sang; des arbres, le poil; du feu, la vie, comme à la création des êtres.

« Kaïomorts[1] ressuscitera le premier, ensuite Meschia et Meschiané; et après eux, les
« autres hommes. En cinquante-sept ans tous les morts ressusciteront; l'homme reparaîtra
« sur la terre. Par un Darvand[2], chaque homme ressuscitera de cette manière : leurs âmes
« seront d'abord; ensuite leurs corps répandus dans le monde entier existant, seront de
« nouveau, de la même manière qu'ils ont été donnés d'abord. Une partie de la lumière qui
« est avec le soleil, éclairera Kaïomorts, et l'autre éclairera le reste des hommes. L'âme
« reconnaîtra les corps, et dira : C'est là mon père, c'est là ma mère, c'est là mon frère, c'est
« là ma femme, enfin ce sont là mes proches, tous mes parents. Ensuite paraîtra sur la terre
« l'assemblée de tous les êtres du monde avec l'homme. Dans cette assemblée chacun verra
« le bien ou le mal qu'il aura fait. Dans cette assemblée le Darvand paraîtra comme un animal
« blanc dans un troupeau noir. Dans cette assemblée, le juste, qui dans le monde aura été ami
« du Darvand, le Darvand prendra ce juste à partie. Pourquoi, lui dira-t-il, lorsque j'étais
« dans le monde, ne m'avez-vous pas appris à agir avec pureté? C'est parce que, ô vous, pur,
« vous ne m'avez pas instruit, que je suis exclu de cette assemblée de bienheureux.

« Ensuite les justes seront séparés des darvands. Les justes iront au gorotmân[3]; les darvands
« seront de nouveau précipités dans le douzakh (l'enfer). Pendant trois jours et trois nuits
« ils y seront punis en corps et en âmes; et pendant ces trois jours les justes, dans le
« gorotmân, goûteront en corps et en âmes les plaisirs des bienheureux, comme il est dit :
« Le jour que les purs seront séparés des darvands, quiconque paraîtra taché ira en bas.

« Ensuite le père sera séparé de sa moitié, la sœur du frère, l'ami de l'ami; il sera passé
« à chacun selon ses œuvres. Les purs pleureront sur les darvands, et les darvands sur eux-
« mêmes. Car le père pur aura un fils darvand. De deux sœurs, l'une sera pure, l'autre
« darvande. Il leur sera fait selon leurs œuvres. Par exemple, Zohâk[4], Afrasiab le Touranien[5]
« et les autres hommes de cette espèce recevront la peine du marguerzan (la mort). Les
« hommes n'éviteront pas la punition appelée celle des trois nuits.

« Lorsque cette résurrection se fera, il est écrit que parmi les hommes purs qui seront
« vivants, quinze hommes et quinze femmes viendront au secours de Sosiosch.

---

1. Père du genre humain.
2. Démon.
3. Séjour d'Ormuzd et des saints.
4. Section de la mauvaise foi.
5. Roi du Touran qui essaya d'anéantir l'Iran.

« Lorsque gourscher[1] du ciel, qui est sous la lune, tombera sur la terre, la terre sera comme
« malade, semblable à la brebis qui tombe de frayeur devant le loup. Ensuite la chaleur du
« feu fera couler les grandes et les petites montagnes qui renferment les métaux. Ces métaux
« seront sur la terre comme un fleuve. Alors tout homme passera dans ces métaux coulants
« et sera purifié. Les purs s'approcheront donc et y passeront comme dans un lait chaud; les
« darvands seront aussi obligés d'y marcher; ainsi, dans le monde, tout ira dans les métaux
« coulants, et de cette manière tout homme deviendra excellent et heureux. Le père, le fils,
« la sœur, l'ami, tous, l'un avec l'autre, feront des œuvres méritoires.

« Les âmes sur lesquelles je vous ai consulté, dit Zoroastre, étant ainsi purifiées, soit
« celles qui auront été justes, soit celles qui auront été darvandes, je vous demande ce qui
« arrivera à l'âme et ensuite au corps. Ormuzd dit à cela : Tous les hommes seront unis dans
« une même œuvre; ils feront avec zèle un grand setaesch[2] à Ormuzd et aux Amschaspands.
« Dans ce temps-là, Ormuzd, ayant achevé toutes les productions, ne fera, ne créera plus
« rien. Les morts ressuscités ne feront plus rien de servile. Sosiosch fera izeschné avec les
« morts ressuscités, et le taureau hedeiôvesch[3] sera aussi cet izeschné.

« Les morts ressusciteront par ce qui viendra du taureau et par le hom blanc[4]. Sosiosch
« donnera de ces liqueurs à tous les hommes, et ils seront tous immortels et grands, tant
« que les êtres dureront. Il est dit qu'on en donnera pendant quarante ans à l'homme fait, et il
« sera rétabli de nouveau; on en donnera pendant quinze ans à celui qui sera mort enfant,
« et il sera de nouveau rétabli. Celui à qui l'on aura donné après sa mort une femme et un
« enfant avec cette femme, cette action lui sera méritoire, lui qui n'aura pas eu d'enfant
« dans le monde.

« Ensuite Sosiosch, par l'ordre du juste juge Ormuzd, placé sur un lieu élevé, donnera à
« tous les hommes une récompense proportionnée à leurs actions. Ceux qui sont purs, il est
« dit qu'ils seront dans l'excellent gorotmân. Ormuzd lui-même enlèvera leur corps en haut;
« ils marcheront tous sous sa protection tant que les êtres dureront.

« Il est dit que celui qui n'aura pas fait iescht[5], qui n'aura pas ordonné le guetikherid[6] et
« n'aura pas donné un habit en présent aux purs, sera alors nu. Mais celui qui aura fait iescht
« à Ormuzd, les célestes gâhs[7] lui feront un habit.

« Ensuite Ormuzd et Ahriman, Bahmen et Akouman, Ardibehescht et Ander, Schahriver
« et Savel, Sapandomad et Tarmad qui est Nâonghe, Khordad, — Amerdad, Tarik et Zaretch,
« les uns parlant selon la vérité, les autres proférant le mensonge, Serosch et Eschem, feront
« ensemble izeschné[8].

1. Comète.
2. Sacrifice.
3. Dont le lait doit faire revivre les morts.
4. Source de vie qui donne la santé et fait concevoir.
5. La première prière.
6. Initiation des Parses.
7. Izeds qui président aux cinq parties du jour.
8. Tous ces noms sont ceux des Dews et des Amschaspands.

« Ensuite le daroudj Ahriman demeurera ; il retournera de nouveau dans le monde d'Ormuzd.
« Étant lui-même Djouti [1], et Sarosch, Raspi [2], ils tiendront en main l'Evangain [3]. La force
« d'Ahriman, pécheur, sera frappée, lui qui agit avec tant de puissance, et fait des œuvres
« souverainement inutiles. Il courra au pont Tchinevad qui est devant le ciel ; il se précipitera
« de nouveau dans les ténèbres épaisses. Cette couleuvre vicieuse sera brûlée dans les métaux
« coulants. La pourriture, l'impureté qui est dans le douzakh, étant mêlée avec ces métaux,
« deviendra pure. Cet infernal Ahriman reparaîtra ; il courra, fera passer par les métaux
« cette terre du douzakh ; il la rendra une contrée abondante. A la résurrection, le monde,
« par la parole, sera immortel tant que les êtres dureront. Il est dit que cette terre sera sans
« souillure de fer [4], sans maux et unie. La montagne qui est au-dessus du grand courant, le
« Tchikaet [5], sera abaissée, ne sera plus [6]. »

Il n'y a rien dans cette prédiction qui rappelle l'Inde : aucune trace d'une idée de
transmigration, aucune distinction de castes influant sur la destinée finale de
l'âme humaine, à peine une certaine promesse de gradation des châtiments et des
récompenses. Un parfait sentiment d'égalité a inspiré le législateur : il réunit tous les
hommes pour les soumettre à un commun jugement, comme s'ils étaient tous membres
d'une même famille. Le père du genre humain, le premier homme ressuscite d'abord,
et, à sa suite, tous ceux qui ont vécu, dans l'ordre où ils sont venus au monde,
reparaissent dans le monde pendant un intervalle de cinquante-sept ans.

L'assemblée de tous les êtres est imaginée sous une forme simple que le christianisme
devait adopter. Tous les parents, tous les proches se reconnaissent ; les justes sont
séparés des méchants ; les premiers vont au séjour d'Ormuzd, les seconds retournent
dans l'enfer d'où ils avaient été tirés. « Il leur sera fait selon leurs œuvres, » dit
le saint Livre, « les bons pleureront sur les méchants et les méchants sur eux-mêmes. »
Ne croirait-on pas entendre l'apôtre parlant au peuple d'Israël sur la montagne de
Galilée? Ce qu'il y a de plus original dans la prédiction des Parses, c'est l'idée de
la purification de la terre par le choc d'une comète qui met en fusion les métaux.

V

Les Guèbres, derniers et misérables restes des sectateurs de Zoroastre, ont conservé
les croyances de leurs ancêtres et leurs usages. Il est intéressant d'observer chez eux

1. Nom du prêtre Parse officiant.
2. Nom du ministre du prêtre Parse officiant.
3. Lien avec lequel on attache les branches du Barsom.
4. Excréments.
5. Fleuve qui coule au milieu du monde, à la porte de l'enfer.
6. Boun-Dahesch en Cosmogonie des Parses. — A. Duperron, 2, 411 à 414.

les dernières traces des coutumes antiques, à peine modifiées par le temps. Chardin qui les visita, nous transmit des détails curieux, aussi bien sur leurs cérémonies funèbres que sur les lieux dont ils se servent pour anéantir les cadavres par le desséchement. À peu de distance d'Ispahan, il visita une tour ou gros bastion de 35 pieds de haut sur 90 de diamètre, construit en pierres brutes qui n'avait point de portes, afin de rendre sans doute plus difficile les entreprises des violateurs des tombeaux. Les prêtres, lorsqu'ils veulent déposer un mort sur la plate-forme, sont obligés de se hisser à l'aide d'une longue échelle, tirant après eux le cadavre avec une corde. Parvenus sur le sommet, ils descendent malaisément dans l'intérieur du sépulcre commun, en posant leurs pieds sur de grosses pierres enfoncées en saillie à quatre pieds de distance les unes des autres dans le mur, et décrivant une espèce de spirale dans l'intérieur de la tour carrée. Au milieu du sommet de la tour, est une fosse circulaire fort large, au-dessus de laquelle les morts sont étendus contre le mur, tout habillés, couchés sur le dos, les bras et les jambes croisés, côte à côte, sans distinction d'âge ni de sexe, le visage découvert, sur un petit lit composé d'un matelas et d'un coussin. Le vent aide à leur décomposition, et les oiseaux carnassiers qui font leur demeure habituelle de ce charnier, dévorent les chairs. À mesure que les corps se dissolvent, leurs débris tombent au fond de la fosse; alors on ramasse et on accumule leurs ossements et leurs haillons. Des flacons de vin, des grenades, des coupes de faïence, des couteaux et quelques autres ustensiles déposés auprès des cadavres, prouvent que les idées anciennes sur la nécessité de nourrir les âmes, ne se sont pas effacées, et la sécheresse particulière du climat de la Perse qui momifie les corps sans altérer les chairs et sans les laisser exhaler d'odeurs, explique la cause d'un usage enfanté par les lois de salubrité qui semble, au premier abord, devoir violer ces lois salutaires[1].

À cinquante pas de la tour s'élève une petite maisonnette en terre devant laquelle, le jour des funérailles, on dépose d'abord les morts. Les assistants ne vont pas plus loin. Les prêtres et les parents, restés seuls, se cachent dans la maison pour observer par quel endroit et comment les corbeaux entameront le cadavre qu'ils offrent à leur avidité. D'habitude, l'oiseau carnassier arrache les yeux, dont il est friand; s'il commence par l'œil droit, c'est un heureux présage pour la condition du défunt dans l'autre monde; l'œil gauche, arraché en premier, est un présage funeste qui redouble la tristesse des parents rassemblés pour assister à cette expérience horrible[2].

1. Chardin, *Voyage en Perse*, 8, 225, et 9, 148.
2. *Id.*, *ibid.*, 9, 148.

VI

Mais nous ne devons pas nous contenter de chercher la concordance qui existe entre les usages des Guèbres et les prescriptions du code de Zoroastre. Les récits des historiens anciens complèteront les renseignements que nous avons puisés dans le récit de ces usages et dans la traduction de ce code.

Les détails que les anciens nous ont transmis sur les Perses ne sont cependant pas fort étendus : « Ils tiennent aux funérailles de leurs proches autant que les Grecs, » dit Quinte-Curce [1], « ils enterrent les morts, » dit Strabon, « après les avoir enduits « de cire. Quant aux morts, on ne les met point en terre ; on les abandonne aux « oiseaux de proie [2] ». Hérodote est plus explicite et moins concis : « Les usages que « les Perses pratiquaient relativement aux morts, » dit-il, « étant cachés, on n'en « peut rien dire de certain. Ils prétendent qu'on n'enterre point le corps d'un Perse « qu'il n'ait été auparavant déchiré par un oiseau ou par un chien. Quant aux « Mages, j'ai la certitude qu'ils observent cette coutume, car ils la pratiquent à « la vue de tout le monde. Une autre chose que je puis assurer, c'est que les Perses « enduisent de cire les corps morts et qu'ensuite ils les mettent en terre [3]. »

Strabon revient à plusieurs reprises sur quelques parties des usages des Perses, et toujours ce qu'il dit est conforme aux prescriptions du code sacré. Ainsi il affirme que ceux qui s'aviseraient de brûler un cadavre seraient punis de mort [4], et que les Perses se garderaient bien de laver les corps dans une rivière, d'y jeter un cadavre ou quelques-unes des choses qu'ils regardent comme impures [5]. « Ils aiment les ornements d'or, » ajoute-t-il, « à cause de la couleur de ce métal « qui imite celle du feu, objet de leur culte [6] ; ainsi n'est-il pas plus permis, en « Perse, de parer les morts de ces ornements que de les brûler [7]. »

Les Perses, ainsi que nous l'avons vu, ont conservé l'usage de faire dévorer les cadavres par les oiseaux de proie ou par les chiens. Cette coutume repoussante avait reçu dans l'antiquité une extension cruelle, et c'est encore Strabon qui va nous fournir des détails sur son histoire. « Dans la capitale des Bactriens, »

1. Quinte-Curce, livre III.
2. Strabon, *Géographie*, livre XV.
3. Hérodote, livre CXL.
4. Strabon, livre XV.
5.   Id.   Id.
6. C'est plutôt « symbole de leur culte » qu'il faut dire.
7. Strabon, livre XV.

dit-il; « on nourrit des chiens auxquels on donne un nom particulier, et ce nom,
« rendu dans notre langue, voudrait dire : *enterreurs*. Les chiens sont chargés de
« dévorer tous ceux qui commencent à s'affaiblir par l'âge ou par la maladie. De là
« vient que les environs de cette capitale n'offrent la vue d'aucun tombeau, mais
« l'intérieur de ses murs est tout rempli d'ossements. On dit qu'Alexandre a aboli
« cette coutume[1]. »

Un voyageur moderne qui a écrit sur le Thibet le livre le plus vrai et le plus
précieux, le père Huc, a retrouvé dans cette contrée, à sa grande surprise, tous les
modes de destructions des corps employés dans l'antiquité par les Perses et les Indous.
« Il y a, » dit-il, « quatre espèces de sépultures en vigueur dans le Thibet : la
« combustion, l'immersion dans les fleuves, l'exposition sur le sommet des montagnes.
« La quatrième, qui est la plus flatteuse de toutes, consiste à couper les cadavres
« par morceaux et à les faire manger aux chiens[2]. »

N'est-il pas remarquable que ces quatre modes de destruction se retrouvent
précisément aujourd'hui sur les plateaux où vécurent autrefois ensemble les deux
grandes races qui, en se séparant, formèrent les souches des peuples Indous et
Persans? On peut conjecturer qu'au moment de leur séparation, ils firent une sorte
de partage de leurs coutumes; les premiers adoptèrent le mode de destruction des
corps par l'eau et le feu; les seconds par l'exposition et le dépècement; mais ils
conservèrent rigoureusement l'idée-mère qui avait enfanté, dès l'origine, leur
quadruple usage funéraire, celui de la destruction radicale des corps; et cette idée
ne put provenir, ainsi que nous l'avons dit déjà, que de la croyance absolue en
l'immortalité de l'âme.

Nous avons vu précédemment que les Perses ne brûlaient point les morts et ne
les lavaient pas, au rebours des Aryens de l'Inde. Une épigramme de Dioscorides, tout
en confirmant ce fait, pourrait laisser supposer qu'ils ne les détruisaient pas toujours.
Euphratès, Perse de naissance, s'exprime ainsi dans cette épigramme, en s'adressant
à son maître :

« Philonyme, ne brûlez point Euphratès, et ne souillez point le feu à mon sujet.
« Je suis Perse, même par mes pères, oui, mon maître, je suis Perse et indigène.
« La mort est moins amère pour nous que de souiller le feu. Mais enveloppez mon
« corps et le couvrez de terre sans le laver; car j'honore aussi les fleuves[3]. »

En rapprochant ce fait de la précédente citation d'Hérodote, qui parle de la
conservation des morts à l'aide du miel, nous pouvons affirmer qu'il y eut, en

---

1. Strabon, *Géographie*, livre XV.
2. Huc, *Voyage dans le Thibet*, etc., 2, 347.
3. Hérodote (Larcher), 1, 426.

Perse, deux usages différents qui vécurent concurremment, sous la protection des religions diverses de cette contrée. Ceux des Perses qui ne suivaient pas la loi de Zoroastre, tenaient autant, sans doute, à conserver les corps à l'aide de la cire et du miel, que les Mages tenaient à les détruire par le dépècement. Aucun fait ne nous autorise à supposer que les Mages, après avoir fait dépecer les corps de leurs coreligionnaires par les oiseaux, enduisaient de cire leurs squelettes pour les conserver.

VII.

Hérodote nous a dit que les cérémonies funèbres des Babyloniens ressemblaient fort à celles des Égyptiens. Quinte-Curce dit la même chose des Perses. L'historien d'Alexandre raconte que le conquérant ayant fait prisonnières la mère et l'épouse de Darius, leur fit dresser une tente à côté de la sienne. « Tout à coup part de cette « tente un cri lugubre mêlé de hurlements et de lamentations à la manière des « Barbares, qui vient effrayer les convives.... La cause de cette alarme subite fut « que la mère et l'épouse de Darius, avec les femmes de distinction qui partageaient « leur captivité, croyant ce prince mort, *le pleuraient avec des gémissements et de* « *bruyantes clameurs.* » Alexandre les fit prévenir qu'elles pleuraient sans sujet Darius qui vivait encore. Ayant chargé Léonnatus, l'un de ses courtisans, de les rassurer, « elles tombèrent à ses pieds, le *suppliant* de leur permettre d'ensevelir « les restes de Darius.

« Le lendemain, Alexandre ayant fait donner avec soin la sépulture à ceux de ses « soldats dont on avait trouvé les corps, commanda qu'on rendît les mêmes honneurs « aux principaux chefs de l'armée des Perses, et permit à la mère de Darius d'ense- « velir, *suivant les usages de son pays,* ceux qu'il lui plairait de choisir. *Celle-ci se* « *contenta de faire inhumer* le petit nombre de ses parents les plus proches, avec « la simplicité que commandait sa fortune présente ; elle craignait que l'*appareil* « *usité chez les Perses, dans les cérémonies funèbres,* n'offensât les regards, lors- « qu'on brûlait avec si peu de pompe les corps des vainqueurs [1]. »

Ce récit nous transmet plusieurs indications : nous apprenons d'abord que les Perses, comme les Égyptiens, pleuraient les morts avec des hurlements et des lamentations; ensuite qu'ils tenaient essentiellement aux honneurs de la sépulture, puisqu'un pompeux appareil était habituellement déployé dans les cérémonies funèbres. Le récit suivant complétera ces indications :

1. Quinte-Curce, livre III.

Cérémonie des funé-
railles. Deuil.

« Alexandre étant mort, « les Perses, *la chevelure rasée, selon leur usage,* et en
« *habits de deuil,* avec leurs femmes et leurs enfants, donnaient au héros mort des
« regrets sincères, et le pleuraient, non pas comme leur vainqueur, mais comme le
« plus légitime des monarques.... La fatale nouvelle ne tarda pas à parvenir à la mère
« de Darius : aussitôt l'*infortunée déchira la robe qu'elle portait* pour se vêtir et
« veut; et, *s'arrachant les cheveux, elle se jeta le corps contre terre....* succombant
« enfin à la douleur, *elle se coila* la tête, écarta loin d'elle ses petits-enfants et sa
« petite-fille, et *renonça* en même temps *à la nourriture et à la lumière*[1]. »

Ce récit contient le point le plus délicat et le plus obscur des origines des cérémonies
grecques ; il nous montre d'abord les signes du deuil égyptien, consistant dans
la chevelure rasée et les vêtements déchirés ; mais il y ajoute des détails que
nous devons retrouver plus tard chez les Hébreux et chez les Grecs : les habits
particuliers désignant le deuil, les cheveux arrachés, et la privation volontaire de la
nourriture et de la lumière. La question qu'il ne nous est pas possible de trancher
est celle-ci : Ces usages prirent-ils naissance en Judée, en Assyrie ou en Perse?
En réfléchissant à l'importance de la coutume de porter le deuil, de le désigner
clairement par des vêtements particuliers, coutume que devaient adopter succes-
sivement tous les peuples, et qui dure encore aujourd'hui dans toute sa rigueur, on
ne peut que regretter de ne pouvoir constater avec certitude son origine. Ce qui est
certain, c'est que les Égyptiens ne suivaient pas cette coutume, et que les Hébreux
et les Perses sont les deux plus anciens peuples chez lesquels nous la voyons en
honneur.

Un passage de Diodore de Sicile nous fournira un détail de plus sur le deuil des
Perses : « Héphaestion étant mort, dit-il, Alexandre prescrivit à tous les habitants de
« l'Asie d'éteindre soigneusement ce que les Perses appellent *le feu sacré,* et de ne le
« rallumer qu'après les obsèques. Cet usage ne se pratiquait chez les Perses qu'à la
« mort de leurs rois[2]. » C'est exactement le contraire que nous avons observé dans
l'Inde; les Brahmanes suivent le corps du roi mort, tenant le feu sacré dans leurs
mains[3].

VIII

Nous serons obligés de reconnaître, en étudiant les monuments funèbres de la
Perse, que des usages particuliers et différents de l'usage général étaient suivis pour

1. Quinte-Curce, livre X.
2. Diodore de Sicile, livre XVII-CXIV.
3. Voyez tome 1er, page 325.

célébrer les funérailles des rois. Les historiens, dès à présent, doivent confirmer ce fait bizarre. « Cyrus étant devenu vieux, dit Xénophon, vit en songe, une nuit, un « personnage dont l'air majestueux n'annonçait pas un mortel, et qui, s'approchant « de lui, prononça ces mots : « Prépare-toi, Cyrus; tu vas bientôt rejoindre les « dieux. »

Cyrus jugea que la fin de sa vie approchait. Il alla sacrifier sur les montagnes, puis il retourna dans son palais, et appelant ses fils, ainsi que ses amis et les principaux magistrats de la Perse, il leur parla ainsi :

« Lorsque je ne serai plus, ô mes enfants! n'ensevelissez mon corps ni dans l'or, « ni dans l'argent, ni dans quelque matière que ce soit; *rendez-le promptement à la* « *terre.* Quoi de plus satisfaisant que d'être réuni à cette mère commune qui produit, « qui nourrit tout ce qui existe de bon!

« .... Si quelqu'un d'entre vous désire toucher ma main et considérer dans mes « yeux un reste de vie, qu'il approche. Quand j'aurai couvert mon visage, je vous « prie, mes enfants, que mon corps ne soit vu de personne, pas même de vous. « Invitez les Perses et nos alliés à se rassembler autour de mon tombeau, pour me « féliciter de ce que je serai désormais en sûreté, à l'abri de tout événement fâcheux, « soit que j'existe dans le sein de la Divinité, ou que je sois réduit au néant. Que « tous ceux qui s'y rendront s'en retournent après avoir reçu de vous les dons qu'on « distribue aux funérailles d'un homme heureux[1]. »

Nous verrons plus loin quel était le tombeau que, du temps d'Alexandre, les Grecs croyaient renfermer la dépouille de Cyrus. Pour le moment, nous devons nous contenter de faire remarquer le désir manifesté par le conquérant de rendre son corps à la terre, désir fort éloigné des prescriptions du code de Zoroastre. Les autres exemples que nous allons citer nous montreront l'usage de l'inhumation généralement adopté par les successeurs de Cyrus.

Non-seulement la dépouille des rois de Perse ne devait pas être, comme celle des citoyens, abandonnée à la décomposition au fond d'une fosse commune, mais le lieu de leur sépulture était rigoureusement déterminé, et, lors même qu'ils mouraient en pays étrangers, l'usage exigeait qu'on transportât leur corps en Perse. Les historiens ne manquent jamais de faire suivre le récit de la mort d'un roi de la mention du transport de sa dépouille.

« Cambyse étant allé à Babylone, dit Ctésias, tandis qu'il s'amusait, pour passer le « temps, à doler un morceau de bois avec un couteau, se blessa le muscle de la « cuisse. Il en mourut le onzième jour. Ixabate fit transporter son corps en Perse[2]. »

1. Xénophon, *Cyropédie*, livre VIII.
2. Ctésias, dans *Hérodote* (Larcher), 6, 224.

Les Perses tenaient certainement autant que les Égyptiens et les Grecs à rendre aux morts les honneurs funèbres. Ce fait, qui paraît être en contradiction formelle avec la doctrine des Mages, est mentionné en ces termes par le même Ctésias : « Datis, dit-il, commandant la flotte des Mèdes, passa en Grèce, mais Miltiade « étant allé à sa rencontre à Marathon, les Perses furent battus. Datis périt dans le « combat, et l'on refusa de rendre son corps aux Perses, qui le redemandaient avec « instances[1]. »

De même encore que les Égyptiens, les Perses faisaient garder les tombeaux des rois : « L'eunuque Bagapates fut chargé par Cambyse d'accompagner le corps de « Cyrus, son père, en Perse, afin de lui faire rendre les honneurs funèbres. Il demeura « sept ans auprès du tombeau de Darius[2]. » Le gardien qui abandonnait le tombeau royal était puni de mort[3].

Cette coutume d'enterrer les rois de Perse dans leur patrie subsista jusqu'à la fin de l'empire. Alexandre s'y soumit généreusement en permettant que les honneurs funèbres fussent accordés au dernier Darius[4].

<h1 style="text-align:center">IX</h1>

Les historiens ne nous ont pas transmis d'autres renseignements sur les cérémonies et les usages funèbres de la Perse. Nous pouvons affirmer que ces cérémonies, dérivées peut-être de celles de l'Inde, étaient fort pompeuses et tenaient une large place dans les coutumes de la nation ; à défaut des données de l'histoire, l'observation des coutumes de tous les peuples de l'antiquité nous suffirait pour l'affirmer. Quant aux détails de ces cérémonies, ni les livres ni les monuments ne nous les transmettent ; nous n'en pouvons donc point parler.

Mais, en réunissant tous les fragments épars que nous venons de butiner dans le code sacré aussi bien que dans les récits des voyageurs et des historiens, nous pouvons tracer une esquisse légère des usages funèbres de la contrée qui nous occupe. Elle tint une place si importante dans l'histoire et joua un tel rôle dans les destinées du monde ancien, que tout ce qui peut éclairer d'un faible jour sa physionomie voilée par les siècles, doit intéresser les artistes et les curieux.

1. Ctésias, dans *Hérodote* (Larcher), 6, 227.
2.   Id.   ibid.
3.   id.   244.
4. Arrien, III, 22.

« Ce que nous avons dit précédemment[1] des causes premières de l'usage de la combustion des corps peut être reproduit ici pour expliquer la cause de l'adoption du système de sépulture des sectateurs de Zoroastre. Il y a, dans cet usage, à un degré plus horrible encore, quelque chose de si violent et de tellement opposé au sentiment de l'amour de soi-même, que nous devons chercher son origine à l'époque où les Aryens de la Bactriane habitaient, avec ceux de l'Inde, les plateaux de la haute Asie; où ils étaient encore barbares; où le désir d'éloigner de leurs centres d'habitation des lieux insalubres et infects devait primer le désir plus humain qu'éprouvent tous les hommes de conserver intactes, le plus longtemps possible, les tristes dépouilles humaines.

Je retrouve, dans l'exposition des cadavres sur le sommet des montagnes et dans leur dépècement par les chiens et les oiseaux de proie, le même esprit de cruauté que j'ai signalé déjà dans l'histoire de la combustion, et une certaine grossièreté se joint à cet usage et le rend plus affreux encore. Je ne suis donc nullement surpris que des barbares l'aient inventé; mais quand je vois cet usage réglementé par le code de l'un des législateurs les plus sages de l'Orient, et rigoureusement conservé par un grand peuple, à travers les brillantes phases de sa longue civilisation, je ne puis m'empêcher de répéter ce que j'ai dit déjà à propos de la combustion des corps qui fut adoptée par les hommes de même race : cet usage atroce ne fut admis que par un motif de salubrité.

Sans doute, ici, la salubrité paraît être, au premier abord, assez mal entendue; car avec quelque rapidité que le soleil, le vent et les oiseaux de proie puissent dessécher et anéantir un cadavre, il n'en est pas moins vrai que le feu agit plus radicalement et plus vite, et l'enfouissement avec une action moins funeste en concentrant dans le sol les miasmes délétères. Mais la religion, peu logique dès sa naissance, ne voulait pas plus adopter le feu que l'enfouissement, et la croyance particulière en l'immortalité de l'âme, qui affirmait sans doute que l'existence du cadavre exerçait un fâcheux pouvoir sur l'âme, ne permettait pas d'adopter l'usage de l'embaumement. Il fallait donc, à la fois, inventer un système de destruction qui satisfît aux exigences de la salubrité et respectât la doctrine religieuse ; de là, l'idée d'exposer les corps sur des lieux élevés afin que leurs émanations se répandissent dans les couches supérieures de l'atmosphère, sans atteindre jamais les lieux bas occupés par les habitations.

Observons, de plus, que la douceur des mœurs que nous avons observée dans l'Inde n'avait pas d'équivalent dans la Perse : là tout est rude et sévère; mais de même que dans l'Inde existe en Perse une très-grande préoccupation de pureté, et nous voyons

1. Premier volume, page 349.

les ablutions fréquemment recommandées. Ce qui m'arrête avec le plus de ténacité dans mes recherches, c'est l'usage particulier relatif aux rois. N'y a-t-il pas, en effet, quelque chose d'incompréhensible dans cet usage? Il semble ne tenir aucun compte de la loi. On dirait que, par un désir excessif d'originalité, les rois ont fait faire la loi commune dans l'intérêt de leur seul orgueil, afin que, de toutes les dépouilles qui pouvaient se conserver plus ou moins longtemps au delà de la mort, les leurs seules restassent, comme les seuls spécimens intéressants de l'humanité.

D'après la loi mazdéenne, c'est souiller la terre que déposer des cadavres dans son sein; c'est se souiller soi-même que se livrer aux exagérations du deuil antique auprès des tombeaux creusés dans la terre; c'est souiller le feu que brûler un corps; c'est souiller l'eau que d'y laisser séjourner les corps des noyés. Une caste particulière est chargée de tous les soins relatifs aux funérailles. Les cadavres sont d'abord exposés sur une hauteur, au soleil, au vent, aux oiseaux de proie; et cette hauteur, transformée en tombe commune, en charnier, doit être une terre sèche, séparée de l'eau et des arbres, inaccessible à tous les animaux. Tout cadavre rencontré sur une route, dans un champ, sur le sol, doit être transporté là par celui-là même qui le rencontre, et ce lieu, désigné par le législateur comme le séjour habituel des mauvais génies, doit rester désert tant que subsistent les dépouilles humaines qui l'encombrent. La profonde indifférence qui existe à l'égard de ces dépouilles et qui les expose au genre de destruction le plus affreux, se signale plus énergiquement encore en renversant le commun ossuaire, dès qu'il est encombré et ne peut plus servir. Enfin la souillure causée aux vivants par le contact des morts ne peut jamais être effacée que par la prière.

D'après les historiens, — grave différence! — les morts sont enterrés après avoir été enduits de cire, espèce d'embaumement moins compliqué, mais non moins certain que celui de l'Égypte, et les seuls mages sont abandonnés aux oiseaux de proie. Comme les usages de la nation sont cachés par ceux-là mêmes qui les suivent, on ne les pénètre pas en entier, et quelques détails, presque indifférents, sont seuls découverts. Les morts ne sont ni parés, ni lavés; on les accompagne au tombeau en grand appareil, en poussant des cris lugubres, après avoir rasé sa chevelure, en robes de deuil déchirées; et le jeûne doit mortifier les parents qui pleurent un des leurs. Les rois font exception à la règle en ce que le lieu de leur sépulture est rigoureusement déterminé. On les y amène de fort loin; on garde leur cadavre comme on a gardé leur personne; enfin on distribue des dons à toutes les personnes qui ont assisté à leurs obsèques.

Ces différences que nous observons entre la loi et l'usage, entre l'usage suivi par le peuple et celui observé pour les rois, peuvent être expliquées de mille manières. Celle qui me semble la plus naturelle consiste dans l'ignorance des historiens. Les

anciens attachaient moins d'importance que nous à l'étude des mœurs et coutumes des
peuples. Aussi les voyons-nous presque toujours en désaccord avec les monuments
graphiques et plastiques. Nous n'avons malheureusement pas entre les mains de
preuves suffisantes pour rétablir dans leur entier et leur vérité les usages des anciens
Perses, et nous sommes obligés de nous contenter des aperçus un peu obscurs que
nous fournissent le code sacré et les légendes grecques. Ce qu'il importe le plus
de préciser en résumant ces usages, c'est le fait que la Perse détruisait les corps,
comme l'Inde, sa voisine; avec cette différence grave qu'elle repoussait le feu et
l'eau, objets sacrés, comme agents de destruction, tandis que l'Inde se servait précisément de ces objets pour anéantir les dépouilles humaines. C'était, en quelque
sorte, tendre au même but, par des chemins directement opposés.

PERSES

DEUXIÈME PARTIE

MONUMENTS FUNÈBRES

I

Nous commencerons notre étude sur les sépultures de l'ancienne Perse par l'examen du prétendu tombeau de Cyrus, qui existe encore à Morghâb, qu'on croit être l'ancienne Passargade.

Nous examinerons en premier lieu la description que les anciens historiens ont faite du véritable tombeau :

« Alexandre, » dit Strabon, « passa à Passargade, qui était une ancienne résidence royale.
« Il y visita le tombeau de Cyrus, qui était une petite tour construite au milieu d'un jardin et
« cachée par un bosquet. La partie inférieure de cette tour était massive, mais à son sommet
« on voyait une chambre et une espèce de chapelle où l'on ne pénétrait que par une très-petite
« ouverture. Aristobule dit qu'il y entra par ordre d'Alexandre, pour décorer le tombeau ; il
« y trouva un lit d'or, une table garnie de vases à boire, un cercueil d'or, des habillements en
« quantité et des bijoux enrichis de pierres précieuses. Tous ces objets existaient lors de cette
« première visite d'Aristobule ; mais dans la suite ils furent enlevés, excepté le lit et le
« cercueil qu'on avait cassé, après avoir déplacé le cadavre, ce qui prouve, dit Aristobule,
« que des voleurs, s'étant introduits dans la tour, n'avaient laissé que les objets qu'ils n'avaient
« pu emporter.

« Ce vol, dit-il, fut commis, quoique le tombeau fût entouré d'une garde composée de
« mages, auxquels il était assigné un mouton par jour pour leur nourriture et un cheval par
« mois[1]. Mais l'éloignement de l'armée d'Alexandre, qui était partie pour la Bactriane et pour
« l'Inde, donna occasion à plusieurs désordres, dans le nombre desquels il faut aussi mettre

1. Le cheval était destiné à être offert en sacrifice en l'honneur de Cyrus, comme nous l'apprend Arrien, livre VI, chapitre 29. — Cet historien ajoute, au mouton destiné aux Mages, du vin et de la farine.

« celui-ci. Voilà tout ce que dit Aristobule, qui rapporte encore l'inscription trouvée sur le
« tombeau et conçue en ces termes : *Passant, je suis Cyrus, j'ai acquis l'empire aux Perses, j'ai
« régné sur l'Asie : ne m'envie donc pas ce monument.*

« Onésicrite, au contraire, dit que cette tour avait dix étages, dont le plus haut renfermait
« le corps de Cyrus, et que l'inscription était double; l'une grecque, conçue en ces termes :
« *Je suis Cyrus, roi des rois, et je repose ici;* l'autre en langue persane, exprimant le même
« sens.

« Selon Aristus de Salamine, postérieur de beaucoup à Aristobule et à Onésicrite, le tombeau
« de Cyrus était une grande tour à deux étages placée à la suite des sépultures des rois de
« Perse [1]. »

Passargade, dit encore Strabon, avait été construit par Cyrus, en mémoire de la
victoire qui décida de la domination des Perses sur les Mèdes. Il en fit le siège de
son empire, le lieu de couronnement des rois et de dépôt de ses trésors; enfin il
voulut qu'on y élevât son tombeau.

Description d'Arrien.

« Une des choses qui affecta le plus Alexandre, » dit Arrien, « fut la violation du tombeau
« de Cyrus, qu'on avait forcé et dépouillé. C'est au centre des jardins royaux de Passargade
« que s'élevait ce tombeau entouré de bois touffus, d'eaux vives et de gazons épais; c'était un
« édifice dont la base, assise carrément sur de grandes pierres, soutenait une voûte sous
« laquelle on entrait avec peine par une très-petite porte. On y conservait le corps de Cyrus
« dans une arche d'or sur un abaque dont les pieds étaient également d'or massif, couvert
« des plus riches tissus de l'art babylonien, de tapis de pourpre, du manteau royal, de la partie
« inférieure de l'habillement des Mèdes, de robes de diverses couleurs, de pourpre et
« d'hyacinthe, de colliers, de cimeterres, de bracelets, de pendants en pierreries et en or.
« On y voyait aussi une table; l'arche funéraire occupait le centre. Des degrés intérieurs
« conduisaient à une cellule occupée par les mages, dont la famille avait conservé, depuis la
« mort de Cyrus, le privilège de garder son corps.

« On y lisait cette inscription en caractères persans : *Mortel, je suis Cyrus, fils de Cambyse,
« j'ai fondé l'empire des Perses et commandé à l'Asie; ne m'envie point ce tombeau.*

« Alexandre, curieux de visiter ce monument après la défaite des Perses, trouva qu'on
« avait tout enlevé à la réserve de l'abaque et de l'arche; on en avait tiré le corps; on avait
« tenté de briser l'arche pour l'emporter avec plus de facilité; on y voyait encore la marque des
« coups et de l'effort des sacrilèges qui l'avaient abandonnée, n'ayant pu réussir à l'enlever.
« Aristobule rapporte que lui-même reçut l'ordre de rétablir le tombeau, de rassembler les
« débris du squelette dans l'arche, de la recouvrir, d'en réparer les outrages; et, après avoir
« rétabli sur l'abaque les tapis et tout le luxe qu'il étalait, de murer la porte en y apposant le
« sceau royal [2]. »

1. Strabon, *Géographie*, livre XV.
2. Arrien, *Expédition d'Alexandre*, livre VI, chap. VIII.

La description de Quinte-Curce complétera ces renseignements précieux :

« Alexandre, » dit l'historien, « avait par hasard ordonné d'ouvrir le tombeau de Cyrus, où De Quinte-Curce.
« reposaient les restes de ce monarque, auxquels il destinait des honneurs funèbres. Il le
« croyait rempli d'or et d'argent, d'après ce que publiaient les Perses ; mais à l'exception d'un
« bouclier tombé en pourriture, de deux arcs de Scythie et d'un cimeterre, il ne trouva rien.
« Couvrant alors du manteau qu'il portait le trône sur lequel le corps était étendu, il y plaça
« une couronne d'or, et témoigna son étonnement de ce qu'un monarque si fameux, possesseur
« de tant de trésors, n'eût pas été plus richement enseveli qu'un homme de condition vulgaire.
« Aux côtés du roi était l'eunuque Bagoas qui, se tournant vers lui : Qu'y a-t-il d'étonnant,
« dit-il, que les sépulcres des rois soient vides, quand les maisons des satrapes ne suffisent pas
« à contenir l'or qui en a été tiré ? Pour moi, je n'avais jamais vu de tombeau ; mais j'ai ouï dire
« à Darius qu'on avait enterré avec Cyrus trois mille talents[1]. »

Tout d'abord, nous devons remarquer que ces différents récits ne s'accordent
guère : l'un dit une petite tour à base massive renfermant au sommet une petite
chambre où l'on ne pénétrait que par une très-petite ouverture ; l'autre une tour
à dix étages dont le plus élevé renfermait le corps ; l'autre une grande tour à deux
étages ; l'autre enfin un édifice dont la base soutenait une voûte. Les inscriptions
diffèrent autant les unes des autres que les descriptions, et ce qu'il y a certainement
de plus remarquable dans ces récits contradictoires, c'est qu'ils s'accordent tous
à reconnaître que le corps était déposé, selon l'usage du pays, *dans la partie la
plus élevée du monument.*

L'édifice que différents voyageurs s'accordèrent à désigner comme étant le Examen du monu-
ment.
tombeau décrit par les historiens, ne ressemble guère à la description qu'ils en ont
faite. Mausolée aux formes massives, s'élevant sur une base quadrangulaire disposée
en gradins, la chambre sépulcrale occupe, il est vrai, la partie supérieure, mais
il est difficile de concevoir comment elle pouvait contenir le riche mobilier dont
parlent Aristobule et Arrien, puisqu'elle n'a pas plus de deux mètres trente
centimètres de large sur trois mètres dix-huit centimètres de long[2]. Quant à la
cellule occupée par les mages qui se trouvaient au-dessous, on n'en a jamais, que
je sache, retrouvé de traces. On voit autour du monument quelques fûts de colonnes,
mais rien ne prouve que ces ruines, comme le dit Ker-Porter[3], occupent leur
place primitive, ou même qu'elles soient de l'époque du mausolée[4]. La porte de
ce tombeau n'a pas plus de quatre pieds de haut ; aucune inscription enfin n'est
gravée sur les murs.

1. Quinte-Curce, livre x.
2. Coste et Flandin, *Voyage en Perse*, page 134.
3. Ker-Porter, *Voyage en Perse*, 1, 497.
4. Coste et Flandin.

La partie supérieure de ce tombeau, ornée d'une corniche, présente un fronton sur chacune des deux faces les plus étroites. La couverture, *en forme de toit*, est en pierres comme tout le reste du monument.

Le tombeau attribué à Cyrus est un tombeau grec.

Je doute fort, pour ma part, que ce tombeau que nous pouvons reproduire ici, grâce à l'obligeance de M. Coste, soit celui de Cyrus. Il a la forme d'un sarcophage élevé sur des gradins, et, — en le comparant aux monuments semblables qui existent dans la Lycie, la Cyrénaïque et l'Italie, — je crois qu'il est tout simplement un tombeau grec élevé pour quelque grand personnage de l'armée d'Alexandre ou de l'un de ses successeurs, et peut-être mieux encore un tombeau romain. Rien dans sa disposition et ses détails ne rappelle l'art persan ou assyrien.

Examen du véritable tombeau de Cyrus.

Le véritable tombeau de Cyrus qui n'existe plus, sans doute saccagé et détruit comme tant d'autres, devait avoir, si nous nous en rapportons aux historiens grecs, une tout autre apparence. Nous pouvons assez aisément nous représenter ce grand édifice, sans doute de forme carrée et disposé par étages, qui s'élevait au milieu d'un jardin, avec une chambre ouverte juste au-dessous de la plate-forme, dans laquelle on pénétrait difficilement. Le lieu de sépulture conforme à la loi de Zoroastre dont se servent encore les Guèbres, ainsi que nous l'avons vu, ressemble assez à cette tour, et les incontestables tombeaux perses de Nakch-i-Roustam et de Persépolis, que nous étudierons tout à l'heure, nous offriront la même difficulté d'accès et la même disposition élevée, choisie pour le dépôt des corps. Ce qu'il y a de plus intéressant à observer dans la description du tombeau de Cyrus, c'est d'abord la mention d'une garde composée des mages entretenus aux frais de l'État pour veiller à la conservation du monument, puis c'est le luxe tout oriental de la chambre sépulcrale qui rappelle une idée du luxe égyptien, augmenté d'un fait nouveau et bizarre : l'enfouissement d'espèces monnayées auprès du cadavre d'un roi. Ce lit d'or sur lequel était déposé le cercueil d'or, cette table garnie de vases à boire, ces vêtements entassés avec les plus riches tissus de l'art babylonien, ces tapis de pourpre si recherchés par les Grecs, ces bijoux, ces colliers, ces bracelets, ces armes précieuses, nous surprennent médiocrement. Il était dans l'usage des peuples anciens de réunir autour des morts tous les objets qu'ils supposaient flatter leur orgueil posthume ou dont ils pouvaient se servir dans l'autre monde. Mais les espèces monnayées constituent un fait nouveau bien étrange, et nous nous appesantissons sur lui parce que, dorénavant, nous serons souvent mis à même de l'observer chez de nouveaux peuples. Selon nous, il provient d'une idée toute barbare. Jamais les Égyptiens ni les Indous n'auraient accueilli une telle idée.

Passons maintenant à l'étude des hypogées.

II

Hypogées de Nakch-i-Roustam.

De toutes les tombes excavées de la Perse, les plus belles et les plus intéressantes sont certainement celles appelées par les habitants du pays Nakch-i-Roustam, situées à environ douze lieues de Schiraz.

Figurons-nous une immense face perpendiculaire de rochers de marbre blanc, de près de neuf cents pieds de hauteur[1], terminée à l'une de ses extrémités par un bloc en retour d'équerre et naturellement crénelé au sommet, comme les murailles d'une forteresse de géants. La face de cette montagne a été entaillée à une profondeur de quatorze pieds en quatre endroits différents, et présente ainsi quatre contre-forts naturels en saillie séparant chacune des faces plates[2].

Au milieu des cadres énormes, formés par ces contre-forts, se développent tous les détails extérieurs des tombes. Toutes présentent la disposition remarquable d'une longue croix dont la branche inférieure ne contient pas de sculptures. La branche supérieure est décorée de bas-reliefs, et les deux branches transversales représentent un large portique orné de colonnes.

Ces quatre tombes, certainement construites à la même époque, diffèrent peu les unes des autres. Leur aspect extérieur est uniforme, et quelques détails insignifiants les distinguent seuls dans le plan et les ornements.

On peut diviser ces monuments en trois étages. Le premier, complétement lisse, était peut-être destiné à recevoir une inscription; peut-être aussi à figurer le socle de l'édifice. Le second étage, le plus large, est décoré de quatre colonnes engagées, posant sur une plinthe, et couronnées de chapiteaux représentant deux bustes de taureaux courbés, armés chacun d'une corne. Entre les deux têtes se trouvent deux pierres superposées dont la plus petite porte immédiatement sur le dos des taureaux. Ces chapiteaux, de belles proportions, soutiennent une architrave sans autre ornement qu'une rangée de denticules. La porte rectangulaire qui donne entrée au tombeau se trouve entre les deux colonnes centrales[3].

L'étage supérieur placé immédiatement au-dessus du portique renferme d'abord deux bas-reliefs superposés, représentant chacun quatorze figures, les mains élevées au-dessus de la tête et soutenant d'élégantes corniches. Aux deux côtés des

---

1. Pieds anglais.

2. Nous devons à l'obligeance de M. Coste la permission de reproduire la belle planche de ces tombeaux royal, ainsi que toutes celles de notre étude sur la Perse ancienne.

3. Voyez la planche de la tombe royale, n° 2.

bas-reliefs se trouvent des pilastres composés chacun d'une sorte d'urne renversée sur laquelle pose une griffe de lion, surmontée d'une colonne à cannelures horizontales. La partie supérieure de ces étranges pilastres représente une tête de taureau armée d'une corne.

Au-dessus des deux bas-reliefs, sur un piédestal à trois degrés, est sculpté un personnage debout, enveloppé d'une longue robe; il tient un arc de la main gauche et son bras droit est à demi étendu. Cette sculpture représente certainement l'image du roi mort. Devant elle, sur un autre piédestal, s'élève un autel où brûle le feu sacré. Au-dessus, presque dans l'angle, se trouve un globe, emblème du soleil; et au milieu du tableau plane la figure symbolique, représentant le Ferouher du roi mort, substance immatérielle qui, selon Zoroastre, ainsi que nous l'avons vu, représentait le roi dans la région supérieure, tel qu'il avait existé dans la région inférieure[1], c'est-à-dire sur la terre, et dont la raison d'être était de combattre les mauvais génies, principes du mal.

Sur les deux renfoncements qui encadrent cette composition de chaque côté sont sculptées trois figures, au-dessus l'une de l'autre, les unes armées de lances, les autres, la main gauche élevée en signe d'adoration, ou peut-être faisant le geste d'essuyer leurs larmes. Tel est l'ensemble de chacun de ces quatre tombeaux semblables, de plus de cent pieds de hauteur. Un seul d'entre eux contient, entre les colonnes du portique, une inscription en caractères cunéiformes[2], qui furent copiés à l'aide d'une longue-vue par M. Westergaard, et dont la transcription révèle le nom de Darius, père de Xercès[3].

Ker-Porter, s'étant fait attacher au bout d'une corde, parvint, non sans dangers, à s'élever jusqu'à la porte feinte ou représentative de l'un de ces monuments. Il pénétra dans la tombe, en baissant la tête et se traînant sur les genoux, à travers l'ouverture étroite pratiquée par d'anciens violateurs dans le compartiment inférieur : « Je me « trouvai, dit-il, dans une chambre voûtée complétement noircie par la fumée, « provenant, soit de lampes, soit d'autres feux; la place était suffocante et obscure; « à son extrémité étaient trois réduits arqués qui occupaient toute la longueur de la « chambre, chacun contenant une cavité taillée dans le roc et couverte par une « pierre de dimensions correspondantes. Chacun de ces couvercles fort pesants avait « été brisé près des coins, évidemment pour permettre aux violateurs de voir ce que « les sarcophages pouvaient contenir. J'introduisis une lumière dans les trois réduits, « à l'aide de laquelle je vis jusqu'à la fente la plus éloignée, et tout était parfaite- « ment vide; il n'y avait même aucune trace de poussière pouvant provenir des

1. Burnouf, *Commentaire sur le Yaçna*, 270, 271.
2. *Voyage en Perse*, de MM. Coste et Flandin, Tombe n° 2.
3. *Étude sur Ninive et Persépolis*, par M. Eichhoff.

« habitants primitifs. Si ces couvercles ont été dérangés en aucun temps, ils ont été
« soigneusement replacés.

« La longueur de la cave qui forme la tombe est de trente-quatre pieds; sa
« hauteur de neuf; chaque four contenant l'obscure cavité pour le corps a aussi neuf
« pieds du sommet de l'arc au fond de la cavité; la longueur de la cavité pour le
« sarcophage a huit pieds trois pouces sur cinq pieds.... L'entrée de la chambre
« a été originairement fermée par un ou plusieurs blocs de pierre, les trous profonds
« qui recevaient leurs pivots sont visibles de chaque côté[1]. »

Au-dessous de ces tombeaux ont été sculptés des bas-reliefs qui n'ont aucun rapport
avec la nécropole royale. Nous ne nous en occuperons donc pas.

Ce qu'il importe le plus de remarquer dans ces tombeaux, c'est qu'ils furent
construits d'après le plan égyptien, et que leur entrée, pratiquée à une grande
hauteur au-dessus du sol, les mettait ainsi — dans la pensée de ceux qui les édifièrent
— hors de l'atteinte des violateurs, ce qui n'empêcha cependant pas les premiers conquérants de la Perse de les ravager. Cette disposition doit également être attribuée
aux prescriptions de la Loi de Zoroastre. Il est difficile de concevoir à l'aide de quels
moyens le corps du roi mort pouvait être introduit dans le tombeau.

Sur ces quatre tombes, deux présentent un plan régulier, s'étendant à égale distance
de la porte; chacune d'elles ne contenait que trois niches à cercueils[2]. Une autre,
plus vaste, se développe dans le côté gauche du portique. Son unique salle, galerie
étroite, est percée de trois niches contenant chacune trois sarcophages[3]. Ces tombes
étaient-elles destinées à renfermer chacune les membres d'une même famille ou
seulement les rois de la Perse? C'est ce qu'il ne nous est pas possible de décider.
Observons, en terminant, que ces hypogées se distinguent essentiellement de ceux
de l'Egypte, en ce qu'ils n'offrent pas le développement intérieur grandiose de salles
et de galeries ornées de sculptures et de peintures que nous avons admirées à Thèbes,
mais seulement les réduits nécessaires pour renfermer les corps. Toute la richesse
de la tombe a été reportée à l'extérieur, ce qui est incontestablement plus logique,
mais ce luxe apparent indique des idées fort différentes sur la seconde vie et sur
l'importance attachée aux honneurs que méritent les restes des hommes.

Le plan général des tombes royales de Naksch-i-Roustam, que nous reproduisons,
nous donnera une idée très-nette de l'ensemble de la montagne transformée en
monument architectural. Ces quatre tombeaux, qui sont attribués à quatre rois de la
race de Cyrus, sont d'un accès tellement difficile, qu'il est presque impossible de
concevoir comment on a pu les édifier et surtout à l'aide de quels moyens mécaniques

---

1. Ker-Porter, *Voyage en Perse*, 1, 516. Toutes les mesures qu'il donne sont nécessairement en pieds anglais.
2. Voyez le plan des tombes n°° 3 et 4.
3. Voyez le plan de la tombe n° 2.

les sarcophages de marbre blanc massif purent être introduits dans la cavité qui les renferme. Chardin a supposé qu'une entrée particulière aboutissait à chacune des tombes par un couloir souterrain pratiqué de l'autre côté de la montagne, mais cette entrée n'a jamais été retrouvée. La porte figurée entre les colonnes centrales est bien évidemment une fausse porte qui ne figure dans le monument que comme motif architectural. Un passage de Ctésias explique à demi la difficulté qu'éprouvaient les constructeurs de la tombe pour se hisser jusqu'à elle. « Darius, dit-il, se fit faire un « tombeau sur le mont à deux cimes. Lorsqu'on l'eut achevé, il lui prit envie de le voir; « mais il en fut dissuadé par les Chaldéens, et par son père et sa mère. Quant à « ceux-ci, ils voulurent contenter leur curiosité. Il leur en coûta la vie. Les prêtres qui « les guidaient au haut de la montagne, ayant aperçu des serpents, en furent si « effrayés qu'ils lâchèrent les cordes. Le prince et la princesse se tuèrent en tombant. « Cet accident causa beaucoup de chagrin à Darius. Il fit couper la tête aux quarante « personnes chargées de guinder au haut de la montagne son père et sa mère[1]. »

Ainsi, même du temps de Darius, le secours de quarante personnes était nécessaire pour conduire deux visiteurs jusqu'à la plate-forme du tombeau; c'était à l'aide de cordes qu'on parvenait à les hisser, et ces moyens de traction étaient si imparfaits que les deux visiteurs se tuèrent. S'il avait existé une entrée particulière sur l'autre face de la montagne, n'est-il pas évident qu'on eût pu pénétrer dans la tombe par cette entrée sans dangers? Le père et la mère de Darius, comme les ouvriers qui évidèrent la tombe, durent être hissés sur la face sculptée de la montagne, et il ne nous est même pas possible d'imaginer à l'aide de quels moyens.

Tour d'exposition de Naksch-i-Roustam. Un monument particulier fut retrouvé par Chardin et dessiné par MM. Coste et Flandin, à quelque distance et juste en face de la tombe n° 4. Ce monument consiste en une tour carrée, de 18 pieds de face et de 24 de hauteur, percée de fausses fenêtres et couronnée d'une sorte de parapet encadrant une plate-forme faite d'une pierre plus dure et plus polie que le marbre et presque aussi éclatante que l'albâtre. De larges entailles sont symétriquement creusées dans la muraille. On y pénètre par une ouverture qui fut pratiquée récemment à dix pieds du sol, en enfonçant quatre ou cinq pierres qui sont éboulées au dedans. L'intérieur de l'édifice n'offre rien de remarquable que les murs tout nus, dont les pierres dures et sans inscription sont admirablement liées à l'aide du ciment[2]. Il est impossible, en considérant la singulière structure, l'emplacement et les détails de ce monument, de ne pas le rapprocher par la pensée de l'édifice dont se servent les Guèbres pour le desséchement et le dépècement des cadavres de leurs proches. Chardin nous a transmis sur cet édifice des détails trop précis pour que nous puissions conserver le moindre doute sur la ressemblance qu'il

1. Ctésias, dans _Hérodote_ (Larcher), 9, 225.
2. Chardin, 9, 141.

offre avec la tour de Nakch-i-Roustam. Avec MM. Coste et Flandin, je crois qu'il servait au desséchement des cadavres royaux qui devaient être, plus tard, hissés jusque dans les caves sépulcrales du mont à deux cimes qui lui fait face, et les entailles pratiquées sur la muraille ne peuvent être que les incommodes degrés dans lesquels posait ses pieds le prêtre qui devait monter sur la plate-forme, pour tirer après lui le cadavre à l'aide d'une corde.

Ainsi les prescriptions de la loi de Zoroastre étaient suivies pour les rois comme pour le reste des hommes. Leurs corps étaient exposés sur une hauteur au soleil, au vent, aux oiseaux de proie. La seule distinction qu'ils obtenaient était celle d'un tombeau splendide creusé à une grande hauteur, dans le centre d'une montagne; et l'accès rendu à dessein très-difficile de ce tombeau était aussi bien justifié par le désir d'isoler absolument les morts des vivants que par la crainte de voir les vivants, violant la loi des morts, profaner la tombe royale pour s'approprier les trésors qu'elle renfermait.

III

La capitale de la Perse, telle qu'elle fut remise par Cyrus à ses descendants, était la ville d'Istakhar, appelée *Persépolis* par les Grecs. Sa fondation remonte jusqu'au chef des Pischdadiens Kaioumortz dont le règne précéda d'environ dix siècles la famille des Achéménides. Des ruines considérables attestent encore l'étendue et la splendeur de cette capitale, et le palais à demi conservé qui existe encore au pied d'une chaîne de montagnes parallèle à l'Araxe suffirait seul pour donner une haute idée de la puissance des anciens rois de l'Iran.

Ce palais, d'environ 1,400 mètres de tour, s'élève sur une plate-forme de près de 150,000 mètres de superficie. Un mur d'enceinte de pierres de granit l'environne; d'immenses escaliers en pente douce y aboutissent, et des portiques gigantesques, flanqués de taureaux ailés à tête humaine, et soutenus par d'innombrables colonnes, rappellent vaguement les constructions démesurées de la vieille Égypte.

La face de la montagne à laquelle est adossé ce dernier et splendide reste de l'art persan renferme deux tombes royales, situées environ à 400 pas l'une de l'autre et qui sont construites exactement sur le même plan que celles de Nackh-i-Roustam; mais elles présentent une particularité qui ne se répéta jamais chez aucun peuple: loin d'être isolées des villes et des habitations comme l'exigeait la règle uniforme de l'antiquité, elles font, en quelque sorte, partie de la demeure royale de Persépolis.

Disposées sur la face de la montagne qui forme l'enceinte du palais du côté de l'est, ces deux tombes, comme celles de Nackh-i-Roustam, sont creusées dans la roche

Ruines
de Persépolis.

Description.

vive, et leur façade n'avait aucune de ses pièces rapportée. La première, située au nord-est du plateau, s'élève au-dessus de cinq murs, disposés en retraite, construits avec des blocs équarris sans ciment. La plate-forme qui la précède s'étend entre les deux faces du rocher taillé. La façade, en tout semblable à celle des tombes de Nakch-i-Roustam, présente le même nombre de colonnes et la même disposition architecturale, à l'exception de la frise, qui est décorée de dix-huit lions sculptés, qui se regardent,

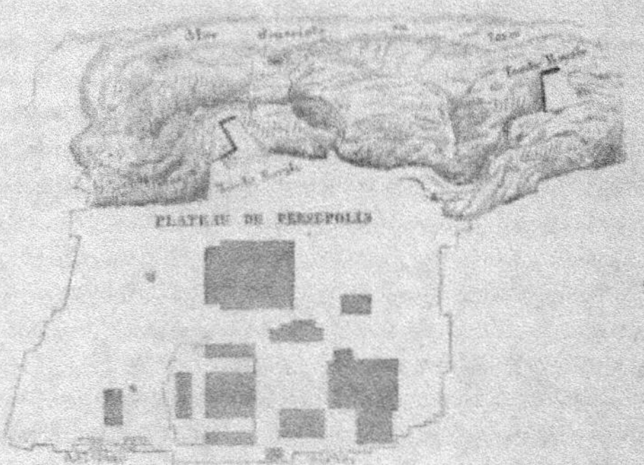

neuf par neuf. La partie supérieure est également semblable à celles des tombes de Nakch-i-Roustam déjà décrites [1]. On y voit le même personnage à longue barbe, coiffé de la tiare, couvert de la robe médique, appuyant sa main gauche sur un arc, symbole de la bravoure et attribut des rois de Perse, et levant l'autre en signe d'adoration devant l'autel du feu qui lui fait face. Le Ferouher du personnage royal inhumé dans le tombeau plane dans les airs, suspendu sur ses deux ailes. Le globe du soleil, inscrit à l'angle du tableau, complète cette scène symbolique.

L'intérieur de la tombe ne présente rien de particulier ; la chambre sépulcrale se divise en deux parties inégales et voûtées. Elle ne contient qu'un seul sarcophage creusé dans le roc [2].

La seconde tombe, située au sud-est du plateau, est un peu plus éloignée du palais que la précédente ; mais elle en offre exactement les mêmes dispositions. Il n'y a pas d'autre différence que celle du globe que j'attribue au soleil, qui se trouve sur la première tombe et n'existe pas sur la seconde.

1. Voyez la façade de la tombe royale, située au N.-E. du plateau de Persépolis.
2. Voyez la planche de la même tombe.

L'intérieur du caveau ne présente pas la même disposition que celui du premier tombeau : il se compose d'un couloir droit et voûté non parfaitement parallèle au portique extérieur; trois grandes niches à voûtes plates s'ouvrent sur ce couloir; chacune d'elles contenant deux sarcophages placés l'un devant l'autre et creusés dans le rocher à une profondeur de un mètre[1]. Les couvercles de marbre blanc de ces sarcophages, fendus par le milieu et jetés sur le côté[2], attestent la spoliation des violateurs de la tombe[3].

Un troisième monument, semblable aux deux autres, s'élève à cinq cents mètres au sud du mur de soutènement du plateau.

IV

Ces monuments, de même que ceux de Nakch-i-Roustam, offrent des particularités fort remarquables qu'il sera intéressant d'étudier. L'étonnement du voyageur Chardin doit être partagé par tous ceux qui arrêteront un moment leur pensée sur des édifices aussi étranges. « On croirait, dit-il, en regardant d'en bas ces « grandes perspectives ou façades, qu'il y aurait quelque grand sépulcre derrière, « et ainsi des gens sont surpris de ne trouver que ce petit caveau[4]. » N'est-il pas bizarre, en effet, de voir tant d'efforts dépensés pour si peu de chose, et un extérieur si splendide pour annoncer l'unique et modeste chambre d'une tombe? L'idée égyptienne, quoique docilement suivie dans son principe, est ici bien amoindrie. L'explication de la différence qui existe entre les tombes royales de Thèbes et de Persépolis se trouve dans la différence des deux religions. Peu importait, au fond, aux rois de Perse, de décorer richement l'intérieur de la demeure funèbre, dans laquelle ils ne croyaient pas que devait errer leur âme.

Le style d'architecture particulier de ces monuments, de même que celui du grand palais de Persépolis, rappelle les formes d'art des palais de Ninive. Les mêmes taureaux ailés, à face humaine, gardent l'entrée de l'un comme celle des autres. De même, deux taureaux, dressés sur leurs pieds, s'élèvent dans les tableaux supérieurs des tombes et couvrent leurs bustes de chaque côté des faîtes des colonnes, pour les décorer d'un étrange chapiteau. La frise, la forme des colonnes, la

Examen critique
des hypogées de la
Perse ancienne.

1. Coste et Flandin, *Voyage en Perse.*
2. Chardin, 9, 162.
3. Voyez le plan de la tombe située au S.-E. du plateau.
4. Chardin, 9, 166.

    II.   7

décoration de la porte, tout rappelle Ninive. Il n'y a que les détails religieux qui diffèrent.

Ces détails, qui reproduisent toujours la même scène, méritent qu'on les examine au point de vue critique. La scène est religieuse, comme il convient à tout ce qui se rapporte aux tombeaux. Le roi, sectateur de Zoroastre, tenant d'une main les insignes du pouvoir, élevé sur des gradins, ainsi que l'exigeait sa dignité, adore le feu, symbole d'Ormuzd. Les gardes et les courtisans l'entourent; sans doute ce feu que, de son vivant, on portait toujours devant lui et qu'on éteignait à sa mort, rallumé dans la représentation plastique qui décore son tombeau, signifiait-il que l'âme du roi accomplissait dans le paradis d'Ormuzd les mêmes devoirs auxquels il était astreint pendant sa vie? Quoi qu'il en soit, le feu flambe devant lui sur l'autel, et le soleil, seconde divinité, ou seconde forme de la divinité, lui fait face, ainsi que cela devait être, toutes les fois qu'un sectateur de Zoroastre était occupé à prier.

Le Feroüher, figure ailée, correspondance ou bon génie du roi mort, plane au-dessus de lui, paré comme lui des insignes suprêmes. Plus bas sont alignés les gardes levant les bras en l'air comme pour soutenir l'image royale. Je ne sais quel symbole représentent les lions : peut-être celui de la force?

Il est indiscutable que ces monuments appartiennent à l'art persan. La scène religieuse sculptée au sommet reproduit l'adoration du feu et l'image du Feroüher; les costumes, les armes, les chapiteaux, tout indique le style médo-perse. Les Perses, il est vrai, ont pu les faire élever par des étrangers, — peut-être par des Égyptiens? — mais ces étrangers suivirent les indications qui leur furent données par les mages; car ni le caractère ni l'ensemble, ni le plan ni les détails de ces étranges objets d'architecture ne rappellent aucun art connu sur la terre.

Cet art plastique qui, pour la première fois, se présente à nous, a quelque chose de la gravité et de l'ampleur égyptienne, mais il est, à la fois, plus rassis et plus calme. Une sorte de lourdeur grandiose dissimule à demi la raideur de gestes des personnages et le défaut de perspective qu'on doit signaler dans leur attitude. Je reconnais qu'il n'est pas aisé de juger un art par des détails peu nombreux et que de simples bas-reliefs ne peuvent guère donner une idée nette de la statuaire; néanmoins ces bas-reliefs nous suffisent pour reconnaître une étude ingénieuse et approfondie de la forme humaine, et, si rien, dans les demi-bosses des tombeaux de Persépolis, n'élève l'âme jusqu'à l'idéal comme dans la moindre des œuvres grecques, du moins rien, ou presque rien, ne choque l'esprit ni le goût.

Ce qu'il y a de plus saillant, selon moi, dans ces tombeaux, c'est l'uniformité et l'exiguité du plan. Outre qu'il est remarquable que cinq tombeaux seulement subsistent de tous ceux élevés sans doute pendant la durée de la civilisation persane, il est vraiment extraordinaire qu'un peuple qui poussa le luxe aussi loin que le fit le peuple de Cyrus se soit contenté d'une chambre modeste et toute nue pour inhumer les corps de ses rois. Ce contraste avec l'usage égyptien a quelque chose d'insolite, et les trésors vrais ou supposés, qu'au dire des historiens grecs, les Perses déposaient dans les tombes royales, ne relèvent guère leur extraordinaire pauvreté architecturale.

FIN DE LA DEUXIÈME PARTIE.

HÉBREUX

PREMIÈRE PARTIE

USAGES FUNÈBRES

I

De même que tous les peuples de l'Asie, les Hébreux empruntèrent aux Égyptiens l'idée mère de leur mode uniforme de sépulture. Bien avant l'époque où ils devaient tomber sous la rude domination des Pharaons, alors qu'ils n'étaient encore que des pasteurs errant dans les solitudes qui séparaient de vastes empires, ils suivaient déjà, à leur insu, les usages établis dans ces empires; autant, du moins, que le leur permettaient les chétives ressources de leur isolement.

Si nous avons vu sans étonnement les Égyptiens, aux abords de leurs villes pressées sur les rives du Nil, utiliser jusqu'à la moindre butte de pierre, et perforer toutes les montagnes pour y renfermer leurs morts; nous ne serons pas surpris de voir les enfants d'Abraham, privés des ressources de la civilisation, utiliser d'abord les cavernes naturelles des contrées qu'ils parcouraient pour les employer au même usage. Ce que le grand peuple, aggloméré dans un étroit espace, ne pouvait déjà plus faire, les jeunes tribus, éparses dans des plaines immenses, le firent sans contrainte ni contestation.

Quand la mort surprenait un Israélite sur un territoire étranger, ses parents achetaient une caverne des maîtres de ce territoire pour y déposer le corps. Destinées à l'avance à la sépulture, ces cavernes pouvaient avoir été déjà façonnées et agrandies à l'intérieur, mais il n'est pas probable qu'elles fussent ornées d'aucun sujet de décoration. Voici le premier fait que la Genèse nous transmet sur ces sépultures primitives des patriarches :

« 2. Sarâ mourut à Kiriath-Arba qui est 'Hébron, au pays de Kenaân; Abraham vint faire
« le deuil de Sarâ et la pleurer;

« 3. Et Abraham, s'étant levé de devant son mort, parla ainsi aux 'Héthéens :

« 4. Je suis étranger et habitant parmi vous; donnez-moi donc parmi vous la propriété « d'une sépulture, afin que je puisse enterrer mon mort de devant moi.

« 5. Les 'Héthéens répondirent à Abraham en ces termes :

« 6. Maître, écoute-nous; tu es parmi nous un grand prince; enterre ton mort dans la « meilleure de nos sépultures, aucun de nous ne te refusera son sépulcre pour enterrer ton « mort[1]. »

Mais Abraham préfère à cette hospitalité aussi gênante que généreuse, la possession perpétuelle d'un sépulcre pour lui et ses descendants; car, de même que tous les hommes de son temps, il tient autant à ce qu'on ne déplace pas les morts, qu'à reposer parmi les siens. Aussi, répond-il à cette proposition par une autre :

« 7. Abraham se leva et se prosterna devant le peuple du pays, devant les 'Héthéens,

« 8. Et il leur dit : Si vous avez à cœur que j'enterre mon mort, et que je l'enlève de « devant moi, écoutez-moi, et intercédez pour moi auprès d'Ephron, fils de Tso'har,

« 9. Pour qu'il me donne la caverne de Machpéla, qui lui appartient et qui se trouve au « bout de son champ; qu'il me la cède pour de l'argent valable, comme propriété sépulcrale « parmi vous.

« 10. Or, Ephron était assis parmi les 'Héthéens. Le 'Héthéen Ephron répondit donc à « Abraham; — les 'Héthéens pouvant l'entendre, ainsi que ceux qui entraient par la porte de « la ville :

« 11. Non, Seigneur, écoute-moi, je te donne le champ, et la caverne qui s'y trouve, je « te la donne aussi; je te les donne aux yeux de mes compatriotes, enterres-y ton mort[2] ».

C'est toujours la même proposition généreuse, plus directe. Abraham n'y veut pas souscrire, quoique, faite devant témoins, elle lui présentât toute garantie. Il offre d'acheter la caverne mais ne fixe pas de prix cependant, et ici s'engage une discussion fort curieuse entre les deux parties. Nous ne pouvons malheureusement pas savoir, par le prix qui fut convenu, lequel d'Abraham ou du 'Héthéen fut le plus habile et conclut un bon marché. Il est certain cependant que Ephron propose le prix avec une apparence de légèreté qui pouvait être un adroit calcul.

« 12. Abraham se prosterna devant le peuple du pays.

« 13. Il parla ensuite en ces termes à Ephron, en présence du peuple du pays : Eh! pourca « que tu m'entendisses! J'ai déposé l'argent pour le champ, prends-le, alors j'y enterrerai « mon mort.

« 14. Ephron répondit à Abraham en lui disant :

1. *La Bible*, traduite par Cahen, *Genèse*, XXIII.
2. *Id. Ibid. Ibid.*

« 15. Seigneur, écoute-moi, une terre de quatre cents sicles, qu'est-ce que c'est entre
« moi et toi ? Enterre donc ton mort.

« 16. *Abraham comprit les paroles d'Ephron.* Abraham pesa l'argent dont il avait parlé en
« présence des 'Héthéens, savoir : quatre cents sicles d'argent ayant cours chez le marchand.

« 17. Ainsi fut acquis le champ d'Ephron qui était à Machpéla devant Mamré, savoir le
« champ, la caverne qui s'y trouvait, et tous les arbres qui étaient dans le champ et dans
« toute la limite autour ;

« 18. Et il devint une propriété pour Abraham, aux yeux des 'Héthéens et de tous ceux
« qui entrèrent par la porte de la ville.

« 19. Ensuite Abraham enterra Sarâ, sa femme, dans la caverne du champ de Machpéla
« devant Mamré; là est 'Hébron dans le pays de Kenâân.

« 20. Le champ, ainsi que la caverne qui s'y trouve, *resta à Abraham comme une propriété*
« *sépulcrale* venant des 'Héthéens[1]. »

Tel fut le motif qui fit préférer au patriarche l'achat à la donation. Il voulait
avoir le droit de reposer auprès de Sarâ.

« A l'âge de cent soixante-quinze ans, il s'affaiblit et mourut, après une heureuse vieillesse,
« étant fort âgé et rassasié de jours, et il fut enseveli auprès des siens.

« 9. Yits'hac et Yischmaël, ses fils, l'enterrèrent dans la caverne de Machpéla, au champ
« d'Ephron, fils de Tso'har, 'Héthéen, qui est devant Mamré[2]. »

Sa mort ne fit pas perdre aux siens leurs droits à cette propriété :

« Yischmaël s'affaiblit, mourut, et fut enterré auprès des siens[3]. »

Des cette époque très-reculée, nous voyons déjà les patriarches suivre les usages
des nations existantes. *Abraham fit le deuil de Sarâ.* Si nous ne pouvons savoir
dans quelle forme il fit le deuil de sa femme, nous pouvons du moins supposer que
cette forme se rapprochait fort de celle des Égyptiens. Cette expression : « il se leva
de devant son mort, » peut aussi bien nous faire supposer qu'il était prosterné,
qu'accroupi, assis, abîmé dans la douleur. Cette image est peu précise, néanmoins
elle contient une légère indication.

Deuil
des patriarches.

II

Dès le temps des patriarches, je rencontre déjà plusieurs modes de sépulture
différents, venant confirmer par leurs rares exceptions, la règle uniforme de
l'ensevelissement dans les cavernes :

Différents modes
de sépulture.

1. *La Bible*, traduite par Cahen, *Genèse*, XXIII.
2. Id.   ibid.   ibid., XXV.
3. Id.   ibid.   ibid., XXV, 17.

« 8. Débora, nourrice de Ribka[1], mourut et fut ensevelie au-dessous de Beth-El, sous le
« chêne qu'on nomma (depuis) Alôn-Bachouta (chêne des pleurs)[2]. »

« 19. Ra'hel[3] mourut, elle fut ensevelie sur le chemin d'Ephrate, qui est Beth-Lé'hem.

« 20. Jacob érigea un stèle sur sa sépulture, qui est encore jusqu'à ce jour *le stèle de la*
« *sépulture de Ra'hel*[4]. »

Remarquons en passant que Débora put être enterrée selon le mode le plus
simple et le moins coûteux, dans un écartement naturel de rochers, au-dessus
duquel se trouvait un chêne. Remarquons aussi que le stèle de Rachel dut être
posé comme monument indicatif au-dessus de la caverne qui renfermait son corps.
Jacob, en mourant, s'excusa auprès de son fils Joseph, de n'avoir pas enterré sa
mère dans la sépulture de famille, mais sur le grand chemin.

« Ra'hel, dit-il, mourut en route; lorsqu'il y avait encore une grande étendue de pays
« pour arriver à Ephrate, qui est Beth-Lé'hem[5]. »

Quoi qu'il en soit, dès ce moment, nous observons la différence la plus notable
qui exista jamais entre le mode égyptien et le mode hébreu. Le premier cachait avec
soin les tombes; le second, au contraire, les signalait aux passants par un monument
particulier.

III

Aussitôt que les descendants d'Abraham sont établis en Egypte, ils font à ce
pays de nouveaux emprunts. Jacob ayant été retrouver son fils Joseph avec ses
serviteurs et ses enfants, mourut entre leurs bras, et fut embaumé selon l'usage du
pays. Nous donnerons en entier le touchant récit de sa mort et de ses funérailles
parce qu'il contient de nombreux et précieux renseignements.

« 29. Lorsque le temps de la mort d'Yisrael arriva, il appela son fils Josseph, et lui dit :
« Si j'ai trouvé grâce à tes yeux, mets, je te prie, ta main sous ma cuisse, et me comblant de
« bonté et de fidélité, tu ne m'enterreras point en Mitsraïm[6].

« 30. Que je dorme avec mes pères, tu me transporteras de Mitsraïm, et tu m'enterreras
« dans leur sépulture. Celui-ci répondit : Je ferai selon tes paroles.

1. Rébecca.
2. *La Bible*, traduite par Cahen, *Genèse*, XXXV.
3. Rachel.
4. *La Bible*, traduite par Cahen, *Genèse*, XXXV.
5. *Id.*   *ibid.*   *ibid.*, XXVIII, 7.
6. Egypte.

« 31. Il dit : Jure-le-moi. Il le jura. Yisrael se prosterna vers le haut du lit.

« XLVIII. 1. Après cela on dit à Josseph : Voici que ton père est malade ; il prit avec lui ses
« deux fils, Menasché et Ephraïm.

« 2. On en informa Jacôb, et on lui dit : Voici ton fils Josseph qui vient vers toi. Yisrael
« rassembla ses forces, et s'assit sur le lit.

« 8. Yisrael voyant les fils de Josseph, dit : Qui sont ceux-ci ?

« 9. Josseph dit à son père : Ce sont mes fils que Dieu m'a donnés ici. Il dit : Amène-les-
« moi, je te prie, pour que je les bénisse.

« 10. Les yeux d'Yisrael étaient appesantis par l'âge, de manière qu'il ne pouvait plus bien
« voir. Il les fit approcher de lui ; celui-ci les baisa et les embrassa.

Ici Jacob prononce une parole sublime : se rappelant qu'autrefois il avait cru
perdre Joseph, il retrace ce souvenir en bénissant Dieu qui lui a rendu son fils et a
augmenté le nombre de ses enfants.

« 11. Yisrael dit à Josseph : Je n'ai pas pensé revoir[1] ton visage, et voilà que Dieu m'a fait
« voir même tes enfants.

« 12. Josseph les fit sortir d'entre les genoux de son père, et se prosterna devant lui,
« à terre.

« 13. Josseph les prit tous deux, Ephraïm dans sa droite, à la gauche d'Yisrael, et Menasché
« dans sa gauche, à la droite d'Yisrael, et les fit approcher de lui.

« 14. Yisrael étendit sa main droite, et la plaça sur la tête d'Ephraïm, qui était le plus
« jeune, et la gauche sur la tête de Menasché ; il posa ses mains avec préméditation, car
« Menasché était l'aîné.

« 15. Il bénit Josseph, et dit : Que le Dieu devant lequel ont marché mes pères Abraham
« et Yits'hac, ce Dieu qui me sustente depuis que j'existe jusqu'à ce jour ;

« 16. Que l'ange qui m'a délivré de tout mal bénisse ces enfants !....

Cette belle scène n'appartient pas à l'Égypte. Elle est toute empreinte de la
majestueuse simplicité des pasteurs. Remarquons l'importance que Jacob attache à
reposer dans le sépulcre de ses pères. Les religions les plus différentes ont toutes
vu des désirs pareils : partout et toujours l'instinct affectueux qui porte l'homme à
ne pas se séparer de ce qu'il aime, se rencontre dans les situations semblables.
Jacob exprime encore une fois ce désir avant de fermer les yeux :

« 21. Yisrael dit ensuite à Josseph : Je vais mourir, mais Dieu sera avec vous et vous fera
« retourner au pays de vos pères.

« 22. Quant à moi, je te donne une part au-dessus de tes frères, celle que j'ai prise de la
« main de l'Amorréen, avec mon glaive et mon arc[3].

1. Le traducteur dit : [illegible] ; je crois que c'est à tort ; le sens de la phrase alors ne se comprend plus.
2. La Bible, traduite par Cahen, Genèse, XLVII et XLVIII.
3. Id.   ibid.   ibid.

« 29. ... Je vais être réuni à mon peuple, enterrez-moi auprès de mes pères dans la caverne
» qui est au champ d'Éphron, le Héthéen.

« 30. Dans la caverne qui est dans le champ de Machpéla, qui est près de Mamré, au pays
» de Kenaân, où Abraham avait acquis d'Éphron le Héthéen, le champ pour une possession
» sépulcrale.

« 31. Là, ils ont enterré Abraham et Sarâ, sa femme; là ils ont enterré Yçhac et Ribka,
» sa femme, et là j'ai enterré Léa.

« 33. Iacôb, ayant achevé de donner des ordres à ses fils, retira ses pieds dans le lit, et
» expira, et fut réuni à ses peuples.

« Ch. IV. — 1. Ioseph se jeta sur le visage de son père, pleura sur lui et le baisa[1]. »

Ce qui suit est tout égyptien :

« 2. Ioseph ordonna à ses esclaves les médecins[2] d'embaumer son père; les médecins
» embaumèrent Yisrael.

« 3. Quarante jours se passèrent ainsi, car autant de jours étaient employés par les embau-
» meurs, et les Égyptiens le pleurèrent soixante-dix jours.

« 4. Les jours destinés aux pleurs étaient passés, Ioseph parla ainsi aux gens de la maison
» de Phar'au[3] : Si j'ai trouvé grâce à vos yeux, parlez à Phar'au, savoir :

« 5. Mon père m'a fait jurer, en me disant : Je meurs, enterre-moi dans la sépulture que
» je me suis creusée[4] au pays de Kenaân, et maintenant permets que je monte pour enterrer
» mon père, et je reviendrai[5]. »

Le Pharaon ne pouvait refuser cette demande, conforme aux habitudes des Égyptiens, qui souvent faisaient porter les corps de leurs proches à de grandes distances du lieu où ils étaient morts. Il l'accorda, disant : « Monte et enterre ton père comme il t'a fait jurer[6]. » Observons que Jacob dût être embaumé exactement comme les Égyptiens l'étaient alors, assez simplement, car le Pharaon régnant était le quatrième des rois pasteurs qui ruinèrent les monuments et dénaturèrent les arts dans toute l'Égypte[7].

La suite des funérailles ressemble à s'y méprendre aux cérémonies que nous ont conservé les hypogées de Thèbes :

« 7. Ioseph monta pour enterrer son père; tous les serviteurs de Phar'au, les anciens de
» sa maison et tous les anciens de Mitsraïm montèrent avec lui.

1. *La Bible*, traduite par Cahen, *Genèse*, xlix et l.
2. La traduction des Septante dit : *les embaumeurs*.
3. Pharaon.
4. Il avait donc fait agrandir la caverne d'Abraham, pour y préparer sa place.
5. *La Bible*, traduite par Cahen, *Genèse*, l.
6. *Id. Ibid. Ibid.*
7. Voyez la *Notice nouvelle sur l'histoire d'Égypte*, par Champollion le jeune.

« 8. Ainsi que toute la maison de Joseph, ses frères et la maison de son père : ils ne
« laissèrent dans le pays de Goschen que leurs petits-enfants, leurs troupeaux et leur bétail[1].

« 9. Des charriots et des cavaliers montèrent aussi avec lui, et le cortège fut très-grand.

« 10. Arrivés à Goren-Atad, qui est au delà du Jardon[2], ils célébrèrent de grandes et très-
« magnifiques funérailles; il consacra ensuite à son père un deuil de sept jours.

« 11. Les Kenaânéens, habitants du pays, voyant le deuil à Goren-Atad, dirent : Voici un
« grand deuil pour Mitsraïm.

« 13. Ses enfants le transportèrent au pays de Kenaân, et l'ensevelirent dans la caverne du
« champ de Machpéla, où Abraham avait acheté d'Ephron le 'Héthéen, près Mamré, un champ
« pour une possession sépulcrale[3]. »

Il est difficile de supposer ce que purent être ces grandes et magnifiques funérailles faites, non pas au seuil du tombeau, mais pendant une halte. Des complaintes funèbres? peut-être un repas? des danses? Je ne l'affirme pas. Il est également difficile de rien comprendre au chemin suivi par le cortège. Hébron se trouvant entre l'Egypte et le Jourdain.

Joseph montra la même préoccupation que son père pour sa sépulture : « Il fit « jurer les enfants d'Israël, savoir : Dieu se souviendra de vous, et vous remonterez « mes ossements d'ici[4]. » Comme son père, « on l'embauma et on le mit dans un « cercueil en Mitsraïm[5]. » Moïse, plus tard, tint la promesse qui lui avait été faite en emportant ses restes avec lui.

Pendant les quatre cent trente années que les Hébreux passèrent en Egypte, ils durent suivre presque tous les usages du peuple qui les opprimait. On sait quelle peine eut Moïse pour les leur faire abandonner. Nous en retrouverons de nombreuses traces dans la suite de leur histoire.

IV

A peine les Hébreux se trouvèrent-ils dans le désert, délivrés des appréhensions que leur causaient les Egyptiens, que Moïse songea à leur donner des lois. Ce grand homme qui eut, le premier, la gloire d'annoncer au monde l'existence d'un Dieu unique, avait une telle confiance en lui-même et une telle méfiance de tous

1. Était-ce comme otages, pour qu'on fût certain de leur retour?
2. Jourdain.
3. La Bible, traduite par Cahen, Genèse, v.
4. Id.   Ibid.   Ibid.   x, 25.
5. Id.   Ibid.   Ibid.   x, 26.

les hommes, qu'il ne craignit point de descendre jusqu'aux détails les plus puérils, en apparence, pour donner à sa nation des mœurs nouvelles appropriées à ses idées. Il ne connaissait que trop bien le peuple indocile à la grandeur duquel il se dévouait ; pendant quarante ans il le promena de déserts en déserts pour le retremper par la fatigue et les privations ; pour donner le temps aux incorrigibles de s'éteindre les uns après les autres, et à la nouvelle génération le temps de croître dans le sens qu'il lui traçait. On ne peut se défendre d'une religieuse émotion et d'un attendrissement profond en retrouvant des marques de sa prévoyance dans les moindres objets du culte qu'il voulait fonder, dans les mille détails des lois que son génie lui inspira. Pour la première fois le monde entend parler d'un Être unique, immuable et charitable ; tendre pour les faibles et les humbles, sévère pour les superbes et les méchants. Pour la première fois, les hommes adorent un dieu exclusif et jaloux qui n'admet pas de partage dans sa puissance et dans sa gloire. Pendant que le polythéisme multiplie partout la pléiade de ses dieux, et poursuit le cours de ses rapides destinées, ignorant et insoucieux de l'humble peuplade des Israélites, l'idée qui doit faire crouler un jour tous ces dieux et changer la face du monde, déposée en germe dans le cerveau d'un homme obscur, va se répandre sourdement dans l'esprit de tous les hommes.

Il est certain que Moïse connaissait toutes les législations existantes à son époque, et qu'il se servit d'elles toutes pour enfanter la sienne. Nous pourrons constater, chemin faisant, les emprunts qu'il fit à celles de l'Orient. Il est également certain que les Hébreux conservèrent en Égypte, pendant toute la durée de leur servitude, des usages particuliers que les patriarches avaient sans doute pris des peuplades qu'ils fréquentaient dans leurs migrations. Il est remarquable que, dès les premiers temps de l'affranchissement, nous trouvons chez les Hébreux des coutumes déjà complètement différentes de celles de l'Égypte, coutumes tellement enracinées chez eux que Moïse, voulant les détruire, s'y reprend plusieurs fois pour les condamner. Ces coutumes, du reste, sont toujours mélangées d'usages égyptiens ; nous le remarquerons en passant.

V

Souillure
par les morts.

Dès les temps les plus reculés, nous voyons chez les Hébreux, — de même que chez tous les peuples de l'antiquité, — que l'attouchement seul d'un mort rendait les vivants impurs[1]. Nous savons déjà que les Égyptiens, sous l'empire de cette idée, avaient

1. Flavius Josèphe, *De l'antiquité des Juifs, Contre Apion.*

désigné, à l'avance, une caste nombreuse qui devait exclusivement s'occuper de tous les soins qu'on rendait aux morts : les Hébreux, plus tard, purent inventer quelque chose d'approchant, mais s'écartèrent beaucoup de la coutume égyptienne, en interdisant aux prêtres tout contact avec les morts. Ils allèrent encore plus loin dans l'extension qu'ils donnèrent à la souillure par les morts, en considérant comme impurs, non-seulement ceux qui avaient touché un cadavre, mais encore ceux qui avaient porté le deuil et assisté aux cérémonies de l'inhumation.

Voici quelles furent les différentes prescriptions de Moïse[1] sur ces sujets différents :

« 1. L'Éternel dit à Moschê[1] : Dis aux Cohenime[2], fils d'Aharone et dis-leur : Que le « Cohene ne se rende pas impur par un cadavre, dans son peuple ;

Lois concernant les pontifes.

« 2. Mais seulement pour son parent qui lui est proche, pour sa mère, pour son père, pour « son fils, pour sa fille et pour son frère ;

« 3. Et pour sa sœur encore vierge qui lui est proche, qui n'a pas encore été à un homme ; « pour celle-là il peut se rendre impur[3] ».

C'est-à-dire porter le deuil, suivre le convoi, assister à l'inhumation, au repas.

Voici maintenant la proscription d'autres usages qui diffèrent essentiellement de ceux des Égyptiens :

« 5. Que les Cohenime ne se rasent pas pour se faire une place chauve sur la tête ; qu'ils « ne se tondent pas l'extrémité de la barbe[4] ».

Nous savons que les Égyptiens, souvent rasés en temps ordinaires, laissaient croître leurs cheveux en signe de deuil, c'était donc le contraire que faisaient les Hébreux. Voici maintenant l'interdiction d'un usage égyptien :

« Que dans leur chair, ils ne fassent pas une incision[5] ».

Cinq versets plus loin, dans le même livre du Lévitique, nous trouvons une sorte de démenti à l'usage de se raser les cheveux :

« 10. Le Cohene le plus considéré entre ses frères, sur la tête duquel aura été répandu de « l'huile d'onction, qui aura été institué pour se vêtir des vêtements saints, ne laissera pas « croître sa chevelure, et ne déchirera pas ses vêtements[6] ».

Donc, les uns se rasaient, et les autres laissaient croître leurs cheveux. La marque du deuil consistait donc surtout dans la négligence de la personne,

---

1. Moïse.
2. Pontifes.
3. *La Bible*, traduite par Cahen, *Lévitique*, xxi.
4. Idem,   ibid.   ibid. .
5. Idem,   ibid.   ibid.   xxi, 5.
6. Idem,   ibid.   ibid.

dans l'abandon des soins qu'elle se devait, dans la mortification de sa beauté. Mais le chef des pontifes obtient une nouvelle distinction :

« 11. Il ne viendra pas auprès d'aucun cadavre de mort, il *ne se rendra même pas impur* pour « son père, ni pour sa mère [1] ».

Lois générales.

Moïse ne semble-t-il pas avoir eu connaissance des lois de Zoroastre et de Manou et ne pousse-t-il pas la prévision jusqu'au dernier degré du possible, lorsqu'il dit :

« Un homme quelconque de la postérité d'Aharone qui *touche ce qui est devenu impur par un* « *cadavre* [2]... sera impur jusqu'à ce qu'il ait lavé sa chair dans l'eau.
« 7. Au soleil couché il sera pur [3]... ».

Et il indique ce qu'on doit en faire jusqu'à ce qu'il soit purifié :

« 2. Ordonne aux enfants d'Israël qu'ils renvoient toute personne souillée par un cadavre.
« 3. Soit homme, soit femme, vous les renverrez ; vous les renverrez hors du camp, *qu'ils* « *ne rendent pas impur le camp* où je réside au milieu d'eux [4] ».

Lois concernant les hommes qui se sont voués à Dieu.

Tout en s'occupant de la nation tout entière, Moïse revient sans cesse sur ce qui concerne les hommes voués à Dieu.

« 2. Un homme qui se singularisera à faire un vœu de Nazir, pour se vouer à l'Éternel [5].
« 6. Tout le temps qu'il a voué à l'Éternel, il ne viendra pas près d'une personne morte.
« 7. Pour son père, sa mère, son frère ou sa sœur, il ne se souillera pas pour eux à leur « mort, parce qu'il a la couronne de Dieu sur la tête [6] ».

Ici une restriction très-bizarre : le législateur, prévoyant le cas d'un accident fortuit, impose alors à l'homme qui s'est voué volontairement, précisément la même marque de deuil qu'il interdit aux pontifes :

« 9. Si quelqu'un vient à mourir subitement en sa présence, et rend impure sa tête de Nazir, « il se rasera la tête au jour de sa purification ; il se la rasera le septième jour [7] ».

On peut objecter que Moïse n'entend pas faire porter le deuil à cet homme, mais purifier sa tête dans une forme particulière et très-rationnelle. Quoi qu'il en soit, le fait est le même, c'est ce qu'il est bon de constater.

1. *La Bible*, traduite par Cahen, *Lévitique*, XXI, 8.
2. C'est-à-dire, tout objet ou tout homme devenu impur pour avoir été en contact, etc.
3. *La Bible*, traduite par Cahen, *Lévitique*, XXII, 4, 7.
4. Id. ibid. *Nombres*, x.
5. C'est-à-dire, faire un grand vœu (Septante), un vœu merveilleux, extraordinaire.
6. *La Bible*, traduite par Cahen, *Nombres*, vi.
7. Id. ibid. ibid.

Moïse cependant a prévu tous les cas d'exception, en voici, entre autres, un très-remarquable, c'est le dernier :

« 6. Il y eut des hommes qui s'étaient rendus impurs par un cadavre humain, et qui ne « purent pas faire le pessa'h[1] ce jour-là. Ils se présentèrent en ce jour devant Moschè et « devant Aharone.

« 7. Ces hommes lui dirent : Nous sommes impurs par un cadavre humain ; pourquoi serons-« nous frustrés, en n'offrant pas l'offrande de l'Éternel, en son temps, au milieu des enfants « d'Israël ?

« 8. Moschè leur dit : Attendez, et j'apprendrai ce que l'Éternel ordonnera au sujet de vous.

« 9. L'Éternel parla à Moschè, savoir :

« 10. Parle aux enfants d'Israël en disant : Un homme quelconque qui sera impur par un « cadavre, ou qui sera en voyage lointain, parmi vous ou dans vos générations, et voudrait « faire le pessa'h à l'Éternel.

« 11. Qu'ils le fassent au second mois, le quatorzième jour, entre les soirs[2] »;

Terminons par les prescriptions générales pour tout le peuple. Elles sont d'une sévérité excessive, quoique moindres cependant que celles des codes de l'Inde et de la Perse. Nous ne pouvons affirmer que les Égyptiens les missent en pratique, cela cependant est probable ; les Romains les observèrent plus tard, dans toute leur rigueur.

« 11. Celui qui touche un mort, un cadavre humain, sera impur *sept jours*.

« 12. Il se purifiera avec cette eau[3] le troisième jour et sera pur le septième ; mais s'il ne se « purifie pas le troisième jour, il ne sera pas pur le septième.

« 13. Celui qui touche un mort, le cadavre d'un homme mort, et ne se purifiera pas, a « souillé l'habitacle de l'Éternel, cette personne sera retranchée d'Israël, car l'eau d'éloigne-« ment n'a pas été employée sur lui, il sera impur; son impureté est encore sur lui.

« 14. Telle est la doctrine quand un homme mourra dans une tente : quiconque entrera « dans la tente, *et tout ce qui sera dans la tente*, sera impur sept jours.

« 15. Et tout vase découvert, dont le couvercle n'est pas attaché, sera impur ;

« 16. Et tout ce qui dans le champ touchera à quelqu'un tué par le glaive, ou à un autre « mort, ou à un os d'homme, ou à un sépulcre, sera impur sept jours[4] ».

Ce chiffre de sept jours est très-remarquable, en ce qu'il est le même que celui pendant lesquels le mort restait exposé, devant la maison, chez les Romains. En était-il de même chez les Hébreux ? C'est ce que nous ne pouvons pas rigoureusement

1. La Pâque.
2. *La Bible*, traduite par Cahen, *Nombres* ix.
3. Eau lustrale dont Moïse donne la composition.
4. *La Bible*, traduite par Cahen, *Nombres*, xix.

affirmer, bien que nous ayons de bonnes raisons pour le croire. L'origine de ce nombre de jours précédant l'inhumation vint partout des craintes qu'on eût d'inhumer des personnes encore vivantes.

VI

Lieux d'inhumation en dehors des villes.

Après l'entrée des Juifs dans la terre promise, la loi ordonna formellement d'inhumer les dépouilles mortelles loin des lieux habités. Flavius Josèphe le constate en relatant la fondation de la ville de Tibériade, qu'Hérode, demi-hébreu, demi-romain, voulait fonder sur un emplacement de sépultures[1] : « Pour les décider à « habiter dans cette ville, il fit bâtir leurs maisons et leur donna des terres, parce « qu'il savait qu'il était contraire aux lois et aux mœurs judaïques d'habiter une « ville pareille ; en effet, en construisant Tibériade, on avait détruit un certain « nombre de sépulcres, qui se trouvaient sur son emplacement, et notre loi déclare « impur, pendant sept jours, quiconque habite un lieu pareil. » Il n'y eut jamais même à Jérusalem d'exception à cette règle, les morts étaient inhumés aux environs de la ville, dans le flanc des vallées rocheuses qui y conduisaient. Les Talmudistes assurent que, lorsqu'on transportait des corps morts d'un lieu dans un autre, il était défendu de leur faire traverser la ville sainte, de peur qu'ils ne la souillassent[2]. Les lois de la salubrité ne pouvaient certainement pas être plus rigoureusement observées.

Sépultures faites dans les jardins.

Certains passages des livres sacrés des Hébreux pourraient cependant nous faire supposer que ces lois, en ce qui concerne les lieux de sépultures, ne furent pas toujours respectées ; mais je crois qu'il ne faut pas prendre ces différentes citations au pied de la lettre. Quand nous lisons, dans le livre des Prophètes, que « Samuel fut enseveli dans sa maison, à Ramâ[3], » et dans le premier livre des Rois que « Benayahou, fils de Jehoyada, frappa Joab et le tua, et « que celui-ci fut enseveli dans sa maison[4], » nous devons entendre qu'ils furent ensevelis dans les jardins dépendant de leurs maisons, lesquelles ne se trouvaient même pas dans l'intérieur des villes. L'exemple de Joab le prouve, car il dit : « Enseveli dans sa maison, dans le désert » ; et deux autres exemples nous le montrent mieux encore : « Menaschè, dit le deuxième livre « des Rois, se coucha auprès de ses pères et fut enseveli dans le jardin de sa maison,

1. *Antiquités judaïques*, XVIII, II, 3.
2. Basnage, *La République des Hébreux*, tome 1er, page 36.
3. *La Bible*, traduite par Cahen, *Samuel*, I, XXV.
4. *Id.   ibid.   Rois*, I, II.

« dans le jardin d'Ouza[1]. » « On ensevelit Amone, dit le même livre, dans sa
« sépulture, dans le jardin d'Ouza[2] ».

Ensevelir les morts dans les maisons eût été les souiller : chaque fois que, dans les
livres sacrés, nous rencontrons des citations semblables à celles que je viens de relever,
nous devons comprendre les terres, le jardin dépendant de la maison de plaisance.
En Judée, comme partout ailleurs, dans l'antiquité, chacun avait le droit de choisir
l'emplacement de son tombeau, pourvu toutefois que cet emplacement ne violât pas
les lois très-sévères et très-précises que la religion avait établies pour sauvegarder
la salubrité publique.

La preuve de ce fait se trouve dans la situation des différents tombeaux, évidemment
contemporains des successeurs de David, qu'on aperçoit encore aux environs de
Jérusalem. Ils ne sont pas étroitement circonscrits dans un lieu quelconque, mais
disséminés capricieusement autour des murs, dans les flancs des vallées de Hinnôm,
de Siloam et de Josaphat. Je dois cependant observer que l'habitude, dont il faut
toujours tenir compte en étudiant les usages des peuples, fit insensiblement placer
le plus grand nombre des tombeaux de Jérusalem dans la vallée de Josaphat qui,
partant de la porte orientale du temple, court vers le Septentrion. Les tombeaux se
trouvaient là, à l'ombre du sanctuaire, à leur place naturelle; mais quant à la
raison qui les fit, dans l'origine, agglomérer dans cet endroit plutôt que dans un
autre, je crois qu'il faut l'attribuer au hasard, ou à la disposition favorable des
lieux.

VII

Le même motif de salubrité qui avait poussé le législateur des Hébreux à interdire
l'intérieur des villes aux sépultures, et à prévoir tous les dangers résultant du
contact des morts sous un climat brûlant, lui fit rendre d'autres ordonnances qui
doivent nous frapper, parce que tous les peuples de l'antiquité, moins sages, ne les
adoptèrent pas. Je veux parler de la sépulture accordée aux suppliciés.

Nous avons déjà vu que cet usage était suivi en Égypte; nous pouvons affirmer
que, de même que les Égyptiens, les Hébreux ensevelirent toujours les restes des
criminels, en les exilant toutefois des tombeaux de famille. Nous possédons de

1. La Bible, traduite par Cahen, Rois, II, XXI, 18.
2. Id.   Ibid.   Ibid.,   26.

nombreuses preuves de ce fait, adopté sans doute moins par respect humain, que par crainte de la souillure du contact des morts.

Loi

« Quand un homme aura commis quelque péché digne de mort, dit le Deutéronome, et « qu'on l'aura exécuté, et tu l'as pendu à une potence,

« 23. Que son cadavre ne demeure pas la nuit sur la potence, mais tu l'inhumeras le même « jour; car un pendu est une malédiction de Dieu, et tu ne souilleras pas ton pays que l'Éternel « ton Dieu te donne pour héritage[1]. »

Flavius Josèphe parle de l'inhumation aussi bien pour les crucifiés que pour les pendus[2]; mais le livre de Josué contient deux exemples très-précis qui nous montrent comment, tout en obéissant à la loi, les Hébreux avaient trouvé le moyen de rendre infamante la sépulture qu'ils accordaient aux criminels :

Exemples

« 29. Iehoschoua fit pendre à une potence le roi d'Aï, jusqu'au soir, et lorsque le soleil se « coucha, Iehoschoua ordonna qu'on descendît de la potence son cadavre, et on le jeta à « *l'entrée de la porte de la ville, on mit sur lui un grand monceau de pierres*; jusqu'à ce jour[3]. »

Le second exemple renferme un autre raffinement de vengeance :

« 24. Iehoschoua prit Achane, fils de Zéra'h, ainsi que l'argent, le manteau, le lingot d'or, « ses fils, ses filles, ses bœufs, ses ânes, son menu bétail, sa tente, *tout ce qui était à lui*; ils « les firent monter vers la vallée d'Achor.

« 25. Iehoschoua dit : Combien tu nous as affligés! que l'Éternel t'afflige en ce jour. Tout « Israël l'assomma à coups de pierres; *on les brûla au feu*; on les accabla de pierres.

« 26. On plaça sur lui un grand monceau de pierres, jusqu'à ce jour[4]; »

Nous reviendrons sur ce passage qui nous parle d'un cadavre brûlé. Constatons maintenant que parfois les suppliciés furent enfouis, comme les autres hommes, dans des cavernes :

« 27. Quand ce fut le temps du coucher du soleil, Iehoschoua commanda qu'on les descendît « de dessus les arbres et on les jeta dans la caverne où ils s'étaient cachés; on plaça de grandes « pierres devant l'ouverture de la caverne, jusqu'à ce jour-ci même[5]. »

Remarquons qu'on n'ensevelit point pieusement ces criminels; on les jette dans la caverne avec ignominie comme de vils animaux. Ici trouve sa place un détail fort

---

1. *La Bible*, traduite par Cahen, *Deutéronome*, xxi, xxii, xxiii.
2. *Guerre des Juifs*, livre iv, chap. xvii.
3. *La Bible*, traduite par Cahen, *Josué*, viii.
4. *Id.   ibid.   ibid.*, vii.
5. *Id.   ibid.   ibid.* x.

intéressant que les Rabbins nous ont transmis et que l'auteur des « Institutions de Moïse » nous signale : « Après l'exécution, dit-il, le corps était rendu aux « parents. Ils le pleuraient sans afficher les signes ordinaires de la douleur; et à la « première rencontre, ils devaient aux juges et aux témoins un salut, qui signifie : « Ne croyez point que nous conservions quelque ressentiment contre vous; nous « savons que vous avez agi selon le droit [1] ».

Basnage, d'après les talmudistes [2], dit qu'on inhumait les criminels dans un lieu à part. Cela est fort possible, mais je constate que les livres saints n'en parlent pas.

Wagenseilius et Selden, d'après les mêmes autorités, affirment que la potence était toujours ensevelie avec le criminel qui y avait été pendu [3]. De même, on renfermait dans la terre, auprès des décapités, le fer qui leur avait tranché la tête, comme auprès des lapidés, les pierres qui les avaient meurtris [4].

VIII

Les Hébreux, comme la plupart des peuples de l'antiquité, avaient inventé un très-grand nombre de genres de supplices que nous passerons rapidement en revue en les accompagnant d'exemples : Le plus cruel de ces supplices paraît avoir été appliqué pour la première fois par David; il s'empara de la capitale des Ammonites, fit scier en deux les principaux habitants, puis les écrasa avec des chariots à roues de fer; enfin il les fit dépecer avec des haches et des couteaux, et jeta les lambeaux de leurs corps dans des fourneaux à briques [5]. Le supplice du feu avait été indiqué par le Lévitique pour punir les incestueux aussi bien que les filles des prêtres qui s'étaient livrées à la fornication [6]. Quelquefois ce supplice était remplacé par celui de l'immersion dans une chaudière d'eau bouillante [7]. Mais le châtiment le plus fréquemment employé fut celui de la potence ou crucifiement : on l'appliquait aux personnes convaincues de blasphème ou d'abandon à l'idolâtrie. L'étranglement et la lapidation étaient également des supplices consacrés par un long usage : on les appliquait toutes les fois que le genre de mort n'avait pas été déterminé par la loi [8].

1. Salvador, *Histoire des institutions de Moïse*, 2, 75.
2. *La République des Hébreux*, tome IV, page 108.
3. Wagenseilius, *Sur la Mischna*, tome III, chap. III, page 227.
4. Selden, *De Synedriis*, tome II, livre II, chap. XIII.
5. *Rois*, II, chap. XII; *Paralipomènes*, I, chap. XX.
6. *Lévitique*, chap. XX et XXI.
7. *Machabées*, II, chap. VII.
8. *Maimonides*, chap. XIV; *De Synedriis*.

Moïse désigna le dernier pour punir l'adultère, le blasphème, l'inceste, la violation du jour du sabbat, l'idolâtrie et tous les attentats d'un caractère religieux[1].

La décapitation par le glaive ou par la hache ne doit pas être oubliée ici. Jéhu, roi d'Israël, frappa de cette terrible peine les enfants d'Achab dont les soixante-dix têtes lui furent envoyées dans des paniers[2]. Quant à l'écrasement, Gédéon, par un atroce raffinement de fureur, voulut essayer de l'enjoliver. Il fit étendre nus, sous des fagots de ronces et d'épines, dix-sept des principaux habitants de la ville de Succoth qui avait refusé des secours à son armée, et il fit lentement passer sur eux de grosses pierres et de lourdes pièces de bois[3]. C'était ajouter la raillerie à la cruauté. Mais aucun des malheureux mis à mort par l'un ou l'autre de ces modes de destruction ne fut — que nous sachions — privé de la sépulture.

IX

Ensevelissement de Jésus-Christ.

Ce que le Nouveau Testament nous a conservé de l'histoire de Jésus-Christ confirme ce fait remarquable. Le corps du crucifié fut, en effet, rendu à sa mère qui l'ensevelit pieusement. Devons-nous tirer de la contradiction que présente cet exemple avec l'affirmation de l'auteur de l'*Histoire des institutions de Moïse*, citée plus haut, la conséquence que les mœurs s'étaient adoucies sous la domination des Romains, ou plutôt les exemples tirés du livre de Josué mentionnent-ils seulement des faits hors d'usage et que la rancune personnelle seule rendit odieuse? Je le laisse à décider.

Tenons toujours compte des exceptions lorsque nous étudions les coutumes des anciens peuples. Nul d'entre eux n'obéit toujours régulièrement à la loi; nul ne suivit toujours régulièrement ses usages primitifs; le temps partout modifie tout : les hommes ne sont pas plus immuables que les choses. J'en vais fournir des preuves convaincantes, en ce qui nous occupe chez les Hébreux.

Privation de sépulture.

Qui voudrait croire que c'est Moïse, ce législateur si soucieux de la salubrité publique, qui fait cette menace aux Hébreux :

« S'il arrive que tu n'obéisses pas à la voix de l'Éternel, ton Dieu, ... tu seras un
« objet d'effroi pour tous les royaumes de la terre.

« 26. Ton cadavre sera la pâture de tout oiseau du ciel et pour la bête de la terre, nul ne
« les effarouche[4]. »

1. *Lévitique*, chap. xx; *Nombres*, chap. xv; *Deutéronome*, chap. xiii.
2. *Rois*, iv, chap. x.
3. *Juges*, chap. viii.
4. *La Bible*, traduite par Cahen, *Deutéronome*, xxviii, 15, 25, 26.

Ce n'est certes pas là une menace qui concorde avec les prescriptions de la loi. On peut objecter cependant que la privation de la sépulture est le propre châtiment de Dieu et non celui des hommes, celui que Dieu se réserve, le plus terrible de tous. En voici la preuve tirée de l'histoire :

« 33. Jehou dit : Voyez après cette maudite (Jezabel), et ensevelissez-la, *car elle est fille* « *de roi.*

« 34. Ils allèrent pour l'ensevelir, mais ils ne trouvèrent d'elle que le crâne, les pieds et les « paumes des mains.

« 36. Et étant retournés, ils le lui annoncèrent, il dit : C'est la parole de l'Éternel qu'il a « prononcée par son serviteur Éliahou Tischbite, savoir : dans le champ de Yizréel les chiens « mangeront la chair d'Izebel.

« 37. Le cadavre d'Izebel sera comme du fumier sur la surface du champ dans le champ « de Yizréel, de sorte qu'on ne puisse dire : voilà Izebel[1]. »

Les prophètes ne se privent guères de cette terrible menace : apostrophant Babylone, Isaïe s'écrie :

« 18. Tous les rois des nations, tous sont couchés avec honneur, chacun dans la maison de « son éternité.

« 19. Mais toi, tu as été rejetée de ton sépulcre comme une branche méprisée ; et s'adres- « sant au roi régnant :

« 20. Tu ne seras pas réuni à eux dans la tombe, car tu as détruit ton pays, tué ton peuple ; « que jamais la race des pervers ne soit mentionnée[2]! »

Jérémie est plus menaçant encore :

« 1. En ce temps, dit Jehova, on tirera de leurs sépultures les ossements des rois de Jehouda, « et les ossements de ses chefs, et les ossements des Cohenime, et les ossements des prophètes, « et les ossements des habitants de Ierouschalaïme.

« 2. On les exposera au soleil et à la lune, et à toute l'armée du ciel qu'ils ont aimée, qu'ils « ont servie, qu'ils ont suivie, qu'ils ont recherchée, et devant laquelle ils se sont prosternés[3]; « ils ne seront pas ramassés, ni ensevelis, ils seront comme du fumier sur la terre[4]...

Jérémie qui n'est jamais sobre de menaces et de violences, revient souvent sur ce châtiment, le plus affreux qu'on pût alors imaginer :

<hr>

1. *La Bible,* traduite par Cahen, *Rois,* II, 9.
2. Id. *ibid.* *ibid.*
3. Il s'agit évidemment ici des faux dieux, M. Cahen ne le dit pas.
4. *La Bible,* traduite par Cahen, *Jérémie,* VIII.

« Le peuple auquel ils prophétisent sera étendu dans les rues de Ierouschalaïme, par suite
« de la famine et du glaive, personne n'en soignera la sépulture [1]...

« Je disposerai sur eux quatre espèces de châtiments, dit Jehova : le glaive pour les tuer ;
« les chiens pour les traîner ; les oiseaux du ciel et les bêtes de la terre pour les dévorer et
« pour les détruire [2]. »

Plus loin il ajoute à l'horrible de ces menaces, en privant les morts du deuil de
leurs parents aussi bien que de la sépulture :

« 6. Grands et petits mourront dans ce pays ; ils ne seront ni enterrés ni *pleurés* ; on ne fera
« point d'incision, on ne se rasera pas net pour eux.
« 7. On ne rompra pas pour eux de pain pour consoler celui qui est en deuil ; on ne les fera
« pas boire dans la coupe de consolation, à la mort du père et de la mère [3]. »

Enfin il invente une qualification que les conciles du XIIIe siècle, en France,
relèveront un jour pour désigner des peines semblables :

« *Sa sépulture sera celle d'un âne ; il sera traîné et jeté hors des portes de Ierouschalaïme [4].* »

X

Mais ce ne sont là que des menaces ; citons des faits tirés de l'histoire, qui nous
montrent comment une distinction dans la sépulture était établie entre les justes et
les méchants.

En général, chaque fois que les Chroniques mentionnent la mort d'un roi, elles
ajoutent quelques détails sur ses funérailles ou sur son tombeau. Le roi pieux et
bienfaisant va toujours reposer dans la ville de David, avec ses pères : « Jehoyada »,
disent les Paralipomènes, « fut enseveli dans la ville de David avec les Rois, *parce
« qu'il* avait fait du bien en Israël, à l'égard de Dieu et de sa maison [5] ». Au contraire,
le roi qui sert mal le Seigneur ou accable son peuple, bien qu'inhumé comme les
autres hommes, ne va pas reposer dans le tombeau royal :

1. *La Bible*, traduite par Cahen, *Jérémie*, XIV.
2. Id.   ibid.   ibid.   XV, 3, 4.
3. Id.   ibid.   ibid.   XXX.
4. Id.   ibid.   ibid.   XXII.
5. Id.   ibid.   *Chroniques*, II, XXIV, 16. — Jehoyada était, il est vrai, le chef des Lévites,
mais pareille distinction est faite pour les bons rois.

« Jehoram.... s'en alla sans exciter de regrets; on l'ensevelit dans la ville de David, mais
« non dans la sépulture des rois [1]. »

« Les serviteurs de Joasch le tuèrent sur son lit et il mourut : ils l'ensevelirent dans la ville
« de David, mais ne l'ensevelirent pas dans la sépulture des rois [2]. »

« Achaz.... mit en pièces les vases de la maison de Dieu, et il ferma les portes de la maison
« de Jehovah....

« 27. Achaz se coucha auprès de ses ancêtres et on l'enterra *dans la ville*, à *Ieruschalaïme* [3],
« car ils ne le transportèrent pas dans les tombeaux des rois d'Israël [4]. »

Les lépreux sont exclus enfin de la nécropole royale comme les mauvais rois :   *Lépreux.*

« Oziahou se coucha auprès de ses ancêtres, on l'enterra auprès de ses ancêtres dans le
« champ où étaient les tombeaux des rois, parce qu'ils dirent : Il est lépreux [5]. »

Toutes les citations que nous venons de faire, prouvent suffisamment le souci que,   *Résumé.*
de tout temps, les Hébreux avaient de la salubrité publique. Ces souillures imprimées
aux hommes par le contact, par la seule présence des cadavres; les emplacements
choisis pour lieux de sépulture, situés tous hors la ville; les suppliciés même ensevelis,
ou tout au moins brûlés et couverts de monceaux de pierres; les lépreux séparés
du reste des hommes après la mort, comme ils l'avaient été pendant la vie; tous ces
soins, toutes ces précautions accusent un rare esprit de prévoyance digne des plus
grands peuples. On ne peut se défendre d'un sentiment très-vif et très-profond
d'admiration en étudiant le moindre des usages de cette poignée d'hommes groupés
dans un coin de l'Asie-Mineure, qui s'agitèrent sur eux-mêmes pendant des siècles,
presque ignorés des nations immenses refoulées sans cesse de continent à continent les unes par les autres. A peine les ont-elles connue que toutes vont se ruer
sur eux pour les détruire. Ce peuple d'Israël est si chétif, si peu nombreux qu'elles
l'emmènent tour à tour en esclavage comme on ferait des débris d'une armée ou de
quelques groupes de familles. Néanmoins, malgré les superstitions qu'il emprunte à
ses conquérants, avec des usages et des coutumes fort différentes des siennes, rendu
à l'indépendance, on le retrouve toujours le même; l'esprit de suite le caractérise
au plus haut degré; il s'immobilise dans ses traditions, et les grandes idées de Moïse
se retrouvent jusque chez les derniers défenseurs de Jérusalem disputant au romain
Titus les tristes débris de leur ville sainte.

C'est ce qui constitua la force de ce peuple et produisit sa frappante originalité.

1. *La Bible*, traduite par Cahen, *Chroniques*, II, xxi. 20.
2.   *Id.*   *ibid.*   *ibid.*   II, xxiv, 25.
3. Nous reviendrons, à l'occasion de l'emplacement des tombeaux royaux, sur cette désignation précieuse.
4. *La Bible*, traduite par Cahen, *Chroniques*, II, xxviii.
5.   *Id.*   *ibid.*   *ibid.*   II, xxvi, 23.

XI

Avant de raconter les diverses phases de la cérémonie des funérailles et de l'inhumation chez les Hébreux, nous devons nous arrêter un moment sur un point fort contesté de leurs croyances qui nous donnera la clef d'une certaine partie de leurs usages : je veux parler du dogme de l'immortalité de l'âme, de la résurrection universelle et du jugement dernier.

On a beaucoup discuté jusqu'à présent sur ces trois points qui se tiennent et n'en font qu'un : il suffisait de lire attentivement les prophètes pour faire cesser tous les doutes. Oui, les Hébreux, comme tous les peuples de l'antiquité, ont professé cette doctrine qui soutient l'homme dans les misères de la vie, et lui rend moins affreux le moment où elle l'abandonne. Sans doute, ils ne furent pas les premiers à proclamer ce fait immense, et ils en devaient certainement la révélation aux Égyptiens. Mais en observant la nature particulière de leurs idées sur ce sujet, on ne peut s'empêcher de constater l'excessive différence qui les séparait de leurs anciens maîtres et de toutes les nations civilisées du globe, avant l'ère chrétienne.

Un savant rabbin de l'école espagnole, Isaac Ben Juda Abrabanel, dans son commentaire sur le prophète Isaïe, groupa méthodiquement toutes les preuves du fait important qui nous occupe. Il nous suffira de relever ses principales citations pour reconstituer tous les actes successifs de la résurrection et du jugement dernier.

« Les âmes, » dit-il, « reviendront pour ranimer les corps des morts, chaque âme « retournant au corps qu'elle occupait précédemment, non pas au bout d'une période « fixe de siècles, mais au jour choisi par la volonté divine[1]. »

Ces trois vérités fondamentales sont puisées dans les prédictions du prophète : « Tes « morts ressusciteront, les cadavres se relèvent, les endormis dans la poussière s'éveillent « et jubilent[2] ». Voilà pour le premier point. Le second est plus obscur : « Assis « tranquillement dans ma demeure, je regarde[3] ». Le commentateur explique que le prophète meurt et puis regarde son séjour, c'est-à-dire revoit son premier corps[4]. Le troisième point marque la différence qui existait entre la croyance hébraïque et

1. Ch. Bibl., traduite par Cahen, Isaïe, Préface, Principes, I, II et III.
2. Id.   ibid.   ibid., XXVI, 19.
3. Id.   ibid.   ibid., XVIII, 4.
4. Id.   ibid.   Préface, 2e principe.

toutes celles des peuples de l'antiquité ; chacun d'eux, en effet, désignait une période fixe — conséquence nécessaire des lois de la nature — au bout de laquelle l'état des choses devait revenir au même point que lors de la création, tandis qu'Isaïe, appelant ce jour « le jour de Jéhovah[1] » indique qu'il aura lieu par la volonté divine, seulement lorsqu'il lui plaira de le choisir.

« *Le jour de la résurrection, les corps seront comme ils étaient dans la vie, « ranimés par une rosée céleste*[2]. Que tes morts revivent », dit le prophète, « que « les cadavres se relèvent ; réveillez-vous et poussez des cris d'allégresse, vous qui « demeurez dans la poussière, car la rosée est une rosée vivifiante[3] ». Cette rosée vivifiante sera le mode de la résurrection ; son but sera la séparation des bons et des mauvais, la récompense des uns, le châtiment des autres. Les Égyptiens et les Grecs espéraient cette séparation immédiatement après la mort ; en cela consiste la différence radicale qui existe entre les croyances hébraïques et celles des autres peuples.

Ce jour enfin sera celui du règne universel du Tout-Puissant : « La montagne « de la maison de Jacob s'avancera à la tête des montagnes[4]. C'est le jour de Jéhovah « sur *tout* ce qui est orgueilleux et haut[5]. De l'extrémité de la terre nous entendons des chants : Gloire au juste![6] »

Résurrection
et châtiment.

Tous les morts ressusciteront : « les uns pour la vie éternelle, les autres pour la honte et la putréfaction éternelle[7] ». Isaïe ajoute ici à cette promesse un détail matériel et fortement empreint d'imitation : « Jéhovah Tsebaoth prépare pour tous les « peuples sur cette montagne un repas d'aliments gras, un repas de vieux vins, de « graisse moelleuse, de vieux vins purifiés[8] ». Ne croirait-on pas lire ce verset sur les fresques des hypogées de Thèbes ?

Tous les morts sont équitablement jugés : « qu'ils produisent leurs témoins et se justifient, pour qu'on entende dire : c'est vrai! vous êtes mes témoins, dit Jéhovah[9].

L'homme cependant ressuscitera-t-il dans l'état où il était lors de sa naissance ou lors de sa mort? — *Il renaîtra dans l'état où il était lors de sa mort?* Malachie le prouve en prononçant cette belle parole : « Il tournera le cœur des pères vers les « fils, et le cœur des fils vers leurs pères[10]. »

---

1. La Bible, traduite par Cahen, Isaïe, XXVI, 19.
2. Id. ibid. ibid., Préface d'Abrabanel, 4e principe.
3. Id. ibid. ibid., XXVI, 19.
4. Id. ibid. ibid., II, 2.
5. Id. ibid. ibid., II, 12.
6. Id. ibid. ibid., XXV, 10.
7. Id. ibid. ibid., XII, 2.
8. Id. ibid. Isaïe, XXV, 6.
9. Id. ibid. ibid., IX, 16.
10. Id. ibid. Malachie, II, 24.

Les ressuscités retrouveront tous leurs sens : « Vous les verrez, votre cœur sera
« réjoui, vos os se ranimeront comme l'herbe [1], afin que vous saciez le sein de ses
« consolations et en soyez rassasiés, pour que vous le pressiez et soyez délectés de
« l'éclat de sa gloire [2]. » Ne peut-on pas attribuer aussi aux ressuscités cette image
de Joël : « Il arrivera en ce jour que les montagnes feront couler du vin, les collines
« feront ruisseler du lait, et tous les ruisseaux de Jehouda seront remplis d'eau [3]. »
Le prophète en citant ici la ville de Jérusalem, peut faire croire à un état de
prospérité terrestre succédant aux douleurs de la guerre et de l'exil ; cependant en
disant : « Que les nations se réveillent et se dirigent vers la vallée de Josaphat,
« car là je serai assis pour juger les nations d'alentour [4] ; » il semble bien indiquer
le jour du jugement.

Les méchants seront corporellement punis : « Ils sortiront, » dit Isaïe, « et
« verront les cadavres des hommes qui ont prévariqué contre moi, car leur ver ne
« meurt pas et leur feu ne s'éteint pas, ils seront une horreur à toute chair [5]. »

Tous les hommes seront égaux : « L'orgueil de l'homme sera dompté, l'arrogance
« des superbes humiliée, Jehovah sera seul exalté en ce jour [6]. » *Il n'y aura plus de
rois, ni de grands, ni de juges :* « Jehovah sera roi sur toute la terre, Jehovah
« devient juge parmi les nations [7]. »

Tous les faux dieux seront détruits : « L'homme jettera ses idoles d'argent et
« ses idoles d'or [8]. »

Destruction
du monde.

Cependant cet état de résurrection doit être suivi un jour de la destruction universelle, et c'est là la plus radicale différence qui existe entre la croyance hébraïque
et celle de tous les peuples de tous les temps : « Élevez vos yeux vers le ciel, »
s'écrie le prophète, « et prolongez-les en bas vers la terre, car les cieux se dissipent
« comme la nuée ; la terre s'effile comme un vêtement ; ses habitants périssent
« également. Que les montagnes s'éloignent [9], » s'écrie-t-il encore, « que les collines
« chancellent [10]. » Le premier des prophètes, il a prédit la fin du monde.

Résumé.

Dégageons cependant ces divers principes des preuves qui les accompagnent et
groupons-les en corps de doctrine. Voici ce que nous constaterons, dans les croyances
des Hébreux, sur l'immortalité de l'âme et le jugement dernier :

1. *La Bible,* traduite par Cahen, *Isaïe,* LXVI, 14.
2.   Id.   ibid.   *ibid.,* LXVI, 11.
3.   Id.   ibid.   *Joël,* v, 9.
4.   Id.   ibid.   *ibid.,* v, 4.
5.   Id.   ibid.   *Isaïe,* LXVI, 24.
6.   Id.   ibid.   *ibid.,* II, 17.
7.   Id.   ibid.   *Zacharie,* XIV, 9 ; *Isaïe,* II, 3, 4.
8.   Id.   ibid.   *Isaïe,* II, 20.
9.   Id.   ibid.   *ibid.,* II, 6.
10. Id.   ibid.   *ibid.,* LIV, 10.

Le jour de la résurrection fixé par Jehovah, les âmes reviendront ranimer tous les corps; les corps redeviendront alors ce qu'ils étaient au jour de leur mort; Jehovah sera seul maître; tous les morts seront alors, et seulement alors, équitablement jugés; les ressuscités seront récompensés ou punis, chacun selon son mérite; tous les récompensés deviendront égaux et tous les faux dieux seront détruits jusqu'à la destruction universelle du monde.

Un autre prophète, Tsephaniah[1], plus obscur, mais non moins énergique qu'Isaïe, a mieux peint que lui ce jour solennel d'anéantissement et de résurrection. Le rabbin Abrabanel, qui ne le cite pas, eût cependant trouvé en lui tout le corps de la doctrine parfaitement clair et accusé. C'est de lui que les chrétiens ont pris l'idée du chant le plus sublime de la liturgie, le *Dies iræ*. Avant de transcrire cette prophétie pleine de vigueur, rappelons-nous qu'elle fut faite dans les premières années du règne de Josias, au viie siècle avant l'ère chrétienne; rappelons-nous qu'à cette époque Nabuchodonosor rêvait de statues à tête d'or, à poitrine et bras d'argent; que Solon n'était pas né; que le petit-fils de Numa, Ancus-Martius, à la tête des Romains encore barbares, battait contre les Latins; et puis lisons attentivement cette page sublime où nous trouverons le germe de la plus sérieuse croyance du Christianisme:

Prophétie de Tsephaniah.

« Ch. 1er. 1. Parole de Jehovah qui fut révélée à Tsephaniah, fils de Cuschi, fils de « Guedelia, fils d'Amaria, fils de Hiskia, au temps de Ioschiahou, fils d'Amone, roi de « Jehouda.

« 2. *J'anéantirai tout de dessus la face de la terre*[2], dit Jehovah.

« 3. *J'anéantirai l'homme et la bête; j'anéantirai l'oiseau du ciel et les poissons de la* « mer ;.... *je retrancherai l'homme de dessus la surface de la terre*, dit Jehovah....

« 7. Silence devant le Seigneur Dieu! car *le jour de Jehovah approche!* car Jehovah a « préparé un festin, et a invité ses hôtes.....

« 10. Il y aura en ce jour, dit Jehovah, une clameur venant de la porte aux poissons[3], « et un hurlement de la porte double[4], et une grande détresse retentissant des « collines.

« 12. Il arrivera en ce jour que je scruterai Ierouschalaïme avec des lampes, et je « visiterai les hommes enfoncés dans leurs lies, qui disent dans leur cœur : Jehovah ne « fait ni bien ni mal.

« 13. Leur richesse deviendra une proie, leurs maisons seront désertes; ils construiront « des maisons et ne les habiteront pas; ils planteront des vignes dont ils ne boiront pas « le vin.

1. Sophonie.
2. Je souligne les passages les plus importants.
3. Une des portes de Jérusalem.
4. Celle de la seconde enceinte.

« 14. Le grand jour de Jehovah est proche, il est proche et se hâte beaucoup. La voix
« du jour de Jehovah est celle d'un homme fort qui là, crie avec amertume.

« 15. *Ce jour est un jour de fureur, un jour de peine et d'angoisse, un jour de misère
« et de désolation, un jour d'obscurité et de ténèbres, un jour de nuage et de brouillard.*

« 16. *Jour de la trompette* et du cri de guerre contre les villes fortes et les tours élevées.

« 17. *Je porte l'anxiété sur les hommes,* ils marcheront comme des aveugles...... leur
« sang sera répandu comme de la poussière et leur corps foulé comme de la boue.

« 18. Ni leur argent ni leur or ne pourra les préserver au jour de la fureur de
« Jehovah ; *et par le feu de son zèle la terre sera consumée,* car certes il mettra fin à tous
« les habitants de la terre.

« Ch. ii. 1. Recueillez-vous et rentrez en vous, ô nations sans pudeur !

« 8. J'ai entendu l'opprobre de Moab et les blasphèmes des fils d'Ammone.....

« 9. C'est pourquoi je suis vivant ! dit Jehovah Tsebaoth. Certes, Moab sera comme
« Sedome, les fils d'Ammone comme Amora, un pétillement de ronces, une fosse de sel
« et une solitude éternelle.....

« 11. Jehovah sera terrible contre eux, car *il réduira tous les dieux de la terre.....*

« 15. Voilà la ville joyeuse qui demeure en sécurité, disant dans son cœur : Moi, et
« hors de moi il n'y a plus personne. Comme elle est devenue une dévastation ! quiconque
« passe près d'elle siffle et agite la main.

« Ch. iii. 1. Malheur à la cité horrible et dégoûtante, à la ville tyrannique !

« 7. J'ai dit : Enfin tu me craindras, tu te laisseras corriger... mais ils se sont appliqués
« à corrompre toutes leurs actions.

« 8. C'est pourquoi attendez-moi, dit Jehovah ; le jour où je me lèverai pour ma proie,
« car ma résolution est de rassembler des nations, de réunir des royaumes, pour répandre
« sur eux ma fureur,..... car par l'ardeur de mon zèle toute la terre sera dévorée.

« 9. Or alors, *j'accorderai aux peuples un langage pur pour qu'ils invoquent tous le nom de
« Jehovah* pour le servir avec unanimité.

« 11. En ce jour, tu n'auras plus à rougir d'aucune de tes œuvres par lesquelles tu t'es
« rendu coupable envers moi, car alors *j'enlèverai du milieu de toi ceux qui se réjouissent
« de ton orgueil.*

« 19. En ce temps, je terminerai avec tous les oppresseurs ; je délivrerai ceux qui boitent,
« *et je rassemblerai ceux qui sont repoussés,* et je ferai d'eux une gloire et une renommée
« dans toute la terre où ils souffraient l'ignominie[1]. »

Maintenant que la doctrine de l'immortalité de l'âme, de la résurrection universelle,
de la séparation des bons et des mauvais, chez les Hébreux, est bien prouvée, nous
pouvons étudier les différentes phases des cérémonies de leurs funérailles, sans nous
voir arrêtés par des faits obscurs ou discutables.

1. *La Bible,* traduite par Cahen, Tsephania.

XII

Embaumement.

Nous avons déjà vu que les corps de Jacob et de Joseph avaient été embaumés en Egypte et que, véritables momies, ils furent transportés en Judée, le premier avec toute la pompe des Pharaons, le second par Moïse lorsqu'il émigra. Les livres sacrés ne nous permettent malheureusement pas d'affirmer que l'usage égyptien se maintint chez les Hébreux. Néanmoins, s'ils n'attachèrent pas à l'embaumement la même importance que les Egyptiens — n'ayant pas les mêmes raisons pour le faire — nous voyons, par un fort touchant passage du prophète Amos qu'ils avaient des embaumeurs.

« Quand un parent » dit-il, « ou un *embaumeur* emportera le mort pour faire sortir de la
« maison les ossements et qu'il dira à celui qui est (resté) à l'extrémité de la maison (abîmé
« dans la douleur) : Y a-t-il encore (quelqu'un) avec toi? Celui-ci dira : Personne; (alors)
« l'autre dira : Silence! car il ne faut pas invoquer le nom de Jéhovah [1]. »

Ce mot *embaumeur* ne se trouve, il est vrai, qu'une seule fois dans la Bible, ainsi que le fait remarquer le commentateur; et quelques manuscrits portent à sa place : celui qui doit le brûler. Tout en repoussant formellement à l'avance cette dernière version, l'embaumement prétendu des Hébreux ne serait-il point la suite de l'un de ces usages étrangers qu'ils adoptèrent si facilement sous les Rois? Il ne nous est pas possible de le décider. Quoi qu'il en soit, le Nouveau Testament nous indique un mode d'embaumement qui devait être pratiqué pour tous les Juifs, car il n'en est pas fait mention comme d'une chose particulière à un individu; au contraire.

« Nicodème », dit l'évangile de saint Jean, « qui était venu trouver Jésus la première fois
« durant la nuit, y vint aussi avec environ cent livres d'une composition de myrrhe et
« d'aloès.

« Et ayant pris le corps de Jésus, ils l'enveloppèrent dans des linceuls avec des aromates,
« *selon la manière d'ensevelir qui est en usage parmi les Juifs* [2].

Le texte de saint Luc est moins précis :

« Les femmes qui étaient venues de Galilée avec Jésus... considérant le sépulcre, et comment
« le corps de Jésus y avait été mis.

1. *La Bible*, traduite par Cahen, *Amos*, VI, 10.
2. *Évangile selon saint Jean*, chap. XIX.

« Et s'en étant retournées, elles préparèrent des aromates et des parfums.

« Et le premier jour de la semaine, ces femmes vinrent au sépulcre de grand matin,
« apportant les parfums qu'elles avaient préparés [1]. »

Saint Matthieu ne dit pas un mot de ces parfums. Saint Marc est le plus précis
de tous :

« Lorsque le jour du sabbat fut passé, Marie-Madeleine, et Marie mère de Jacques et
« Salomé, achetèrent des parfums pour venir embaumer Jésus [2]. »

Le second livre des *Chroniques* contient sur Assa quelques renseignements presque
semblables :

« On l'enterra dans le sépulcre qu'il s'était fait faire dans la ville de David. On le mit sur
« un lit qu'on avait rempli d'épiceries [3] et des parfums divers préparés par l'office du parfu-
« meur, et l'on alluma pour lui un bûcher extrêmement grand [4]. »

Cela ne veut certainement pas dire qu'on brûla son corps, ainsi que l'affirme le
traducteur, mais bien qu'on brûla des parfums devant son corps; la forme des
cercueils retrouvés à Jérusalem l'indique : *ils avaient tous contenu des corps
entiers.*

Mais cet embaumement n'est certainement pas celui par incision et par infusion
des Égyptiens. C'est l'espèce d'embaumement suivi par les Grecs et les Romains. La
question qui reste à décider est celle-ci : les Hébreux prirent-ils cet usage des
Romains? ou bien les Romains des Hébreux? Moïse, si prévoyant, n'ayant pas interdit
l'embaumement, et les Hébreux, pendant quatre siècles de servitude, ayant certainement dû imiter en quelque façon leurs dominateurs, il est probable qu'ils entouraient
toujours de parfums les corps des morts, sans cependant pratiquer l'opération longue
et compliquée de la momification.

XIII

Enfants des morts
insolvables réduits
en esclavage.

Un usage monstrueux certainement dérivé de celui des Égyptiens, est mentionné,
une seule fois, par le second livre des Rois : « Une femme d'entre les femmes des
« fils des prophètes cria vers Élisée, en disant : Ton serviteur mon mari est mort,

1. *Évangile selon saint Luc*, chap. XXIII-XXIV.
2. *Évangile selon saint Marc*, chap. XVI, 1.
3. C'est-à-dire qu'on en joncha le fond du cercueil.
4. *Chroniques*, II, XVI, 14.

« et tu sais que ton serviteur craignait l'Éternel; et le créancier est venu pour prendre
« mes deux fils pour qu'ils deviennent ses esclaves [1] ».

En vertu de quelle loi le créancier agissait-il ainsi? En Égypte, il eût pris le mort
et l'eût privé de la sépulture de famille. A Jérusalem, il prenait les enfants. C'est là
une preuve que les Hébreux attachaient à la sépulture moins d'importance que les
Égyptiens. Il faut ajouter, qu'autant au moins que les Égyptiens, ils tenaient fort au
paiement des dettes. La réponse d'Élischa nous montre que, la dette payée, les
enfants retourneraient avec leur mère.

XIV

Cérémonies
des funérailles

Nous savons déjà qu'une défense formelle interdisait aux prêtres de s'occuper des
funérailles. Nous savons aussi que le droit de rendre les derniers devoirs aux morts
appartenait aux parents et aux amis. On entourait parfois les morts d'aromates.
Poursuivons la série des cérémonies.

Des personnes à gages chantaient des complaintes aux funérailles des hommes
illustres.

Complaintes
funèbres

« 17. David composa cette complainte sur Schaoul et sur Jonathane, son fils ;
« 18. Et il ordonna d'enseigner aux enfants de Jehouda la complainte appelée l'Arc; voici,
« elle est écrite dans le livre de Iaschar [2] :

>   « 19. Gloire d'Israël
> « Frappée sur tes hauts lieux,
> « Comment sont tombés les héros ?
>   « 20. Ne l'annoncez pas à Gath [3],
> « N'en portez pas la nouvelle dans les rues d'Aschkalone,
> « Les filles des Pelichtime [4] pourraient s'en réjouir,
> « Elles tressailleraient de joie, les filles des incirconcis.
>   « 21. Montagnes de Guilboa !
> « Ni rosée ni pluie ne sera sur vous,
> « Point de champs produisant des oblations ;
> « Car là fut insulté le bouclier des héros,
> « Le bouclier de Schaoul,
> « Comme s'il n'avait pas été oint d'huile.

1. Rois, II, IV, 1.
2. Le Livre des Justes. Voyez plus bas, chap. X, 113.
3. Résidence des rois philistins.
4. Philistins.

« 22. Devant le sang des hommes tués,

« Devant la graisse des héros,

« L'arc de Jonathane n'a jamais reculé en arrière;

« Le glaive de Schaoul ne revenait pas vide [1];

« 23. Schaoul et Jonathane!

« Aimables et agréables pendant leur vie.

« Non séparés dans la mort,

« Plus agiles que les aigles,

« Plus forts que les lions!

« 24. Filles d'Israël,

« Pleurez sur Schaoul,

« Qui vous revêtait d'écarlate,

« Vous faisait vivre avec délices,

« Qui surmontait de parures d'or vos vêtements.

« 25. Comme les héros sont tombés dans le combat!

« Jonathane, sur tes hauts lieux blessé à mort!

« 26. Je suis dans la peine au sujet de toi, Jonathane, mon frère,

« Tu m'as été très-agréable,

« Ton amour pour moi a été extrême,

« Au-dessus de l'amour pour les femmes.

« 27. Comme ils sont tombés les héros,

« Et dispersés, les foudres de guerre![2] »

Le livre de Samuel, en nous transmettant une autre complainte de David, nous donne un autre renseignement, non moins précieux, qu'il est bon de relever dès à présent:

« 31. David dit à Joab et à tout le peuple qui était avec lui: déchirez vos vêtements, « couvrez-vous de sacs, et menez le deuil devant Abner. Le roi *David marchait derrière le* « *lit* (funèbre).

« 32. On enterra Abner à Hébrone; le roi éleva la voix et pleura *près du sépulcre d'Abner;* « tout le peuple aussi pleura:

« 33. Le roi fit une complainte sur Abner et dit:

« Abner devait-il mourir comme un criminel?

« 34. Tes mains n'étaient point liées,

« Tes pieds non chargés de chaînes;

« Tu es tombé comme on tombe devant les enfants du crime,

« Et le peuple continua de pleurer.[3] »

1. Pont: Ne revenait pas sans s'être souillé du sang ennemi.
2. *La Bible*, traduite par Cahen, *Samuel*, II, 1.
3. *Id.*   *ibid.*   *ibid.* II, 3.

Ces complaintes ou chants funèbres se traduisaient, pour les simples particuliers, par des lamentations : « On ne se lamentera pas sur lui, » dit Jérémie, « en disant : « hélas! mon frère! hélas! ma sœur! On ne se lamentera pas sur lui en disant : « hélas! Seigneur! et hélas! où est sa gloire[1]! »

Hommes et femmes chantaient ces complaintes; on les conservait toujours religieusement :

« Yirmiahou[2] composa des lamentations sur Ioschiahou; tous les chanteurs et toutes les « chanteuses parlèrent de Ioschiahou dans leurs lamentations, jusqu'à ce jour; ils en firent « un usage en Israël. Ces chants sont écrits parmi les lamentations[3]. »

Des femmes étaient spécialement affectées à cet usage. On devait les louer, les payer pour remplir leur office parfaitement défini, ainsi qu'il suit, par Jérémie :

« 16. Ainsi dit Jehovah Tsebaoth : faites attention et appelez les pleureuses; qu'elles « viennent, et vers les femmes sages envoyez pour qu'elles viennent.

« 17. Qu'elles entonnent vite une complainte sur nous; que de nos yeux ruissellent des « larmes, et que nos paupières se fondent en eau.

« 19. Écoutez, ô femmes! la parole de Jehovah; que votre oreille saisisse la parole de sa « bouche; apprenez à vos filles des complaintes, et une femme à l'autre, des élégies.

« 20. Car la mort entre par nos fenêtres, elle a pénétré dans nos palais; elle extermine les « enfants dans la rue et les jeunes gens sur les places.

« 21. Dis : ainsi parle Jehovah; le cadavre de l'homme tombera comme le fumier sur les « champs, et comme une gerbe derrière le moissonneur, que nul ne ramasse[4]. »

Cette belle image dont le sens terrible devait fortement frapper l'esprit des Hébreux, est fort affaiblie par la Vulgate. En général, la plus grande beauté des images bibliques vient de leur excessive concision.

<h1 style="text-align:center">XV</h1>

Le deuil des Hébreux ressemblait fort à celui des Égyptiens, des Indous et des Perses. J'entends par là, les marques de désespoir et les privations volontaires, et non le costume particulier désignant le deuil. Plus nous nous rapprochons, dans nos

1. La Bible, traduite par Cahen, Jérémie, XXII. 18.
2. Jérémie.
3. La Bible, traduite par Cahen, Chroniques, II, XXXV, 25.
4. Id.   ibid.   Jérémie, IX; voyez aussi XIII, 10.

études, des peuples primitifs, ou de l'enfance des peuples civilisés, plus nous voyons que les marques du deuil consistaient bien plus dans certains signes de désespoir et de mortification adoptés par tout le monde, et conservés dans leur ensemble par la tradition, que dans une forme particulière de cérémonies et de costumes. L'idée-mère du deuil naquit évidemment des démonstrations de douleur que des hommes peu enclins à se maîtriser, laissaient échapper à la mort des êtres qu'ils avaient aimés. Ces démonstrations, partout les mêmes, car elles consistaient surtout en mortifications de la personne, ne pouvaient guère s'étendre au delà du point où nous les rencontrons dans l'enfance des peuples : elles seraient alors devenues de véritables immolations volontaires, peu conciliables avec le sentiment de conservation qui n'abandonne jamais l'homme. Aussi les peuples policés, bien loin d'exagérer ces démonstrations, les adoucirent-ils, et ne tardèrent-ils pas à les remplacer par un costume particulier, et par une privation plus ou moins rigoureuse de tous les plaisirs.

Nous constaterons surtout cette variante dans l'état des choses chez les Grecs et les Romains. Examinons cependant ici, d'après les textes, en quoi consistaient ces deux formes différentes du deuil chez les Hébreux.

Vêtements déchirés. Souillure.

Lorsqu'on vient annoncer à Jacob qu'une bête féroce a dévoré son fils, aussitôt « il déchire ses vêtements et met un sac sur ses reins[1] ». L'homme qui vient apprendre à David la mort de Samuel et de Jonathas, « avait ses vêtements déchirés « et de la terre sur la tête[2] »; et David en apprenant cette triste nouvelle « saisit ses « vêtements et les déchira, et les hommes qui étaient avec lui le firent aussi.

« Ils se lamentèrent, pleurèrent et *jeûnèrent* jusqu'au soir[3] ». — Apprenant la mort d'Abner, « David dit à Joab et *à tout le peuple* qui était avec lui : Déchirez vos « vêtements et couvrez-vous de sacs[4]. Tout le peuple vint pour faire prendre à « David du pain pendant qu'il était encore jour, mais David jura en disant : que « Dieu me traite ainsi[5] si avant le coucher du soleil, je goûte soit du pain, soit toute « autre nourriture[6] ! »

Jeûne.

Enfin à la mort d'Absalon, « David se *couvrit le visage*, et cria à haute voix : « mon fils Abschalome! mon fils! mon fils! » Puis avec de la cendre ou de la boue, « *il mortifia le front* de tous ses serviteurs[7]. »

Voici encore d'autres détails : « Le Seigneur Jehovah Tsebaoth, » dit Isaïe, « appelle

---

1. *La Bible*, traduite par Cahen, *Genèse*, XXXVII, 34.
2.   *Id.*   *ibid.*   *Samuel*, II, 1, 2.
3.   *Id.*   *ibid.*   *ibid.*   I, 12.
4.   *Id.*   *ibid.*   *ibid.*   II, III, 31.
5. Il montrait sans doute le cadavre.
6. *La Bible*, traduite par Cahen, *Samuel*, II, III, 35.
7.   *Id.*   *ibid.*   *ibid.*   II, XIX, 5 et 6.

« ce jour pour les pleurs et le deuil, pour se raser la tête et se ceindre d'un sac[1]. »
« — Fille de mon peuple! » s'écrie Jérémie, « ceins-toi d'un cilice, roule-toi dans la
« cendre, porte un deuil profond[2]. » — « Je changerai vos fêtes en deuil », dit le
Seigneur par la bouche d'Amos, « et tous vos cantiques en complaintes; je couvrirai
« tous les reins de cilices, et sur chaque tête il y aura une calvitie[3]. » — Job apprend
la mort de ses enfants, « aussitôt il se leva, déchira son manteau, se rasa la tête,
« se jeta par terre, et se prosternant...

« Il dit : Jehovah a donné et Jehovah a ôté! Que le nom de Jehovah soit loué[4]! »
Trois de ses amis viennent lui offrir des consolations; « en le voyant ils déchirèrent
« chacun son manteau et *lancèrent la poussière en l'air* au-dessus de leurs têtes[5]. »

Jérémie a peint admirablement la famille en deuil : « Ils se sont assis sur la terre,
« ils se sont tus les vieillards de la fille de Tsion; ils ont couvert leur tête de
« cendres, ils se sont revêtus de cilices; les vierges de Ierouschalaïme ont penché
« leur tête vers la terre ».

Ici trouve naturellement sa place le récit de la mort du fils de David et de la
femme d'Ourie; c'est le seul exemple que je connaisse du deuil pris avant la mort, et
quitté aussitôt après :

« L'enfant fut dangereusement malade.
« 16. David implora Dieu pour l'enfant ; David se livra au jeûne ; il allait et venait, et
« *coucbait par terre*.
« 17. Les anciens de sa maison se levèrent, vinrent vers lui pour le faire lever de terre ;
« mais il ne voulut point et il ne mangea rien avec eux.
« 18. Ce fut le septième jour que l'enfant mourut......
« 19. David..... le comprit, voyant que ses serviteurs se parlaient à voix basse. David dit
« à ses serviteurs : l'enfant est-il mort ? Ils répondirent : il est mort.
« 20. David se leva de terre, se baigna, se parfuma, changea ses vêtements, vint dans la
« maison de l'Éternel et se prosterna. Puis il revint à sa maison, et demanda qu'on lui servît
« à manger, et il mangea.
« 21. Ses serviteurs lui dirent : qu'est-ce que tu fais ? L'enfant étant en vie, tu as jeûné et
« pleuré, et lorsque l'enfant est mort, tu te lèves et tu prends un repas?
« 22. Il répondit : Pendant que l'enfant vivait, j'ai jeûné et j'ai pleuré, car je disais : Qui
« sait ! l'Éternel aura pitié de moi, et l'enfant se rétablira.
« 23. Maintenant qu'il est mort, pourquoi jeûnerais-je ? Pourrais-je le faire revenir[?][7]. »

1. *La Bible*, traduite par Cahen, *Isaïe*, XXII, 12.
2.   Id.   *Ibid.*   *Jérémie*, VI, 26.
3.   Id.   *Ibid.*   *Amos*, VIII, 10.
4.   Id.   *Ibid.*   *Job*, I, 20.
5.   Id.   *Ibid.*   *ibid.*, II, 12.
6.   Id.   *Ibid.*   *Lamentations*, II, 1.
7.   Id.   *Ibid.*   *Samuel*, II, XII.

Cette action est inexplicable. L'étonnement des serviteurs ne nous permet pas de croire que les Hébreux, de même que les Egyptiens et les Indous, et plus tard les Grecs et les Romains, ne portaient pas de deuil, ne faisaient pas de cérémonies pour les enfants.

Deuil pour les malheurs privés, — pour les enfants.

Les signes de désespoir que nous remarquons chez les Hébreux, dans une certaine forme, toujours la même, étaient aussi bien employés pour déplorer certains désastres publics ou malheurs privés, que pour pleurer la perte d'un parent. Tamar, violée par son frère, « prit de la cendre sur la tête, et déchira la tunique bigarrée « qui était sur elle; et *ayant mis la main sur la tête*, elle s'en alla en criant[1]. » — *Ce geste de Tamar est tout égyptien.* — Ezra venu de Babylone à Jérosalem, et apprenant que les Hébreux ont mêlé « leur race sainte avec les peuples du pays, » s'écrie :

Deuil pour les désastres publics.

« 3. Quand j'eus appris cette chose, je déchirai mon vêtement et ma robe, et je m'arrachai « les cheveux de la tête, et les poils de la barbe, et je m'assis là, stupéfait.

« 5. Et au sacrifice du soir, je me levai de mon jeûne, et ayant déchiré mon vêtement et ma « robe, je ployai les genoux et j'étendis les mains vers Jehovah, mon Dieu[2]. »

Cri dans les rues.

Enfin revenus de la captivité, « le 24e jour, les enfants d'Israël s'assemblèrent « dans le jeûne, revêtus de sacs et couverts de terre[3]. »

De même que les Egyptiens, aussitôt après la mort d'un de leurs proches, les Hébreux se répandent dans les rues en criant. « Dans toutes les places, dit Jehovah, « sera un gémissement, et dans toutes les rues ils s'écrieront : Malheur! malheur! et « ils appelleront le cultivateur au deuil, et le gémissement vers *ceux qui savent* la « lamentation[4]. »

Nous trouvons dans Zacharie un exemple qui nous montre ce que devait être le deuil public :

Les femmes séparées des hommes.

« Ils pleureront sur lui comme on le fait pour l'aîné.

« 11. En ce jour le deuil sera grand à Jerouschalaïme, comme le deuil de Hadadrimone dans « la vallée de Megaidone.

« Et le pays fera un deuil, *par familles isolées*, la famille de la maison de David seule, « *les femmes à part*; la famille de la maison de Nathan seule, les femmes à part.

« 14. Toutes les familles restantes, par familles isolées, les femmes à part[5]. »

1. *La Bible*, traduite par Cahen, *Samuel*, II, xiii, 19.
2. Id. ibid. Ezra, ix.
3. Id. ibid. Jérémie, ix, 1.
4. Id. ibid. Amos, v, 16.
5. Id. ibid. Zacharie, xii.

Privation de tous les plaisirs.

Nous avons observé déjà que le deuil consistait d'abord dans la mortification de la personne, aussi bien par la malpropreté et le désordre que par le jeûne. Nous allons voir maintenant que ce jeûne s'étendait plus loin encore : « La femme d'Ouria, « ayant appris qu'Ouria, son mari, était mort, fit le deuil de son maître.

« 27. *Le deuil étant passé*, David envoya, et la recueillit dans sa maison ; elle devint sa « femme [1]. »

Au contraire, ayant perdu son enfant qu'il ne veut pas pleurer, ainsi que nous l'avons vu, « il consola Bath-Schebu, sa femme, vint vers elle, et coucha avec elle [2]. » Rappelons-nous qu'il était ordonné aux Indous en deuil de coucher à part et que les Égyptiens devaient, dans le même cas, se priver de tous les plaisirs.

Vêtements de deuil.

Ces marques de mortification cependant ne constituaient pas, à elles seules, tout le deuil chez les Hébreux, et c'est là un point important sur lequel nous devons nous appesantir. Un vêtement particulier lui était certainement affecté. Le Seigneur annonçant un malheur à Ézéchiel, lui défend de porter le deuil par ces mots : « Tu ne te lamenteras pas, tu ne pleureras pas.

« 17..... Ne fais pas de deuil, mets des sandales à tes pieds, coiffe-toi du turban [3] ; ne te voile « pas le menton, ne prends pas ton repas chez les autres hommes [4]. »

Le Lévitique indique d'autres formes :

« Ne rasez pas autour *les extrémités* de votre chevelure, et ne détruis pas *l'extrémité* de « ta barbe.

« 28. Une incision pour un cadavre, vous n'en ferez pas à votre chair ; des marques stigma-« tisées, n'en faites pas sur vous ; moi l'Éternel [5]. »

« Gémis comme une vierge *revêtue d'un cilice pour l'époux de sa jeunesse* », dit Joël [6].

La couleur de ce cilice est indiquée par l'Apocalypse : « Le soleil devint *noir comme un cilice* [7]. » C'est ici la première mention de la couleur du deuil que nous rencontrons chez les Hébreux. On l'appelait *koder*, et ce mot vient d'un verbe qui veut dire *se noircir* [8].

---

1. *La Bible*, traduite par Cahen, *Samuel*, II, xi.
2. Id. *Ibid.* *Ibid.* xu, 24.
3. En Orient comme chez les Juifs, la tête découverte était un signe de deuil.
4. *La Bible*, traduite par Cahen, *Ézéchiel*, xxiv.
5. Id. *Ibid.* *Lévitique*, xix.
6. Id. *Ibid.* *Joël*, i, 8.
7. *Apocalypse de saint Jean*, chap. vi.
8. Munck, *Palestine*, page 382.

II.

L'Exode cependant ajoute quelques détails à tous ceux que nous venons de citer :

« Le peuple fut en deuil et personne ne mit son ornement sur soi [1]. »

Ce vêtement spécial se portait enfin tout le temps que le deuil durait : « Tamar quitta ses habits de veuvage, et se couvrit d'un voile [2] ». Elle avait donc, comme les hommes, la tête découverte. Un autre verset du même livre répète ce fait singulier : « elle se leva, s'en alla, et *ayant quitté son voile*, elle remit ses vêtements « de veuvage [3]. »

Voici un dernier exemple qui nous prouve encore que le costume était spécial, et que les parfums étaient aussi bien interdits que les bijoux :

« Joab envoya à Tekoâ, et fit venir de là une femme d'esprit; il lui dit : Fais je te prie, « semblant d'être en deuil, et revêts-toi d'habits de deuil, et ne t'oins pas d'huile, *mais sois* « *comme une femme en deuil depuis longtemps*, pour un mort [4]. »

Ce dernier exemple nous conduit naturellement à parler de la durée du deuil.

XVI

Nous savons déjà que, selon le mode égyptien, le deuil de Jacob dura soixante-dix jours. Mais Jacob étant mort en Égypte, et ayant été embaumé selon l'usage du pays, nous ne pouvons pas tirer de cet exemple la conclusion que les Hébreux, devenus libres, avaient conservé la durée du temps consacré par les Égyptiens au deuil des morts.

Les deux seuls exemples que la Bible nous transmet sur la durée du deuil, tous deux fort rapprochés de l'époque de la servitude, nous montrent cependant le même nombre de jours adopté par les Hébreux. La Genèse nous a dit que « les embaumeurs employèrent quarante jours pour embaumer Jacob, et que « les Égyptiens le pleurèrent soixante-dix jours [5] ». Le corps étant demeuré quarante jours entre les mains des embaumeurs, ne resta donc que trente jours juste dans la maison de Joseph qui le pleurait et *faisait le deuil* avec ses frères et ses amis. Or, les deux

1. *La Bible*, traduite par Cahen, *Exode*, XXXIII, 4.
2. Id.   Ibid.   *Genèse*, XXXVIII, 14.
3. Id.   Ibid.   *Ibid.*, XXXVIII, 19.
4. Id.   Ibid.   *Samuel* II, XIV, 2.
5. Id.   Ibid.   *Genèse*, L, 3.

exemples dont je veux parler, concernant les Hébreux devenus libres, répètent exactement ce même chiffre de trente jours, et, comme la distinction du temps réservé à l'embaumement n'est pas faite dans le texte, nous pouvons tirer de ces exemples deux conclusions importantes : la première, que le deuil proprement dit ne durait en Égypte que trente jours; la seconde, que les Hébreux, dans les premiers temps, n'empruntèrent au deuil des Égyptiens que sa durée et dédaignèrent l'embaumement compliqué, si fort en honneur chez leurs anciens maîtres.

« Toute la réunion vit qu'Aharone avait expiré », dit le Pentateuque, « toute la maison « d'Israël le pleura trente jours[1]. »

« Les enfants d'Israël pleurèrent Mosché dans les plaines de Moab *trente jours; les jours de* « *pleurs du deuil de Mosché* s'accomplirent[2]. »

Ce nombre de jours resta-t-il toujours le même chez les Hébreux ? aucun autre exemple ne nous l'indique. De même que pour Jacob, ces trente jours précédaient-ils l'inhumation ? Je ne le pense pas, Jacob et Joseph seuls ayant été assez bien embaumés pour qu'on pût conserver leur corps aussi longtemps. Le chiffre de sept jours employé par Joseph pour célébrer les funérailles de son père à Goren-Atad, ce chiffre désigné par la loi, pour purifier des souillures du deuil l'homme qui s'est rendu à l'Éternel, et tous les hommes qui se sont approchés d'un mort; ce chiffre ne serait-il pas celui désigné pour le séjour ou l'exposition du corps dans la maison? Cela est plus que probable. Le costume affecté au deuil cependant se portait-il pendant trente jours seulement, ou plus longtemps? Il n'est pas possible de l'affirmer; il est probable pourtant que, durant sept jours, les Hébreux portaient les vêtements déchirés et souillés, et qu'ils les quittaient après pour se vêtir du costume particulier dont les livres nous parlent, pendant un laps de temps que nous ne pouvons pas déterminer.

<h1 style="text-align:center">XVII</h1>

L'inhumation chez les Hébreux était suivie d'un repas :

« Grands et petits », dit Jérémie, « mourront dans ce pays.

« 7. On ne rompra pas pour eux de pain *pour consoler celui qui est en deuil,* on ne fera pas « *boire dans la coupe de consolation,* à la mort du père et de la mère[3]. »

1. *La Bible,* traduite par Cahen. *Nombres,* xx. 29.
2. *Id. Ibid. Deutéronome,* xxxiv, 8.
3. *Id. Ibid. Jérémie,* xvi.

« Tous ceux qui prennent leur part d'un repas de deuil, se rendent impurs [1] »,
« dit Osée.

« Ne fais pas de deuil », lisons-nous dans Ézéchiel, « ne prends pas ton repas *chez les*
« *autres hommes* [2]. »

Cette dernière indication nous montre que le repas funèbre ne se prenait pas dans
la maison mortuaire; elle ne nous dit malheureusement pas en quel endroit il se
prenait.

Offrait-on à Dieu des sacrifices pour l'implorer en faveur du mort qui devait ressusciter un jour, mais ne devait cependant pas être immédiatement jugé? Cela est
probable. Voici le seul exemple que les textes hébreux nous aient transmis à ce
sujet :

« Ce fut le second jour après la mort de Guedaliahou.
« 5. Que des hommes vinrent de Sichem, de Silo et de Samarie, 80 hommes ayant la barbe
« rasée, les vêtements déchirés, portant des incisions, et *présentant des offrandes et de l'encens*
« *pour les offrir à la maison de Dieu*..... [3]. »

J'avoue que je ne conçois pas comment ces hommes souillés par un deuil récent,
pouvaient approcher du temple et offrir de l'encens à l'Éternel.

Voici maintenant un fait curieux que Jérémie nous transmet en deux lignes :
« N'entre point dans une maison de deuil, n'y vas pas pleurer *ni faire des condo-*
« *léances* » [4].

Autre fait qui nous montre l'attitude des personnes suivant un convoi : « Comme
« pour mon ami, mon frère, je marchais; comme celui qui est en deuil pour sa
« mère, *j'étais courbé* tristement » [5]. Le mot hébreu employé ici pour *qui est en*
deuil, signifie *sombre* et s'emploie pour désigner le soleil couvert d'un nuage; en
arabe, ce mot signifie *sale*, *lugubre* [6]. Les vêtements de deuil étaient donc noirs chez
les Hébreux. Nous n'avons rien vu de semblable chez les Égyptiens ni chez les
Indous; ce sont les Grecs qui nous parleront les premiers, dans l'antiquité, des
sombres couleurs du deuil. Tenons compte de l'indication des Psaumes; il est fort
probable que, du temps de David, l'usage grec que nous verrons exister déjà au
siège de Troie, était passé en Palestine.

1. *La Bible*, traduite par Cahen, *Osée*, IX, 4.
2.   Id.   ibid.   *Ézéchiel*, XXIV, 17.
3.   Id.   ibid.   *Jérémie*, XIG.
4.   Id.   ibid.   *Ibid.*, XVI, 5.
5.   Id.   ibid.   *Psaumes*, XXXV, 14.
6.   Id.   ibid.   tome XIII, page 76, la note.

XVIII

Les Évangiles nous fournissent quelques détails de plus sur la cérémonie des funérailles chez les Hébreux, mais nous ne pouvons pas affirmer que les usages qu'ils relatent aient été suivis avant la domination des Romains. D'après les Actes des apôtres, le corps, immédiatement après la mort, était lavé et transporté dans *la chambre haute* de la maison, placée en avant du toit et qui servait ordinairement de lieu de repos et de méditation[1]. C'était là que devaient se faire les derniers préparatifs : on liait les mains et les pieds du mort par de longues bandes; sa tête était couverte par le suaire[2], et tout le corps, enveloppé de bandages et d'un linceul, était parfumé d'aromates[3]. Le jour des funérailles, on plaçait le cadavre dans un cercueil ouvert ou plutôt sur un lit funèbre[4] qui devait fort ressembler au *çivika* des Indous, et plusieurs hommes le portaient au tombeau sur leurs épaules[5]. Mais nous étudierons mieux plus tard ces variantes. Observons, en terminant, avec le savant M. Munck, que la religion, chez les Hébreux, au rebours des Égyptiens, des Indous et des Perses, n'intervenait en aucune façon dans la cérémonie des funérailles[6].

XIX

Un dernier usage, dont l'origine et la cause sont également difficiles à préciser, et que nous avons vu établi chez les Perses, doit être observé chez les Hébreux, sans cependant qu'on puisse expliquer sa raison d'être. Quel motif put déterminer les rois de Juda à enfouir, dans les cachettes de leurs tombeaux, des richesses immenses ? Quel espoir pouvaient-ils avoir de jouir, sous une forme ou sous une autre, de dépôts d'or amoncelés près de leurs dépouilles ? L'ostentation ne pouvait pas servir de prétexte à un usage aussi bizarre; car on conçoit la magnificence employée à la décoration d'une tombe; cette décoration apparente peut être enviée et admirée,

---

1. *Actes des Apôtres*, IX, 37.
2. *Évangile de saint Jean*, XI, 44.
3. *Évangile de saint Matthieu*, XXVII, 59.
4. *Munch* (lit.); Munck, *Palestine*, page 380.
5. *Actes des Apôtres*, chap. 5, verset 6.
6. Munck, *Palestine*, page 381.

mais des masses de métal, cachées, enfouies, ignorées peut-être de la foule des contemporains, ne se conçoivent guère. Ce ne put être là qu'une coutume antique adoptée par imitation, ou le fait d'une avarice monstrueuse et irréfléchie.

Le tombeau de David renfermait de telles richesses que, plusieurs siècles après sa mort, quand Jérusalem fut assiégée par Antiochus Soter, le grand prêtre Hyrcan, pour obtenir la paix, lui offrit trois mille talents qu'il tira de ce tombeau[1]. Plus tard, Hérode y étant descendu pendant la nuit pour le piller, tira d'une autre cachette une grande somme d'argent[2]. Une seconde fois, il ne trouva plus d'espèces monnayées, mais il en tira une grande quantité de parements d'or et de joyaux précieux[3]. Cette innovation, introduite par Salomon, en construisant à son père David le tombeau où il devait venir plus tard reposer[4], put, du reste, paraître abominable aux Juifs, et ils la rangèrent peut-être au nombre des idolâtries dont leurs livres font un si grand crime à ce prince[5].

Raoul-Rochette, examinant incidemment ce fait, dans la polémique à laquelle il se livra avec M. de Saulcy, à propos de la découverte du tombeau des rois de Juda, termina la discussion d'une manière qui nous paraît, à première vue, assez plausible : « L'historien Josèphe, » dit-il, « observe d'abord que la tombe de David surpassait en « richesses celles de tous les rois, et il ajoute que c'étaient trois mille talents *d'argent* « qui avaient été déposés par Salomon dans le tombeau de son père. Plus loin, il « revient sur ce fait en disant qu'Hyrcan enleva du tombeau plus de trois mille talents « de *richesses*; enfin, plus loin encore, il dit que les richesses enlevées par Hérode « consistaient en *objets précieux* d'ornement qui étaient d'or et en grand nombre. « Or, c'est dans cette dernière version que se trouve, à mon avis, la véritable notion « des trésors déposés dans le tombeau de David, laquelle n'a rien que de conforme « au génie de l'antiquité.

« Je demanderai, » ajoute Raoul-Rochette, « ce que l'on peut trouver d'invrai« semblable à « ce que de grandes richesses métalliques, consistant en objets « d'ornement, sceptres, couronnes, vases, bijoux, armes, etc., aient été déposées « dans le tombeau de David? Est-ce que ce n'était pas un usage général, chez les « anciens, d'orner la tombe, suivant la condition des personnes, de tous les objets « meubles, vases, armes, instruments, bijoux, etc., qui avaient été à leur usage[6] ?»

Je répondrai que ces objets différents pouvaient fort bien se trouver mêlés, dans

---

1. Josèphe, *Antiquités judaïques*, livre VII.
2.   *Id.*   *ibid.*   livre VII.
3.   *Id.*   *ibid.*   livre XVI, chap. XI.
4.   *Id.*   *ibid.*   livre VII.
5. Legrand d'Aussy, *Sépultures nationales*, 18, 21.
6. *Observations sur les tombeaux des rois à Jérusalem*, lues à l'Académie des inscriptions et Belles-lettres, le 26 septembre 1851.

la fondue, à des espèces monnayées, et cela n'est certes pas contredit par le texte de Flavius Josèphe.

XX

Coup d'œil sur la civilisation du peuple hébreu.

Le peuple hébreu, pendant le cours de son existence, eut des destinées fort particulières. Il n'est pas possible de méditer sur les vicissitudes de sa fortune, sans être frappé de leur caractère étrange et pour ainsi dire, providentiel. Nul autre peuple de l'antiquité, — même celui de Rome, — n'eut une plus humble naissance, plus d'obstacles à vaincre pour s'affranchir, et ne transforma cependant plus absolument la face de la civilisation de l'ancien monde. Obscur berceau du christianisme, Jérusalem devait resplendir entre toutes les villes de la terre au moment même où elle cessa d'exister; et ce n'est certes pas là le fait le moins surprenant de son histoire.

Nous avons été trop longtemps abusés sur le caractère et la civilisation fort originale du peuple hébreu. Les mauvaises plaisanteries de Voltaire, qui ne voulut jamais voir en lui qu'un *méchant petit peuple de courtiers*, nous ont détournés du sens profond de ses mœurs et de ses coutumes. Les Grecs aussi étaient un petit peuple, et ce fait double l'éclat de leur gloire. Quant aux Hébreux, il est bien avéré aujourd'hui qu'ils étaient fabricants, agriculteurs et marchands comme leurs voisins de Phénicie. Ce sont les persécutions et la dispersion qui, les arrachant du territoire conquis par leurs pères, les forcèrent à se répandre par tout le globe, en renouant, à l'aide des liens cachés du commerce, les débris épars de leur nationalité.

Il ne m'a jamais été possible d'arrêter ma pensée sur les lamentables destinées de ce peuple si éprouvé et doué de tant de courage, sans me sentir pris au cœur d'une irrésistible sympathie et d'une poignante émotion. Quelle adorable et savoureuse poésie dans son enfance! Les graves patriarches, errant lentement d'oasis en oasis escortés de leurs jeunes familles et de leurs troupeaux, — sans songer à le discipliner encore, — le guident à travers les contrées qu'il devra posséder un jour. En Égypte, pendant la longue et pesante servitude qui l'écrase, quelle patience et quel sentiment instinctif de sa nationalité pressentie! Parqué dans le désert, au milieu d'ennemis innombrables, il se résume tout entier dans un homme. Il se discipline, il éprouve sa force, et il puise un courage au-dessus de toutes les épreuves dans l'habitude de la misère et l'excès des privations. La conquête du pays de Canaan lui fait enfin prendre rang parmi les nations asiatiques, et la modestie de ce rang ne lui enlève rien de son caractère propre et de sa frappante originalité. Sous le gouvernement des Juges comme sous celui des Rois, il semble obéir à je ne sais quel esprit traditionnel de turbulence enfantine qui le promène incessamment des autels de son Dieu vers les autels affreux et sanglants des dieux étrangers. Un moment, sous David et Salomon, il atteint l'apogée de sa puissance et de sa splendeur. Mais ce moment doit être bien court! C'est d'abord la division du royaume qui l'affaiblit. Puis les attaques répétées des peuples voisins ne tardent pas à le jeter dans une ère de discordes d'où il ne pourra plus sortir. Les Égyptiens, les Assyriens, les Perses, les Macédoniens, les Romains doivent tour à tour rayer de l'essieu de leurs chars de guerre, les murs de la malheureuse ville qui coûta tant de génie, d'efforts et de sang à ses héroïques défenseurs. Détruite enfin, saccagée de fond en comble, rasée comme l'herbe des champs, les derniers et tristes débris de son peuple sont violemment dispersés aux quatre angles du monde, et c'est peut-être à partir de la date funèbre de cette dispersion que ce misérable petit peuple montre le plus stoïque caractère et l'amour le plus religieux et le plus profond pour son culte abaissé. En quelque lieu qu'il se réfugie pour y vivre en paix du fruit de ses humbles négoces, pendant plus de seize cents ans, on le pourchasse, on le pressure, on le pille, on le torture, on le massacre comme un peuple de malfaiteurs. Et quelle touchante résignation pour supporter tant de traitements iniques! Comme il se fait humble et petit! comme il se glisse adroitement dans tous les rangs des foules humaines, se vengeant de la persécution par l'usure, subtil et délié, spirituel à sa manière, demandant en vain à tous les princes de la terre, un peu de place à l'ombre et au soleil, offrant son or auquel il a raison de tenir, car son or est sa force, pour acheter le droit de pleurer en paix sur ses lugubres destinées! Comme il est patient! comme il est uni! comme il est fort! comme il tient à son culte! Malgré les calomnies dont on l'outrage, les injustices dont on le frappe, les railleries, les sarcasmes dont on le déshonore, les impôts dont on le charge; malgré les confiscations, les vols, les exils multipliés; malgré les potences dressées pour lui sur le pavé des marchés et des halles; malgré les bûchers allumés pour lui, les cuves d'huile bouillante qui fument pour lui; il subsiste, vivace, uni, sans daigner protester et sans se plaindre, méprisant la folie de ses persécuteurs, allant à la mort comme on part pour un voyage, rêveur et triste, mais toujours énergiquement cramponné au spectre de sa nationalité bafouée, qui lui sert de palladium. Comme il ne peut plus ramasser dans les salles des arsenaux du moyen âge, le glaive des Macchabées dont il voudrait se servir pour se tailler, lui aussi, un empire dans les lambeaux de l'empire de l'ancien monde, le voilà qui noue à ses pieds la lanière de ses sandales et qui s'en va, à travers les forêts lointaines, les montagnes dangereuses, les fleuves rapides, les frontières hérissées de forteresses, les lacs et les mers, s'acheminant par tribus, par familles, par groupes d'amis, vers tous les points de la terre où il pense qu'enfin se trouvera quelque nation tolérante qui daignera le laisser vivre en paix. Il se fait colporteur et marchand; il vend, il revend et il achète; il prête à tous ses oppresseurs pour encourager les folies qui les ruineront; il prélève sur eux, à son tour, sous forme d'intérêt, des impôts énormes, et il a raison! car qui peut demander compte à l'opprimé de ses moyens de défense et de conservation? Et alors quel implacable dédain dans son humilité apparente! Quelle raillerie profonde dans son effacement! Les relations démesurément étendues de son commerce, comme un invisible filet, enserrent le monde qui devient pour lui le vivier splendide dans lequel, chaque jour, il pêche abondamment cet or qui fera sa force future et lui permettra de jeter sur les enfants de ses persécuteurs des regards insolents de satisfaction. D'une extrémité du globe à l'autre, ses familles correspondent, modelant ingénieusement leur conduite et leurs pratiques les unes sur les autres; s'entraidant, se secourant l'une l'autre, liguées contre l'ennemi commun; vivant toutes d'une vie secrète et austère, enfermées sous les auvents de leurs comptoirs comme en de volontaires *ghetti*; ne mêlant jamais leur sang à celui d'aucune race rivale et conservant ainsi à leur type oriental la marque indélébile de sa noblesse qui est comme son inéluctable blason. Et c'est ainsi qu'à travers les troubles des âges, les révolutions, les guerres, les successions des dynasties, le morcellement des empires, ce petit peuple atteint enfin le port si longtemps souhaité de la tolérance moderne, après avoir donné au monde le magnifique et rare exemple de la plus légitime et de la plus longue de toutes les unions.

XXI

Entre toutes les époques de l'histoire de ce peuple étrange il en est une surtout qui mérite d'être bien connue et qui l'est peu. Je veux parler de la trop courte période heureuse pendant laquelle, gouverné par Salomon, il put se croire appelé à des destinées brillantes, vécut en paix avec ses voisins, et, sous l'influence des idées artistiques répandues alors dans le monde, fit un premier effort pour inventer une forme plastique qui se rapprochât de son idéal. Les Égyptiens, à cette époque, avaient déjà, et depuis longtemps, résolu, à leur manière, le problème de la traduction de la pensée en pierre; les Indous, sans les connaître, les avaient imités de loin; les Phéniciens, qui commerçaient avec eux, leur empruntaient, en la dénaturant à peine, la massive ampleur des ensembles allégés par la grâce des détails; les Assyriens, sous les règnes de Tiglatpiléser Ier, Salmanassar Ier et Salmanassar III, préludaient aux prodiges d'architecture que devait réaliser Nabonkoudonrossour, par des tentatives colossales dont malheureusement il n'a rien subsisté. Quant aux autres peuples de la terre qui, plus tard, devaient venir, à leur tour, formuler leurs idées sur le granit et sur le marbre : Perses, Grecs, Romains et Barbares, nul ne les connaissait alors ; car les aînés d'entre eux s'agitaient péniblement encore dans les timides essais de l'enfance aspirant à la puberté.

Les documents que nous a conservés l'histoire sur cette période de renouvellement et d'efflorescence qui précéda de dix siècles l'ère chrétienne sont malheureusement peu nombreux. C'est dans la Bible, presque uniquement, qu'il faut les recueillir tous, car Flavius Josèphe ne puisa guère de détails autre part pour raconter les événements antérieurs à son époque. Mais, si la Bible est souvent obscure et toute pleine de contradictions pour nous autres qui la lisons à distance, elle renferme tout un monde d'indices et de faits qui ne peuvent échapper aux investigations patientes de celui qui *veut* la lire. Trente lectures successives de la belle traduction de M. Cahen nous donnent peut-être le droit de dire que nous connaissons le Saint Livre. A peine avons-nous eu besoin de comparer la traduction qui a servi de base à nos études, à l'Histoire du sacrificateur Josèphe et aux monuments égyptiens ou judaïques, dont l'examen donne parfois un énergique relief aux textes les plus puérils en apparence et les plus obscurs. La Bible, nous tenons à le répéter, nous a fourni, presque seule, les éléments de reconstruction du tableau de la civilisation Salomonienne que nous allons placer sous les yeux du lecteur.

XXII

Lorsque le jeune Salomon, — auquel nous rendrons, en lui conservant sa consonance hébraïque, son beau nom de *Schelomo* (Pacifique), — monta sur le trône de David, son père, il était déjà fort instruit dans tous les arts et dans toutes les sciences dont la réunion s'appelait alors : la sagesse. Il n'avait pas le goût des armes, ni celui des conquêtes lointaines, mais presque uniquement celui du luxe, toujours louable chez un souverain, parce qu'il favorise les arts éternels et s'ingénie à trouver les formes nouvelles qui les épurent et les vivifient. En le choisissant pour son successeur, quoiqu'il fût le plus jeune de ses enfants, le vieux roi David sembla vouloir rendre hommage aux instincts élevés du fils préféré qu'il avait eu de sa femme Bath-Schéba. De son vivant, « il le fit monter sur sa mule »; les prêtres,

les prophètes, les chefs des archers et des frondeurs, par son ordre, l'assirent sur
le trône, et, pendant que Tsadock le cohène[1] lui versait sur la tête la corne d'huile
de la tente d'assignation, les trompettes sonnaient devant lui, et le peuple, au doux
bruit des flûtes, criait : Vive le roi Schelomo!

David ne donna d'autres motifs de sa préférence que celui de sa volonté conseillée
par l'inspiration divine. Il dit que le temple de Ierouschalaïme[2] devait être construit
par celui qu'il désignait pour occuper le trône à sa place, et, en lui remettant les
plans et devis du saint édifice « que Dieu avait dessinés lui-même », il sut habilement
diriger l'amour et le respect du peuple sur celui qui maintenant pouvait seul
exaucer son vœu le plus cher en bâtissant la *demeure de Jehovah*.

David mort, Schelomo affermit sa puissance en faisant périr son frère aîné Adoniah
et Joab, dont les secrètes intrigues menaçaient le trône. Mais il se contenta d'exiler
à Anathoth leur complice Abiathar le grand prêtre, « parce qu'il avait porté sur ses
épaules l'arche de l'Éternel Dieu devant David, son père. » Quant à Schimhi de
Bahourime, qui avait autrefois proféré des malédictions violentes contre le roi fuyant
devant son fils Abschalôme, il lui donna Ierouschalaïme pour prison, le menaçant
de mort, s'il passait le torrent de Kidrone. Trois ans après, Schimhi ayant sellé son
âne pour courir à Gath « à la poursuite de deux esclaves fugitifs » Schelomo le fit
frapper avec le glaive « et c'est ainsi, — dit le livre des Rois, — que la royauté fut
affermie dans la main de Schelomo.

Après cela, le jeune roi, au mépris des lois, contracta des mariages avec des
femmes étrangères. Une Ammonite, nommée Naama, le rendit père de Réhabeam,
dans la première année de son règne. Il s'allia aussi par mariage avec la fille du
pharaon Osochèr, cinquième roi de la XXIe dynastie, originaire de Tanis. Cette fille
égyptienne reçut en dot la ville de Gazer, dont son père s'était emparé après avoir
chassé les Kénanéens. Quels progrès accomplis en quatre siècles! Le souverain de
ces mêmes Hébreux, condamnés en Égypte aux travaux les plus vils, poursuivis
dans le désert, comme des esclaves fugitifs, par leurs maîtres, les Égyptiens, s'allie
maintenant à la fille du descendant des oppresseurs de sa nation. Il traite avec lui
d'égal à égal. Les frontières de leurs royaumes se touchent. Voilà le peuple d'Israël
qui compte enfin parmi les peuples d'Orient!

La domination de Schelomo s'étendait depuis l'Euphrate jusqu'à la frontière
d'Égypte. Il avait douze commissaires ou préfets qui approvisionnaient de vivres sa
maison. Les grandes villes de son royaume, « fermées de verrous d'airain, » se
comptaient par centaines. Ses peuples étaient nombreux « comme les grains de sable

---

1. Pontife.
2. Ierouschalaïme.

« de la mer, tous mangeant, buvant et se réjouissant, chacun en sécurité sous son
« figuier et sous sa vigne. » Ses commissaires, chaque jour, versaient dans ses
greniers quatre-vingt-dix kor[1] de fleur de farine et conduisaient dans ses étables
dix bœufs gras, vingt bœufs de pâturage et cent brebis, avec des cerfs, des gazelles
et des volailles engraissées. Quarante mille attelages de chevaux, achetés en Égypte,
chacun pour six cents sicles d'argent, encombraient les écuries de ses haras.
Le nom de Schelomo, « plus sage que tout homme au monde », était connu parmi
toutes les nations d'alentour. Dans les loisirs que lui laissait son harem, il composa
trois mille paraboles et mille cantiques; il disserta sur les arbres, depuis le cèdre
qui croît sur le Liban jusqu'à l'hysope qui pousse dans les fentes des murailles;
il discourut sur les bêtes, les oiseaux, les reptiles et les poissons. Des gens de
tous les pays venaient de loin pour l'entendre. Il daignait lui-même apaiser les
différents de ses sujets. Un jour, il se montra plus habile que deux femmes impu-
diques qui se disputaient un enfant; et tout Israël comprit alors que la sagesse
de Dieu était en lui.

Cependant la grande affaire de son règne n'était pas encore commencée. La construction du temple, réalisation du vœu de David, devait porter à son comble la
gloire de celui qui pourrait l'entreprendre. Hirame, roi de Tyr, ayant envoyé ses
serviteurs vers Schelomo pour le féliciter sur son avénement, celui-ci envoya à son
tour ses serviteurs à l'ancien allié de son père : « Tu as connu David, » — lui dirent-
ils; — « tu sais qu'il n'a pas pu bâtir une maison au nom de l'Éternel son Dieu,
« et maintenant Schelomo pense à bâtir cette maison. Il veut que cette maison soit
« grande, car notre Dieu est le plus grand de tous les dieux. Envoie-lui donc un
« homme intelligent à travailler en or, en argent, en airain, en fer, en pourpre
« rouge, en cramoisi et en hyacinthe; sachant faire des bas-reliefs, avec les gens sages
« qui sont avec lui, à Jérouschalaïme. Envoie-lui des bois de cèdre, de cyprès, car
« il sait que tes serviteurs sont experts pour couper les bois du Liban. Ses serviteurs
« seront avec les tiens pour lui préparer du bois en quantité, car la maison qu'il veut
« bâtir doit être grande et prodigieuse. Quant aux abatteurs et aux coupeurs de bois,
« il leur donnera du froment trituré vingt mille kor, et de l'orge vingt mille kor, et
« du vin vingt mille bath, et de l'huile vingt mille bath. »

Hirame se réjouit beaucoup en entendant les paroles des envoyés de Schelomo et
dit : « Béni soit aujourd'hui l'Éternel qui a donné à David un fils sage sur ce grand
« peuple ! »

Et dans un écrit qu'il adressa à son allié, il lui dit : « J'ai entendu ce que tu m'as
« envoyé dire; je ferai selon tout ton désir, au sujet du bois de cèdre et du bois de

---

[1]. Le kor équivaut à 648 livres romaines.

« cyprès. Mes serviteurs descendront ces bois du Liban à la mer, et moi je les ferai
« disposer en radeaux sur la mer jusqu'à l'endroit que tu me détermineras. Je les
« ferai délier là, et tu les feras emporter. Tu me satisferas en fournissant de vivres
« ma maison.

« Je t'envoie, » ajouta Hirame, « un homme sage, intelligent, qui a appartenu à
« mon père, expert à faire toutes sortes d'objets d'art dont on le chargerait conjoin-
« tement avec les sages et les sages de monseigneur David, ton père. »

C'est ainsi qu'il y eut paix entre Hirame et Schelomo, et qu'ils firent alliance
ensemble. Le traité qu'ils signèrent était encore conservé dans les archives de Tyr,
du temps de Flavius Josèphe.

Et aussitôt, pendant que les cèdres tombaient sur les flancs de la montagne, sous
les cognées de quatre-vingt mille bûcherons, le roi ordonna d'extraire du sol de
grandes pierres pour la fondation du temple. Ses maçons et ceux de Hirame les
taillèrent, assistés par trois mille six cents surveillants qui préparaient ainsi de loin
tous les matériaux destinés à l'édification du temple, afin qu'on n'entendît résonner
dans la ville ni le marteau, ni la hache, ni aucun autre outil de fer. Soixante-
dix mille portefaix transportaient les matériaux de la montagne à la ville; et le chef
des corvées, Adoniram, dirigeait tous les travaux, qui commencèrent dans la
quatrième année du règne de Schelomo.

XXIII

Il serait presque impossible de donner une idée exacte du temple que les Sidoniens
et les Israélites construisirent dans l'espace de sept années, si nous devions nous
contenter de citer les descriptions de Josèphe, du Livre des Rois et des Chroniques.
Plusieurs savants de mérite, qui sont parfaitement inconnus aujourd'hui, tels que :
le jésuite Villalpandus, l'hébraïsant Lightfoot, l'oratorien Bernard Lami, le juif Jacob
Iehuda Léon, Hirt, Meyer, Winer, et tant d'autres, essayèrent en vain de mettre
d'accord les textes profanes et sacrés, qui diffèrent souvent dans les détails et même
dans les mesures et dimensions des diverses parties de l'édifice. La comparaison du
monument avec les monuments égyptiens donnera un relief plus exact que celui qui
ressort des dissertations, aux textes de Josèphe et de la Bible.

Ce fut sur le mont Moriah, à la place même de l'aire d'Aran le Jébuséen, qui
avait été le théâtre du sacrifice d'Abraham, que s'exécutèrent les travaux de déblaie-
ment. On combla tout un vallon avec des pierres apportées de loin, reliant la masse

à l'aide de la terre, de sorte qu'elle pût supporter sans fléchir l'énorme poids du monument. Le Temple, dessiné sur le modèle de celui de Moschè, devait avoir soixante coudées de longueur en s'étendant de l'orient à l'occident, vingt coudées de large et trente de hauteur. Son plan décrivait sur le sol un immense quadrilatère à fondation de pierres blanches.

Le milieu de la façade principale, tournée vers l'orient et précédée d'une avenue longue de vingt coudées et large de dix, était occupé par un portique que nous ne pouvons mieux comparer qu'aux énormes pylônes qui s'élevaient à l'entrée des grands monuments de Thèbes. Trois rangées de pierres de taille superposées, chacune de soixante-dix pieds de longueur, composaient de chaque côté toute la muraille extérieure que couronnait une légère balustrade de bois de cèdre. Devant le portique, à la place même où les anciens maîtres des Hébreux auraient planté des obélisques, s'élevaient deux colonnes d'airain de trente-cinq coudées, coiffées de lourds chapiteaux présentant des fleurs de lis en relief, reliées par un treillis d'or où pendaient en festons cent pommes de grenades. Ces deux colonnes merveilleuses, qui devaient être exhaussées sur des piédestaux, furent fondues par un artiste célèbre alors, nommé Hourame Abive, que Schelomo fit venir de Tyr et qui établit ses ateliers près de Soccôth, dans la plaine du Jourdain.

La surface intérieure du portique fut plaquée de feuilles d'or par de Parvaïm.

Les deux murailles latérales et celle qui, par derrière, courait parallèlement au portique, étaient profondément entaillées dans toute leur longueur, selon le mode égyptien, de figures de chérubins[1], de palmes et de boutons de fleurs épanouies, sur les contours desquels on appliqua, en guise de peinture, — pour leur donner du relief et de l'étoffe, — des lignes d'or. Ces espèces de sculptures avivées par le brillant du métal devaient être exécutées par des traits vifs cernant le dessin et non pas en ronde-bosse. Il suffit de regarder la moindre stèle égyptienne pour se représenter parfaitement l'aspect que devait avoir la muraille extérieure du temple. Elle était parfaitement lisse, bien jointe et plutôt partout gravée ou entaillée au trait que sculptée.

A l'intérieur, les trois murailles que nous venons de décrire se divisaient chacune en trois étages superposés dont l'inférieur était le plus étroit et le supérieur le plus large. Chacun d'eux formait comme un long couloir divisé en chambres, communiquant entre elles par des portes, dans lesquelles on devait entasser les trésors et les provisions des gardiens du temple. Le rez-de-chaussée avait cinq coudées de large, le premier étage six coudées, et le second sept. Les Grecs aussi devaient un jour ouvrir dans leurs temples des salles spéciales pour y déposer les trésors. C'était une

---

1. Si ce n'est que les images des dieux, à Thèbes, auraient remplacé celles des chérubins.

idée vraiment antique que celle de placer sous sa propre garde la fortune de la Divinité.

L'entrée des trois étages fut pratiquée au midi, sur le côté droit du Temple, dans la chambre du milieu du rez-de-chaussée. De là, un escalier tournant dans l'épaisseur du mur conduisait aux galeries supérieures. Des fenêtres transparentes et closes de légers treillis s'ouvraient dans le mur au-dessus du troisième étage, et une balustrade de bois de cèdre, couronnant le sommet des trois longues murailles, se reliait à celle que partageait en deux le front du portique.

La cour se divisait en deux parties. L'une, intérieure, qui s'étendait entre les quatre murailles, reçut le nom de *Parvis des Prêtres*, parce que les prêtres y exerçaient leurs fonctions; on nomma l'autre le *Grande Cour* ou le *Parvis extérieur*. Le peuple y avait accès. Les entrées du parvis étaient fermées de grandes portes plaquées de lames d'airain et recouvertes de voiles peints et ramagés de fleurs d'azur.

Le Temple, couvert de planches de cèdre, surmonté, comme les murailles, d'une galerie, vraisemblablement terminé par une plate-forme, était également divisé en deux parties : le devant, qui reçut le nom de *Hékhal* ou Palais, et le derrière, qui reçut celui de *Debir* ou Saint des Saints. Le palais avait quarante coudées de long, vingt de large et trente de haut. Les pierres de ses parois ne se voyaient nulle part : un lambris intérieur de cèdre et de cyprès montait du sol aux tuileurs, décoré de coloquintes, de fleurs épanouies, de chérubins et de palmes cernés de lignes d'or pur. Le plafond était également couvert de minces planchettes; le parquet se composait de lames de cyprès, et les poteaux des portes en bois d'olivier retenaient par des gonds d'or les deux battants formés chacun de deux planches bien ajustées.

Le Saint des Saints avait vingt coudées de hauteur. Séparé du Palais par un treillis d'or, il était intérieurement tout couvert d'un revêtement d'or du poids de six cents talents, avec un parquet doré, constellé de pierres précieuses, et des portes que décorait, comme les murailles extérieures, une ornementation de chérubins gravés au trait, de palmes et de fleurs. Les clous qui retenaient les planches de cèdre et de cyprès sur le plafond et sur les murs étaient également en or. Jamais plus merveilleux sanctuaire ne sortit, éblouissant, des mains des artistes orientaux.

Au milieu du parvis extérieur, juste dans l'axe du pylône, fut placé le grand autel d'airain, qui occupait une largeur égale à celle du temple, et n'avait pas moins de dix coudées de haut. La piscine ou *mer d'airain*, vasque énorme, en forme d'hémisphère, qui devait servir aux prêtres pour faire leurs ablutions, fut disposée, suivant une inclinaison légère, au sud-ouest de l'autel. Sa profondeur était de cinq coudées, son diamètre de dix, et l'épaisseur du métal était d'un palme. Il contenait trois mille bath d'eau[1]. Douze bœufs, groupés trois par trois, — le front de chaque groupe

---

[1]. Le bath équivaut à 38.843 litres.

dirigé vers un des points cardinaux, — soutenaient sur leur dos le poids énorme. Ils avaient été fondus deux par deux d'un seul jet. Le bord de cette immense coupe, exécutée au mépris des lois, — dit Josèphe, — était travaillé et présentait un curieux agencement de fleurs de lis et de coloquintes.

Dix autres piscines ovales, contenant chacune quarante bath d'eau et servant à laver diverses pièces des sacrifices, s'élevaient sur des piédestaux d'airain, ornés de figures de lions, de bœufs et de chérubins, dans l'avenue qui conduisait au Temple, en avant du pylône. Afin sans doute de les faire mouvoir dans tout le parvis, on exhaussa chacune d'elles sur quatre roues. Entre les intervalles des sacrifices, on les rangeait cinq par cinq aux deux bords de l'avenue ou Dromos qui précédait les colonnes de bronze.

Mais le grand autel, la mer d'airain et les piscines, ne jouaient dans le parvis que le rôle d'objets de décoration architecturale. Ils étaient les prodiges du Temple et non ses merveilles. Le seul Palais et le Saint des Saints contenaient les véritables joyaux consacrés par Salomon au Dieu de ses pères.

Dans le Palais, juste devant la porte d'entrée du Saint des Saints, s'élevait un second autel appelé l'*Autel des parfums*, construit en bois de cèdre et plaqué de lames d'or. Le *Chandelier à sept branches*, dont chacune, ornée de trois lis, de trois grenades et de trois coupes, portait une lampe qui devait être constamment allumée; la *Table des douze pains de proposition*, en bois de sétim, recouvert d'or; les dix candélabres et les dix tables d'or complémentaires, les grands vases de fleurs, les bassins, les cent aspersoirs, les pincettes, les tasses, les encensoirs, les serpes, les dix mille chandeliers, les vases à boire, les fioles d'or et d'argent, les plats pour offrir la farine, les tasses, les racloirs, — les uns en airain poli, les autres en or, tous fondus et ciselés par Houram-Abive, — étincelaient autour de l'autel.

Dans le Saint des Saints, il n'y avait absolument que l'*arche sainte*, placée tout au fond. Deux chérubins à face humaine[1] de bois d'olivier plaqué d'une feuille d'or, hauts de dix coudées, se tenaient debout aux deux angles opposés à la muraille, et leurs ailes éployées, de cinq coudées, ajustées sur les bras et sur les mains[2], enveloppaient l'arche sainte depuis le mur où elle était adossée jusqu'à sa face principale : disposition charmante et tout égyptienne, qui fut employée souvent par les statuaires de Thèbes, pour envelopper sous les ailes d'Isis et de Nephtys les sarcophages de granit des Pharaons.

L'arche sainte ne devait être vue de personne. Elle ne contenait que les tables de la loi que Moschéh avait reçu de Dieu sur le mont Horeb. Modelée sans doute sur les

---

1. Voyez *Exode*, xxv, versets 20 et 22.
2. Voyez *Ézéchiel*, chap. x.

baris sacrées des temples d'Égypte, on l'avait pourvue de longues barres, afin que les
prêtres pussent la porter sur leurs épaules. Placée dans le sanctuaire et cachée par
les ailes des chérubins, l'extrémité de ses barres seule dépassait entre les plumes.
Par surcroît de précaution, on fit descendre devant elle un grand rideau d'hyacinthe,
de pourpre rouge, de cramoisi et de fin lin, sur lequel des chérubins brodés à la
navette remuaient doucement au souffle de l'air.

Si nous essayons maintenant de grouper les masses de ce temple splendide,
nous allons lui donner un relief suffisant pour le faire réellement voir au lecteur.
Sur une immense plate-forme parfaitement aplanie qui sert de plateau au mont
Moriah s'élève un édifice extérieurement composé de quatre hautes murailles, parallèles deux par deux. Celles qui courent de l'orient à l'occident sont trois fois aussi
longues que les autres, et le milieu de la muraille de l'est, qui sert de façade principale,
présente en saillie un énorme pylône.

Il est facile de se représenter cette façade. Le pylône est une grande masse architecturale qui joue le rôle de portail, avec cette différence qu'elle a la forme pyrami-
dale, c'est-à-dire que son ensemble, plus large à la base qu'au sommet, offre aux
regards une pente lisse. Si nous ne craignions d'affaiblir l'idée d'un monument
gigantesque en le comparant à un objet fort petit, nous dirions qu'un pylône est
un pan de muraille dont les deux grandes faces tendent à se rapprocher en s'élevant.
Une lourde corniche le couronne. Juste au milieu, une haute porte en plein cintre
s'ouvre pour laisser passer le jour.

Les deux pans de murs qui sont ajustés aux flancs du pylône, de chaque côté,
sont nécessairement moins élevés, afin de donner au motif central plus d'importance.
Une corniche très-évasée court sur leur faîte ainsi que sur celui des deux longues
murailles parallèles qui viennent s'ajuster à eux, à angle droit. Mais le monument
de la ville de David s'écarte de la règle égyptienne, en ce que tout le pourtour du
sommet de sa quadruple muraille, qui peut servir de promenoir, est surmonté d'une
balustrade en bois de cèdre.

La disposition de cette muraille, qui est bâtie d'énormes blocs de pierre lisse de
soixante-dix pieds de longueur, est absolument la même que celle du pylône : ses
deux faces sont disposées en pente s'élevant doucement du sol vers le sommet.
Mais la face qui regarde la cour intérieure est véritablement perpendiculaire au sol,
car on l'a doublée de trois étages de chambres superposés, augmentant progressi-
vement en étendue, et c'est précisément la pente de la muraille qui fait augmenter
la dimension des chambres, à mesure qu'elles s'élèvent vers le sommet.

L'aspect extérieur de l'édifice devait être d'une ampleur massive, sans présenter
toutefois le caractère d'austérité impassible qui est comme l'inéluctable cachet des
monuments égyptiens. La balustrade, à elle seule, donnait une certaine légèreté à

l'ensemble, et le système particulier de sa décoration devait étrangement égayer la masse imposante.

Il m'est complétement impossible d'admettre que les sculptures qui décoraient extérieurement le temple de Jehovah aient été disposées à la suite les unes des autres, sans ordre ni méthode. Ce serait renverser violemment les premiers éléments de l'art des anciens. Elles devaient être toutes renfermées dans des cadres entaillés dans la pierre, égaux en dimensions, et présenter ainsi une longue suite de tableaux. Chaque tableau ne se composait vraisemblablement que d'une figure de chérubin aux ailes éployées, et le cadre qui l'entourait, formé de palmes et de boutons de fleurs délicatement agencés, rappelait sans doute la disposition charmante des bandes sculptées du sarcophage judaïque que M. de Saulcy a enlevé du tombeau des rois de Juda et qu'il a donné au Musée du Louvre.

Ainsi la muraille extérieure du Temple, dans toute son étendue, présentait aux regards une longue suite de tableaux uniformes encadrés de palmes et d'enroulements de fleurs. Ces palmes, ces fleurs, comme les chérubins qui composaient l'unique motif des tableaux, étaient simplement entaillés au trait dans la pierre. Figurez-vous maintenant le prodigieux effet de cette muraille en pente surmontée de sa corniche en volute et de son élégante balustrade, avec ses fenêtres à treillis, juste au-dessous, et cette longue théorie de sujets gravés dont tous les traits étaient avivés de lignes d'or. Je vois, en écrivant, se détacher les grandes masses de cet étrange édifice sur le ciel bleu de la Palestine. Le soleil fait glisser ses rayons tout au long des talus sculptés, il les fait ruisseler sous l'arc béant de la porte qui s'ouvre au beau milieu du pylône; et cette porte, doublée de lames d'or, reluit sous les feux du jour comme la bouche d'une cuve où bouillonne le vierge airain.

Tel était l'aspect extérieur du Temple bâti par Schelomo. Celui de la cour intérieure, ou *Parvis des Prêtres*, maintenant, va s'accentuer sous nos yeux. Debout devant la porte du pylône, le spectateur voyait monter en l'air, à sa droite et à sa gauche, les deux colonnes d'airain de cent pieds, dont les fûts gravés, offrant aux regards des enchaînements de fruits et de fleurs, supportaient chacun un chapiteau ou les lis s'épanouissaient entre les bouquets de grenades. Droit devant lui, à travers le plein cintre du pylône, il apercevait le parvis intérieur qui se développait carrément entre la façade principale et la moitié des deux murailles latérales coupées dans leur longueur par le bâtiment du Temple. En s'avançant sous l'arc de la porte, il se trouvait comme enfermé entre les murailles perpendiculaires régulièrement percées de fenêtres. Les balustrades couronnaient le tout, formant un délicieux encadrement au pan de ciel qui s'étendait au-dessus comme un beau voile d'azur.

La première cour ou *Parvis extérieur*, qui se développait au dehors, en avant du *Parvis des Prêtres*, n'en différait que par les objets sacrés qui la meublaient. En se retournant sous la porte du pylône, le spectateur apercevait le revers de l'autel d'airain long de dix coudées, où coulait incessamment le sang des victimes, où flambait le feu perpétuel, et qui s'élevait en avant du Temple comme une sorte de contre-fort exhaussé sur des degrés. A l'orient de l'autel, l'énorme piscine, qui reçut le nom de mer à cause de sa dimension, s'arrondissait en coupe sur le dos des bœufs de bronze aux fronts accouplés. A droite et à gauche, en remontant vers les colonnes de bronze, les dix autres piscines ovales, avec leurs figures de bêtes et de chérubins, s'alignaient sur leurs roues comme des chars étranges. Les prêtres, vêtus de lin blanc, et les lévites, tenant en main leurs encensoirs — peut-être en forme d'amschirs — allaient et venaient incessamment dans cette cour, qui n'était véritablement qu'une avenue, les uns faisant leurs ablutions à la grande mer, les autres lavant dans l'eau pure des bassins mobiles les pièces et les instruments des sacrifices.

Le Palais, avant-corps du Temple, qu'on ne pouvait apercevoir qu'après avoir franchi la porte du pylône, formait une masse cubique, non pas surmonté d'un toit, mais d'une plate-forme. Sans doute ses murailles, comme toutes les autres, fuyaient-elles en s'élevant vers la corniche. Le même système de décoration que nous avons observé sur les murailles extérieures devait être répété sur ses faces planes. Au milieu de la plus longue s'ouvrait, dans l'axe du pylône, la porte à jambages d'olivier, sur lesquels étincelaient les larges gonds d'or.

Le Temple proprement dit ou Saint des Saints, placé en arrière du Palais, tout au fond de l'édifice, et moins élevé que le Palais de dix coudées, n'en était séparé que par une espèce d'agencement de chaînes d'or comparable aux treillis des fenêtres. A l'intérieur, il ne présentait rien aux yeux qu'un ruissellement de métal en fusion. L'or, avec ses luisants fauves, s'échappait de partout : du parquet, du plafond, des murailles. Le rideau de laine, de soixante-quinze pieds de hauteur, qui se balançait devant l'arche sainte, contrastait par ses nuances d'hyacinthe, de pourpre et de cramoisi, avec l'éclat éblouissant de la salle merveilleuse. J'imagine que dans cette furie de dorures, de reflets chauds et chatoyants, les images des séraphins, taillées sur les murs, devaient, en ouvrant leurs ailes, prendre parfois des proportions étranges.

Mais nul que le grand prêtre ne pouvait pénétrer dans le Saint des Saints. Et même ce n'était qu'une fois par an, au grand jour des Expiations, vêtu de lin et les pieds nus, alors qu'à travers la fumée de l'encens il devait asperger de sang de taureau le couvercle de l'arche sainte. Il y eut cependant, un jour, un autre homme qui frappa du plat de sa sandale de peau le parquet du sanctuaire, et qui, le glaive à la main, souleva insolemment le voile de pourpre. Ce fut le Pharaon Scheschonk dévastant la ville de Rehabeam. Et combien d'autres, depuis lors, devaient impunément lever le front devant l'arche mystérieuse, écrin merveilleux qui renfermait les Tables de Moïse!

XXIV

L'étude des monuments égyptiens et la lecture attentive de la Bible nous fourniront des indications précieuses, si nous voulons nous représenter les Israélites et les Sidoniens, mêlés ensemble, construisant sur le mont Moriah le saint temple. Aucun document ne nous donne une idée plus nette de cette fourmilière d'hommes acharnée au travail que les fresques égyptiennes. Les peuples esclaves que les rois thébains obligeaient à tailler le granit dans les carrières de Syène, à cuire les briques au bord du Nil, à charrier tous les matériaux qui devaient servir à la construction de leurs édifices gigantesques, reproduisent parfaitement les sujets de Hiramu et de Schelomo à l'œuvre. Les pentes du Liban et la vallée de Succôth, près du Jourdain, ont vu s'élever les ateliers immenses des carriers, des charpentiers et des fondeurs. Leur campement dépassait en étendue celui des armées les plus nombreuses. Dès le matin, la montagne résonne sous le poids des vieux cèdres qui tombent et sous les coups des lourds marteaux arrachant les blocs massifs de la carrière. Ici mille bras les équarrissent; là mille autres bras les polissent et les façonnent. Les billes de bois sont dépouillées de leur écorce, sciées dans leur longueur, empilées les unes sur les autres, ou bien, réduites en planches minces pour recouvrir les parquets et les lambris; s'amoncellent sur un lit épais de sciure et de copeaux. Partout les cognées voltigent au bout des bras nerveux et frappent les arbres, pendant que des bataillons de manouvriers portent sur leurs épaules les matériaux préparés, sous la conduite des scribes inspecteurs. Ce ne sont, sur toutes les routes de la Judée, que de longues caravanes convergeant vers Ierouschalaïme, les unes tirant après elles les quartiers de rochers qui glissent sur des rouleaux de bois, les autres escortant les convois de bêtes de somme dont les jarrets plient sous le poids des poutres. Plus de deux cent mille hommes sont occupés ainsi pendant sept ans.

Les rivages de la mer ne présentent pas un spectacle moins animé. Tout un peuple de matelots assemblent les radeaux sur la plage, les lancent sur les vagues, les chargent de matériaux et, chaque jour de nombreuses flottilles et de pacifiques escadres longent la côte qui s'étend de Tyr à Joppé. De même, la vallée du Jourdain fourmille d'hommes. Là, le sol argileux est bouleversé par les tranchées, les cuves et les fourneaux. Partout le feu flambe et secoue en l'air ses panaches d'étincelles pendant que l'or et l'airain fondus ruissellent dans les moules et que les ciseaux aigus et les marteaux façonnent et frappent les tables de bronze et les feuilles d'or. Mais c'est surtout le mont Moriah qui est devenu le centre et comme le foyer d'une activité prodigieuse! Toute la vallée étant comblée et transformée en plate-forme, les blocs de pierre de soixante-dix pieds de longueur sont posés au milieu, les uns sur les autres. Les maçons les cimentent, les sculpteurs les entaillent, les charpentiers les couronnent de balustrades, les doreurs appliquent sur le contour des images leurs minces lignes de métal; les forgerons, les serruriers, les manœuvres, se pressent en bourdonnant, comme des essaims d'abeilles sous les flancs polis d'une ruche. Et vraisemblablement les habitants émerveillés de la ville sainte viennent-ils chaque jour assister aux travaux du Temple? Je ne doute pas que le roi lui-même n'y soit venu souvent, afin de hâter par sa présence le zèle des ouvriers!

XXV

Enfin, dans la onzième année du règne de Schelomo, au mois de novembre, les travaux furent terminés. Quelques mois de plus furent employés pour approprier l'immense édifice et pour faire les préparatifs de la grande fête de la dédicace. Le roi fit transporter l'argent, l'or et tous les ustensiles sacrés ainsi que le tabernacle de Gabaon; on les plaça dans le *trésor* du Temple. Puis, ayant désigné le jour de la solennité, il convoqua tous les anciens d'Israël, tous les chefs de tribus, les principaux des pères de toutes les familles, tous les sacrificateurs, tous les prêtres, tous les lévites, et sans doute aussi les communautés des *prophètes*, ces thaumaturges ascétiques qui pratiquaient alors la médecine, écrivaient l'histoire de la nation, conseillaient les rois, parlaient au peuple et prédisaient l'avenir.

Au jour indiqué, la foule s'assembla autour du roi. Les prêtres, vêtus de lin blanc, posèrent les longues barres de l'arche sur leurs épaules; les sacrificateurs, dont les robes, retenues par des ceintures de pourpre, pendaient sur les talons, et les lévites tenant en main les encensoirs, les entouraient. Le grand prêtre Sadok, vêtu d'une tunique couleur d'hyacinthe, au bord de laquelle se balançaient soixante-douze clochettes d'or, avec l'*éphod*, large manteau agrafé sur la poitrine, le *pectoral*, et la tiare à triple couronne sur la tête, ouvrait la marche, se dirigeant à travers la ville encombrée de spectateurs, vers la plate-forme du mont Moriah.

Le roi accompagnait l'arche sainte. Un éblouissant diadème constellé de pierres précieuses lui serrait le front; son manteau de pourpre flottait sur sa trace; de larges bracelets d'or étaient cerclés sur ses poignets, et le sceptre reluisait au soleil dans sa main droite. Au milieu des échansons, des chefs du vestiaire et des *sarisim*,— étrangers chargés de la garde du harem royal,— il marchait, précédé d'officiers, portant de grande bouclier d'or. La foule roulait sur ses pas, les belluaires traînant après eux les victimes; les lévites arrosant la route et brûlant des parfums; les soldats coiffés du casque d'airain, couverts de la cuirasse papelonnée d'écailles vertes et des cnémides, le glaive pendant à la ceinture avec la fronde, le carquois, l'arc de bronze et le javelot sur le dos, s'avançaient avec les prophètes vêtus de sacs et de manteaux de poils, avec les chefs des familles chaussés de sandales, coiffés du turban et portant une grande pièce d'étoffe suspendue à l'épaule sur la tunique à manches, avec les lévites enfin, qui, frôlant des doigts le *kinnor* à dix cordes, le *nebel*, lyre phénicienne disposée sur un coffre couvert de cuir incrusté d'argent, jouant de la flûte de corne et de roseau, sonnant de la trompette droite ou courbe, secouant les sistres de bronze et les triangles, choquant les disques des cymbales, frappant la peau des tambours et chantant à toute voix les hymnes de David, faisaient retentir d'accords la cité sainte, pendant que tout le peuple prosterné, la face en terre, aux deux bords des rues et des places, criait tout d'une voix : *Vive mon seigneur le Roi, à jamais!*

C'est dans cet ordre — égorgeant chemin faisant des bœufs et des brebis en grand nombre — que le cortège, au milieu duquel on avait empilé sur des tables les vases et les vaisseaux destinés aux sacrifices, arriva sur la plate-forme du Temple fraîchement décoré, dont les murailles toutes neuves reluisaient au grand soleil. Il dut y avoir alors quelque chose d'imposant et de solennel dans le spectacle offert à la foule ivre d'orgueil. Ce monument, qui devait servir d'écrin à l'arche sainte, s'élevait enfin dans les airs au beau milieu de la capitale du royaume, vaste, splendide, et réunissant à l'ampleur égyptienne la richesse décorative et sculpturale des Phéniciens. Jehovah, déjà, l'habitait, invisible. Et que de peines pour édifier ce sanctuaire, depuis le jour où Moschè sortant d'Egypte promenait sa nation insoumise de désert en désert, jusqu'au jour où, grâce aux conquêtes de David, l'éternel rêve d'or, de cèdre et de pierre, qui tourmentait le sommeil de tout le peuple, venait enfin d'être réalisé!

Les prêtres ayant porté l'arche au fond du *Debir*, sous les ailes des chérubins, les lévites ayant déposé les vaisseaux d'or et les bassins à leur place, Sadok et Schelomo se tinrent en face. Tous les lévites, tous les chantres, au nombre de quatre mille, debout à l'orient de l'autel, chantaient et jouaient des luths et des harpes, et cent vingt prêtres, faisant détoner les longues trompettes à l'unisson, exaltèrent l'Eternel. Mais la fumée des encensoirs et des cassolettes à parfums remplissant le sanctuaire, y formait comme un brouillard étouffant qui gênait le souffle des poitrines. Alors tous les assistants se retirèrent et le roi Schelomo, se levant de son siège, dit : *Jehovah pense habiter dans l'obscurité.*

Tournant le visage vers la foule, qui encombrait les cours et la place et se tenait debout, le roi la bénit. Puis, gravissant les degrés de l'estrade de bronze qu'il avait fait placer au milieu de l'*azarah*, il tomba sur les genoux et sur le visage, puis étendant les mains vers le ciel, en face de toute l'assemblée, il pria longtemps, et enfin, d'une voix forte, il prononça ces mots:

« Maintenant, lève-toi, Jehovah-Dieu, vers ton lieu de repos, toi et l'arche de ta « magnificence! »

Puis, sortant de l'enceinte et reculant jusqu'au milieu de la plate-forme, qui s'étendait devant le Temple, — car l'autel d'airain se trouvait trop petit pour les sacrifices pacifiques qu'on devait faire, — le roi fit égorger vingt-deux mille bœufs sans taches et cent vingt mille brebis! Le sang russela sur l'autel des holocaustes et fut aspergé par tout le Temple pendant que le feu consumait les graisses et les offrandes. Les prêtres se tenaient à leur poste en face de l'autel et sonnaient de la trompette; les lévites jouaient des instruments et chantaient; tout le peuple, hommes, femmes, enfants, prosternés à terre, rendaient grâce à la bonté de Jehovah. La fête dura sept jours, pendant lesquels les assistants, jusqu'au dernier, se nourrirent de la chair des victimes. Le huitième jour, Schelomo congédia le peuple, qui le bénit et s'écoula par toute la ville, s'acheminant vers les maisons et les tentes de famille, en chantant des psaumes et s'entretenant joyeusement du bien que l'Éternel avait fait à David, à Schelomo son fils et à la nation d'Israël.

XXVI

Mais le Temple ne devait pas être le seul édifice destiné à perpétuer la gloire du jeune roi. Un palais merveilleux s'éleva bientôt dans la ville, et ses proportions étaient si vastes que les ouvriers employèrent treize ans à le bâtir. Comme il était presque entièrement construit avec le bois de cèdre, on le nomma la *maison de la forêt du Liban*. Son architecture différait de celle du Temple par tous les détails, mais elle s'en rapprochait par le plan. L'ensemble formait un parallélogramme de cent coudées de long, cinquante de large et trente de hauteur, avec une grande cour au milieu, à la façon égyptienne. Les fondations étaient de pierres de prix, bien taillées et sciées à la scie, de huit à dix coudées de long. La quadruple muraille qu'elles supportaient, percée de trois rangées de fenêtres, se reliait, par des pentes transversales, à la colonnade de bois de cèdre qui l'enveloppait dans toute son étendue. Ces poutres réunies entre elles par un plancher supportaient des appartements que recouvrait un toit de cèdre légèrement incliné. Était-ce la rareté des pierres ou la beauté du bois qui avait fait adopter ce mode de construction, un peu primitif, par les architectes? C'est ce que nul ne saurait décider. Le fait est que le promenoir, qui s'étendait tout le long de la maison, entre la muraille et la colonnade, se rapprochait, par sa disposition, des édifices de l'Égypte et de la Grèce. Et le portique lui-même, de cinquante coudées de long sur trente de haut, qui s'ouvrait sur la façade, avec ses lourdes colonnes prismatiques et quadrangulaires et sa massive architecture, ne devait pas peu contribuer à faire rentrer cet immense palais de pierre et de bois dans la famille des édifices hybrides.

Un second portique, ou cour intérieure ouverte entre les murailles, en plein air, fut tout entier doublé de bois de cèdre. On l'appela le *portique du Jugement*, et ce nom indique assez son usage. Seize colonnes, alignées quatre par quatre, en carré, supportaient des poutrelles qui se reliaient aux murailles, couvrant d'une ombre légère le pourtour de la salle. Là s'élevait sur un gradin à six degrés le trône d'ivoire incrusté d'or pur. Semblable aux trônes égyptiens, ses deux bras étaient soutenus par des figures de lions, symboles de la force, et sur chacun des six degrés, de chaque côté, s'allongeait également un lion sculpté. Cinq cents grands boucliers d'or battu au marteau éclataient dans la lumière tout le long des murs. « L'argent « n'était plus estimé du tout du temps de Schelomo, — dit le livre des Chroniques, — « toute la vaisselle du buffet du roi était d'or fin, que les vaisseaux du roi rappor-« taient de Tarschisch tous les trois ans, avec des morceaux d'ivoire, des singes « et des paons. »

Les appartements du roi, ainsi que ceux du harem, étaient situés, comme ceux du palais des Rhamsès, à Thèbes, au fond de la cour intérieure. Les derniers particulièrement consistaient presque tous en grandes salles revêtues de marbres de diverses couleurs, enchâssés dans l'or, avec des plafonds tout blancs rehaussés de peintures, et on les avait décorées de tentures flottantes, sur lesquelles remuaient des images d'arbres et de plantes. C'étaient aussi de longues galeries, des salles de festins avec leurs offices, remplies de vaisselle de métal. Sous la terre s'alignaient, à la suite les unes des autres, des salles plus basses et plus fraîches. Enfin de nombreuses remises pour les chars de guerre et des écuries pour les chevaux de selle et de trait étaient distribuées dans l'épaisseur des murs qui encadraient les autres cours.

Ce fut encore le roi Hirame qui aida son voisin Schelomo à bâtir ce nouvel et grand édifice. En échange des matières d'or et d'argent, et des beaux bois bien façonnés de cèdre et de pin qu'il lui envoyait, Schelomo lui donnait chaque année de grandes provisions de blé, de vin et d'huile, « dont il avait grand besoin », dit Josèphe. Croyant se montrer généreux, Schelomo offrit de plus à Hirame vingt villes de Galilée, voisines de Tyr. Mais, Hirame étant sorti de Tyr pour voir les villes que Schelomo lui avait offertes, elles ne lui plurent point. Il dit : « Quelles villes m'as-tu données, mon frère? » Alors Schelomo, pour s'acquitter, se décida à résoudre plusieurs questions difficiles dont Hirame, jusqu'alors, lui avait vainement demandé la solution.

Il paraît que ses réponses ôtèrent le doute de l'esprit de Hirame et qu'elles aplanirent de bien grandes difficultés, car il s'en montra très-content. — Schelomo était expert et très-savant, dit Josèphe. N'était-il pas aussi très-heureux? Combien d'autres voudraient pouvoir, comme lui, payer un palais avec de belles paroles!

XXVII

Une fois que la passion de bâtir s'est emparée de l'esprit d'un souverain, elle ne lui laisse plus de repos et ne lui accorde aucune trève. Cette passion élevée, qui a fait resplendir sur la face de la terre tant de merveilleux édifices, était l'une de celles qui gouvernaient avec le plus de force le jeune roi des Israélites. Il n'eut pas plus tôt achevé le Temple et le palais de bois de cèdre qu'il entreprit de décorer et de fortifier sa capitale et les principales villes de son royaume. Ierouschalaïme fut munie de nouvelles tours; ses murailles qui menaçaient de tomber en ruines furent entièrement rebâties; de vastes piscines, des aqueducs souterrains, des portes, des logements pour les soldats, des écuries pour leurs chars de guerre et leurs chevaux, donnèrent bientôt à la ville une physionomie particulière. Les malheureux restes des peuples voisins vaincus et décimés par les Israélites furent employés à ces constructions nouvelles. Les Amorréens, les Héthéens, les Périsiens, les Hiviens, les Jébuséens, tous devenus tributaires, travaillèrent pour le peuple de Dieu, que Schelomo ne voulut jamais employer aux œuvres serviles. Imitant en cela l'invariable politique de tous les souverains de l'antiquité, il fit des enfants de son peuple les chefs et les capitaines de ses chariots et de ses cavaliers, les serviteurs de sa personne, les gouverneurs de ses provinces et les surveillants des travaux qu'il faisait exécuter. Une activité extraordinaire fut partout déployée pour assurer aux maîtres du territoire la possession des anciennes conquêtes. Toutes les villes enlevées aux Kananéens furent pourvues de remparts, munies de provisions, et reçurent des garnisons pour les défendre. Gaza, saccagée par les Egyptiens, Beth-Horone la Haute et la Basse, Millo, Baalath, Tadmor, la ville des palmes dans le désert, quelques autres encore dont Josèphe ne nous a pas indiqué les noms, — qui étaient plutôt des villes de plaisir que de commerce, et qu'on voulait conserver à cause de la pureté de l'air, de l'abondance des fruits et des eaux, — furent réédifiées, assainies et embellies. Mais c'était surtout la capitale du royaume qui était l'objet particulier des soins du prince. Elle atteignit bientôt le plus haut degré de magnificence. Le Temple, s'élevant au milieu de la plate-forme du mont Moriah, avec ses colonnes de bronze, son large pylône et ses murailles en pente, — si vaste qu'il semblait une ville enfermée dans une ville,

— faisait face au mont des Oliviers. Au midi, le mont Sion, le plus haut de la capitale, le fort des anciens Jébuséens, apparaissait couronné de sa citadelle et du palais de bois de cèdre, dont la fauve colonnade semblait une forêt régalière et sans verdure encadrant de grands pavillons. A ses pieds, au delà des murs, des jardins cultivés s'étendaient mollement dans la campagne jusqu'aux collines décroissantes. Au couchant, le mont Acra, tacheté de bouquets de palmiers et d'oliviers et séparé du mont Sion par un vallon, s'abaissait sur la ville basse; et la moitié de la ville, du nord au midi, en tournant par le couchant, s'élevant graduellement en amphithéâtre autour du Temple, l'entourait d'un cirque de terrasses qui allait toujours du centre à la circonférence en s'élargissant. L'enceinte fortifiée, de deux lieues de tour, percée de dix portes et doublée d'un large fossé, formait la limite extrême de ce cadre de pierre à mille facettes, au delà duquel il n'y avait plus que des vallées rocheuses et des terrains secs, effrités par le soleil. Telle était cette ville charmante que devait bientôt saccager la guerre et qu'appelaient orgueilleusement et follement ses prophètes la *maîtresse des nations!*

Il ne subsiste plus rien du Temple, du Palais, des remparts et des édifices de cette malheureuse ville destinée à l'avance à la destruction la plus complète, mais la Bible peut nous aider à reconstituer sa physionomie pour l'accentuer dans la mémoire. Au rebours de la vieille Égypte, qui n'a laissé que fort peu de livres, mais qui est, en revanche, tout entière encore encombrée de monuments, la Judée, littéralement rasée par dix conquêtes successives — fort pauvre aujourd'hui en monuments — revivra toujours dans le Livre des Livres qu'elle nous a légué. La Bible est toute pleine d'indications précieuses sur la disposition intérieure et extérieure des maisons israélites, comme sur leur ameublement. Il suffit de la lire avec attention pour se représenter Ierouschalaïm dans son ensemble et jusque dans ses détails les plus intimes. Les places où se réunissait le peuple pour écouter la voix des prophètes, où se tenaient les marchés, où les citoyens traitaient leurs affaires, où les lois et les décrets étaient promulgués et criés à voix haute, où les juges établissaient leur tribunal — espèces de *forum,* — étaient situées en dedans des portes gardées par un poste de soldats que commandait un officier. Il est probable que ces portes fortifiées et flanquées de tours formaient des arcades profondes, solidement bâties dans le genre de celles que M. de Saulcy a retrouvées. Elles étaient au nombre de dix, et chacune d'elles avait reçu un nom caractéristique : la porte d'*Ephraïm* ou de *Benjamin,* la porte de l'*Angle,* celle de la *Vallée de Guihon,* celle des *Ordures* ou des *Esséniens,* celle de la *Source de Siloé;* la porte de l'*Eau,* la porte des *Chevaux,* celle de la *Revue* ou du *Recensement,* enfin celles des *Brebis* et des *Poissons*[1]. Un bâtiment s'élevait

---

1. Voyez Munck, *Palestine,* page 47.

au-dessus de la voûte de chacune d'elles. La voie large qui passait au-dessous pour se perdre dans la campagne, en remontant dans l'intérieur de la ville, était sans doute plus resserrée, selon l'usage immémorial de l'Orient; néanmoins elle se renflait souvent par intervalles et formait de larges arènes autour desquelles s'ouvraient les bazars encombrés de marchandises. Ces voies portaient toutes des noms, mais la Bible ne nous en a conservé qu'un seul: celui de la *rue des Boulangers*. Les marchés ou bazars se distinguaient aussi par des appellations particulières; le Talmud mentionne le *Marché des engraisseurs*, où l'on vendait les animaux engraissés; le *Marché des laniers* et le *Marché supérieur*, qu'habitaient des foulons païens[1]. Au surplus, ces noms importent peu à celui qui veut chercher à retrouver la physionomie de la ville hébraïque, et nous n'en parlons que pour ne rien négliger.

Les maisons qui s'élevaient aux deux bords des rues, dallées de larges pierres noires comme celles de l'Égypte et de la Phénicie, étaient presque toutes des maisons basses, à toit plat, ou plutôt pourvues d'une terrasse en guise de toit. On les construisait en briques, en argile, en pierres de taille, reliées avec de l'asphalte ou de la chaux. Celles des grands personnages surtout se distinguaient des autres par leur belle apparence; souvent on les décorait extérieurement et on les peignait en rouge. Le cèdre — ainsi que nous l'avons vu déjà — le cyprès, le pin, l'acacia et l'olivier, servaient aussi bien à la construction de leurs planchers qu'au lambrissage de leurs salles.

Nous pouvons affirmer que la plupart des maisons contemporaines du règne de Schelomo étaient modelées sur le plan du palais de la forêt du Liban, qui n'était lui-même qu'une répétition de l'éternel plan de la maison antique retrouvée dans les fouilles, sous toutes les latitudes méridionales. Ces maisons grandes et belles, ces palais de pierre de taille contre le luxe desquels tonnent les prophètes; ces somptueux logements d'hiver aux poutres de cèdre, aux lambris de cyprès, percés de fenêtres en treillis, derrière lesquelles se tiennent curieusement les femmes, ne consistent jamais que dans quatre gros murs, formant un carré autour d'une cour dont le centre est occupé par un bassin, une citerne ou un puits. Des colonnes supportent les étages, laissant entre elles et le mur d'enceinte un large promenoir ou passage à l'abri du soleil. Habituellement une sorte de portique ou d'avant-cour précède l'édifice, et la maison proprement dite s'élève au fond de la cour, en arrière de la piscine, en forme de massif quadrangulaire ou de pavillon. Les appartements sont distribués aussi bien dans les étages supérieurs qui s'élèvent au-dessus du promenoir que dans toute la hauteur du massif. Mais, de même qu'en Égypte, les habitants vivent assez volontiers d'une vie extérieure. Au rebours des Grecs et des Romains, qui se tiennent

---

1. Munk, *Palestine*, page 47.

habituellement renfermés sous les galeries ombreuses de la cour, les Hébreux choisissent de préférence pour salle de repos la terrasse qui domine leur demeure et qu'ils recouvrent d'une tente pour se défendre contre la chaleur du jour. Ces terrasses consistent parfois dans un lit de bitume mélangé de sable et de pierrailles, parfois dans une couche de terre battue où pousse l'herbe chétive; mais celles des demeures des grands et des riches sont habituellement dallées en marbre ou pavées de carreaux de briques cuites au feu, et entourées, comme l'avait ordonné la loi de Moïse, d'une légère balustrade de bois de cèdre.

C'était donc dans cet appartement en plein air, dont les Hébreux avaient pris le modèle en Égypte et qu'ils décoraient sans doute, comme les Égyptiens, d'élégantes colonnettes de bois peint, que les sujets de Schelomo se tenaient le plus volontiers. Divers passages de la Bible disent qu'ils s'y promenaient pour prendre le frais, qu'ils s'y retiraient aussi bien pour avoir des entretiens secrets que pour s'abandonner à la douleur, soit à la mort d'un parent ou d'un ami, soit lorsque quelque désastre public frappait le royaume ou la ville. Parfois, dans la belle saison, ils y couchaient, et ils s'y rassemblaient aussi bien pour assister aux fêtes publiques que, pendant les émeutes et la guerre intestine, pour observer ce qui se passait. S'adressant à la ville de David que vient assiéger l'armée Assyrienne, Isaïe s'écrie : « Qu'as-tu donc, que tout ton peuple monte sur les toits? » On y dressait enfin des *tabernacles* le jour de la fête de ce nom, et les adorateurs des faux dieux y dressaient ces autels infâmes que les prophètes ne cessent d'anathématiser. Une chambrette close qui servait particulièrement de lieu de repos ou de dévotion, et dans laquelle on logeait les hôtes, s'élevait au fond de la terrasse. On l'appelait la *chambre haute*. Elle était, en effet, la dernière chambre de toute la maison.

La description du palais de Schelomo nous a montré déjà quel était le système de décoration employé dans les salles intérieures. Au lambrissage de cèdre et de cyprès, au dallage de carreaux de marbre, aux tentures flottantes suspendues sur les murs et devant les portes, nous pouvons ajouter des ornements d'ivoire, des peintures fixées sur les bambris, et sans doute aussi des gravures exécutées à grands traits sur la pierre. Il est probable que les palmes et les encadrements de feuillages de fruits et de fleurs étaient les sujets principaux de ces espèces de fresques hybrides. Les portes, comme les fenêtres, devaient être entourées par ces encadrements délicats auxquels le goût asiatique donnait un rare cachet de sveltesse et d'élégance. Si les Hébreux n'étaient pas artistes, n'oublions pas que les artistes phéniciens — fort recherchés et fort habiles — travaillaient pour eux.

Chaque fenêtre, surtout quand elle prenait jour sur la rue, était recouverte d'un léger treillis qui devait protéger les appartements, aussi bien contre les voleurs que contre les rayons du soleil. Peut-être, à l'extérieur, la fenêtre recevait-elle une certaine

décoration. Les meubles étaient somptueux chez les riches. La Bible revient souvent
sur leur compte. Les lits de repos disposés à l'orientale contre les murs; les sièges à
bras, en forme de trône; les tables, les lits enfin, d'une massive richesse, sont men-
tionnés plus d'une fois dans les livres des prophètes et dans le Cantique des cantiques.
Celui de Schelomo était entouré de colonnes d'argent, et, en arrière, se relevait
son dossier d'or. Les courtisanes mettaient tous leurs soins à parer ce meuble,
qui était, à lui seul, une sorte de monument décoratif. Elles le garnissaient amou-
reusement de tapis de pourpre, de couvertures brodées en lin d'Egypte, parfumées
de myrrhe, de poudre d'aloès et de cinnamome. Elles empilaient sur ses matelas
des coussins de drap d'or. Elles ajustaient sur ses ais de cèdre des lames d'ivoire
travaillées à jour. Ajoutons, pour compléter la description de la maison hébraïque,
de fines nattes étendues sur les planchers polis, des vases de toutes sortes dispersés
dans les angles, et de grands lampadaires ou candélabres posés à terre, dont les
branches soutenaient de petites coupes où brûlaient, le soir, de longues mèches
trempant dans une huile parfumée.

Quel charmant spectacle devait offrir cette ville que nous venons minutieusement
de décrire au voyageur qui s'arrêtait un instant sur la route, avant de pénétrer sous
l'arc béant de l'une de ses portes! Elle était, pour ainsi dire, sanglée comme une
jeune vierge dans l'étroit corset de son mur. Au-dessus fuyaient les terrasses superposées le long des collines, avec leurs tentes d'étoffe fripées par le vent. Le mont
Sion se dressait fièrement au sommet, tout reluisant de touches d'or. Çà et là quelques
taches vertes formées par les bouquets de palmier. La lumière des mois d'été la
criblait de rayons partout réverbérés sur les blanches murailles, et le doux ciel
méridional s'étendait au-dessus comme un voile teint d'azur. Hélas! elle ne devait
pas rester longtemps ainsi dans la virginité de sa magnificence. Pour subsister, elle
était trop belle. Elle attira de tous côtés des maîtres qui prirent un plaisir brutal à
la profaner en la saccageant. Qu'êtes-vous devenues, élégantes demeures où se
chantaient à mi-voix, dans l'ombre du soir, les suaves versets du Cantique des Cantiques? Qu'êtes-vous devenus, citadelle de David, palais de cèdre de Schelomo? Et
toi, Temple merveilleux si longtemps souhaité, si solide et si peu durable! Avec le
peuple qui se prosternait dans la poudre de tes cours immenses, avec les lévites
qui l'arrosaient de sang de taureau, avec les prêtres qui faisaient partout fumer
l'encens des cassolettes, avec les chantres qui te glorifiaient en faisant détoner les
échos de ton sanctuaire, qu'es-tu devenu, ô Temple? D'une extrémité de la terre à
l'autre te pleurent encore les enfants de ceux qui sont morts en combattant pour
protéger tes parvis!

XXVIII

Cet essai de reconstitution de la civilisation hébraïque du temps de Schélomo ne serait pas complet, si, après avoir étudié la ville et ses édifices, nous ne disions rien des hommes qui les habitaient. Le fait le plus saillant du caractère des anciens Israélites était une extrême civilité. Presque à chaque page, en lisant la Bible, nous pouvons nous représenter les chefs de famille chaussés de sandales, vêtus de la tunique à manches et du manteau, la tête couverte du turban, s'abordant dans les rues, avec la plus exquise politesse, s'embrassant, s'informant avec intérêt de la santé de leurs amis. Les citoyens d'un rang élevé recevaient des hommages publics du respect le plus profond. Celui qui les abordait faisait une grande révérence qui ressemblait presque au prosternement, et, s'il était à cheval, il se jetait à bas de sa monture pour leur débiter ses compliments. Les vieillards surtout étaient entourés d'une pieuse estime : le Lévitique avait ordonné aux jeunes hommes « de se lever devant les cheveux blancs. » Tous les peuples civilisés adoptèrent, les uns après les autres, ces marques cérémonieuses de politesse. Elles étaient pour eux, avec raison, comme les signes probants et visibles de la sociabilité.

L'hospitalité la plus large était accordée aux étrangers. *Que Jehovah te bénisse !* disait-on au voyageur demandant un gîte. *Vas en paix !* disait-on encore en le congédiant. Il avait, ainsi que nous l'avons vu, sa chambre séparée des autres dans la maison. On hébergeait avec lui ses serviteurs et leurs montures. Ces mœurs, qui touchent de si près à celles de l'Égypte, se sont assez bien conservées chez les Arabes errant aujourd'hui à travers les mornes solitudes de la Judée. Elles seules ont survécu d'un état de civilisation arrêté dès sa naissance, comme le reflet d'un sourire qui demeure sur la face d'un mort et charme encore ceux qui l'entourent en pleurant.

Les femmes furent honorées de tout temps en Palestine. Les Proverbes nous les montrent se levant dès l'aube, distribuant la tâche aux servantes, « mettant elles-mêmes « leurs doigts aux fuseaux. » Elles jouissaient d'une grande liberté, sortaient seules dans les rues, et souvent le voile levé. Les livres des Prophètes et le Cantique des Cantiques contiennent de gracieuses peintures des fêtes auxquelles elles étaient toujours mêlées. Dans les grandes et belles salles des palais et des maisons de bois de cèdre, pendant que les jeunes hommes, oints de l'huile la plus fine, nonchalamment étendus sur les coussins de drap d'or des larges divans, boivent le vin, la boisson forte, dans de larges coupes, savourent les prémices du troupeau et chantent, comme David, sans « s'inquiéter beaucoup des maux du peuple », accompagnés par les harpes et les

tambourins, elles s'avancent toutes radieuses. Marchant le cou tendu et les yeux
perfides, à petits pas, en faisant doucement bruire les chaînettes de leurs chaussures,
elles prononcent des paroles plus douces que les sons de la flûte et du Kinnor. La
gorge découverte, leurs belles joues caressées par les grains de perles, leur cou
noyé dans les rangées de corail et dans les colliers d'or entremêlés de points
d'argent, un sachet de myrrhe entre les seins, les yeux peints, toutes parfumées
de poudre d'encens, elles vont et viennent, ça et là, inquiètes et légères comme des
colombes.

Leur splendide habillement éclate en merveilles d'élégance. L'Égypte et l'Asie
sont dépouillées pour les parer. Ce ne sont que robes brodées de tissus si légers
qu'elles laissent deviner toutes les formes du corps; riches turbans surmontant
les tresses de cheveux savamment tournées au fer; ceintures, bourses, filets. Et
les joyaux les plus précieux : croissants, bracelets, pendants d'oreilles en forme de
serpents, anneaux de nez, bagues à cachets, agrafes, diadèmes, flacons et miroirs
d'acier poli, font valoir la beauté des femmes encore plus que leur costume.

Tout ce luxe, toutes ces parures éblouissantes, faites pour inspirer de l'amour, leur
sont venues des peuples idolâtres campés autour de la Palestine. Et, avec ces
parures, les filles de Ierouschalaïme ont pris les idolâtries et les impuretés, les
joies et les débauches, les hardiesses et les lascivetés. — « Vois, tu es belle, tu es
« belle, ma bien-aimée, » murmure l'amant, dans le Cantique des Cantiques, ce
bouquet de poésie orientale; « tu es comme une rose du Scharon, comme un lis,
« parmi les épines. » — Languissante d'amour, la vierge répond : — « Je suis à mon
« bien-aimé. » Et, lorsque les bourgeons ont paru sur la terre, « que le figuier assai-
sonne ses figues naissantes » avec ses jeunes compagnes, elle s'en va, le soir, errer
parmi les vignes en fleur, pendant que — le temps du chant étant enfin arrivé —
la voix de la tourterelle se fait entendre.

XXIX

Pendant le cours de cette existence tout asiatique, vouée aux raffinements du luxe,
aux fêtes perpétuelles égayées de danses, de banquets et de propos d'amour aussi
sensuels que poétiques, le commerce et l'industrie des Hébreux font de véritables
prodiges. Non content des travaux qu'il avait achevés, des forteresses rebâties, des haras
repeuplés, Schelomo veut avoir une marine comme ses voisins de Phénicie. Le port
d'Asiongaber, sur le golfe Élanitique, que les Hébreux avaient enlevé aux Iduméens

devint le chantier de construction de ses navires. Hirame lui fut encore d'un grand secours aussi bien pour l'équipement de sa flotte que pour dresser les matelots qui devaient la conduire jusque dans l'Inde. Un premier voyage à la terre d'or ou d'Ophir, dit Josèphe, obtint un plein succès. Les navires, qui étaient partis encombrés de marchandises et de produits fabriqués en Palestine, revinrent chargés de bois de santal, d'or, d'ivoire, de pierres précieuses, le tout formant une valeur de plus de 400 talents.

Les peuples voisins des Hébreux ne pouvaient rester étrangers à ce mouvement commercial. Les uns envoyèrent des épiceries, des étoffes de pourpre, des chevaux et des mulets tirés d'Égypte, sur les marchés de la ville sainte. Les autres venaient acheter ces chevaux et les exportaient vers l'Euphrate. Ainsi Ierouschalaïme devint le grand bazar de l'Orient.

Schelomo put jouir longtemps de la prospérité dont il avait doté son peuple. Il n'était insensible à aucun plaisir et les goûtait tous avec une égale passion. Son luxe atteignit bientôt les merveilleuses proportions de celui des cours de Thèbes et de Babylone. Il avait fait bâtir auprès de Ierouschalaïme une maison de plaisance nommée Hetlan. Là, il y avait des jardins et des fontaines délicieuses, dit Josèphe. Le roi s'y rendait souvent, vers le matin, en grand appareil, habillé d'une robe toute blanche, assis sur un char très-élevé qu'entouraient des archers et des écuyers de belle stature vêtus de pourpre tyrienne, portant les cheveux longs et saupoudrés de parcelles d'or. Mais le moment n'est pas encore venu de parler des excès du Prince qui est resté à la fois le type le mieux accusé de la sagesse et de la légèreté humaine. Revenons à l'histoire de ses rapports avec les peuples voisins.

XXX

Les merveilleux travaux que Schelomo faisait exécuter, les expéditions de ses navires, l'éclat de sa puissance, commencèrent enfin à répandre sa renommée dans tous les pays circonvoisins. On ne parlait que de lui, de sa beauté, de son luxe, de sa sagesse, depuis l'Euphrate jusqu'au Nil, depuis la rive occidentale de la mer de Tyr jusqu'au détroit qui sépare la côte d'Afrique de l'Arabie. Une reine de la Sabée, dans l'Yémen, émerveillée de tout ce qu'elle entendait dire, fort sage elle-même et femme excellente, — dit Josèphe, — eut la curiosité de s'assurer de la vérité des faits. Elle vint à Ierouschalaïme, — quoique ce fût un bien long voyage, — avec une suite nombreuse et « fort grand train. » Ses chameaux portaient des aromates, une grande quantité d'or et de pierres précieuses. Elle voulait éprouver la science du jeune roi par des problèmes et des énigmes, et conférer avec lui « de choses hautes et obscures. »

Schelomo la reçut d'une façon royale « et humaine. » Cela le flattait sans doute de se voir l'objet d'une si rare curiosité. Il avait envoyé au-devant d'elle, — dit le Targoum, — Benayahou, fils de Jehoyada, qui ressemblait à l'étoile du matin. La reine, apercevant le beau messager, le prit pour le roi lui-même et mit pied à terre. Mais l'envoyé la tira de son erreur et la conduisit vers son maître. Schelomo l'attendait assis dans sa maison dont le pavé était de verre. La reine, voyant cela, le crut assis dans l'eau, et découvrit sa jambe, levant sa robe de peur de la mouiller. Elle avait les pieds nus. Schelomo vit qu'ils étaient couverts de poils et il lui dit : « Ta beauté est celle d'une femme, mais le poil te fait ressembler à un homme[1]. »

La reine des Sabéens parla à Schelomo « de tout ce qu'elle avait en son cœur. » Il lui expliqua tous ses problèmes. Il n'y eut rien de caché dans ses énigmes que Schelomo ne lui expliquât. Autant de questions obscures elle lui proposait, autant il lui donnait de solutions, avec une prudence admirable et plus vite qu'elle ne pensait. Surprise de tant de sagesse, ayant beaucoup plus trouvé en réalité et par elle-même, qu'elle n'avait entendu dire ; admirant en même temps le palais merveilleux de son hôte ; les vastes logements de ses innombrables serviteurs ; le temple où toujours flambait le feu des holocaustes ; la foule des échansons, leurs splendides costumes ; la variété des boissons fraîches qu'on lui offrait à toute heure ; la somptuosité des festins, des banquets ; « elle en fut toute hors d'elle et le souffle lui manqua. »

Enfin, s'adressant au roi, elle lui dit : — « C'est vrai ce que j'ai appris dans mon « pays au sujet de tes affaires et de ta sagesse. Je n'avais pas cru ces choses, jusqu'à « ce que je sois venue et que mes yeux les aient vues. Voici qu'on ne m'avait pas « annoncé la moitié de ta grande sagesse. Tu as surpassé le récit que j'en avais « entendu !

« Heureux tes gens, heureux tes serviteurs que voici ! ceux qui se tiennent tou-« jours devant toi et qui entendent tes discours !

« Qu'il soit béni Jehovah, ton Dieu, qui s'est plu en toi pour te placer sur ton « trône ! Il t'a institué roi pour faire droit et justice. »

Elle donna à Schelomo cent vingt kikars d'or[2] et une très-grande quantité d'aro-mates, ainsi que des pierres précieuses. Schelomo, en retour, lui donna tout ce qu'elle souhaita, ce qu'elle avait demandé, « beaucoup plus qu'elle n'avait apporté au « roi. Elle s'en retourna enfin et s'en alla dans son pays, elle et ses serviteurs. »

1. Savante explication d'Edher; Genèse, chapitre de la Tournée, traduction de du Ryer.
2. Sept millions de francs.

XXXI

Nous avons vu déjà que, dès le commencement de son règne, Schelomo se plaçant au-dessus des lois de Moïse, et ne se contentant pas des femmes de sa nation, avait épousé des étrangères. « Excessif en impudicité » à mesure qu'il avançait en âge, dit Josèphe, il agrandit extraordinairement son harem et le peupla de filles moabites, ammonites, édomites, héthéennes et sidoniennes. Il eut sept cents épouses et trois cents concubines. Son palais de bois de cèdre était encombré par les esclaves que le service d'un si grand nombre de femmes exigeait. Les dépenses de la construction de sa palais, du Temple, des fortifications et de l'embellissement de la capitale, déjà excessives, furent encore augmentées par un effrayant état de maison qui rappelait celui des rois de Thèbes et de Babylone. Le luxe, — contre lequel ne cessent d'élever la voix les prophètes, — qui, peu à peu, ruina les ressources de toute la nation, trônait dans le palais du prince, avec une splendeur orientale. Ces femmes, minutieusement choisies parmi les plus belles; au « beau corps lavé dans la neige, » oint d'huile odorante chaque jour, parfumé de poudre, et tout couvert d'étoffes rares et de bijoux, ne devaient pas peu contribuer à désemplir le trésor royal. Elles étaient si séduisantes « qu'elles détournèrent le cœur de Schelomo. » Jamais, dans aucun pays, la femme n'apparut à l'homme entourée de plus de poésie sensuelle que dans la ville de David; les noms même qu'elle portait exprimaient des choses gracieuses et douces : Thamar, *palmier*; Déborah, *abeille*; Rachel, *brebis*; Naomi, *agréable*; Peninnah, *perle*.

Le Cantique des cantiques est la délicieuse expression de l'amour chez les Hébreux. Malheureusement des doutes se sont élevés, depuis peu, sur l'auteur de ce poëme. Une fleur de poésie orientale, qui a conservé jusque pour nous sa saveur pénétrante, comme ces sachets ambrés de la vieille Égypte qui gardent encore, après quatre mille ans de séjour dans les sarcophages de sycomore, le doux arôme qu'ils exhalaient entre les seins des filles de Memphis. La philologie, science exacte, — trop exacte, — a privé Schelomo de la paternité bien enviable de cet adorable chef-d'œuvre. Il paraît que l'hébreu du Cantique des cantiques est loin d'avoir la pureté qui distingue le langage du siècle de David, et qu'on y reconnaît l'époque de l'exil, ou, tout au moins, celle des derniers rois de Juda[1]. Nous regrettons fort, pour notre part, cette découverte de la science, non pas qu'elle enlève rien à la beauté du

1. Voyez Jahn, *Introduction aux Écritures saintes*, et Munck, *Palestine*, page 459.

livre, mais parce qu'elle prive le type de Schelomo d'un trait de caractère qui complétait admirablement sa physionomie. Nous aimions à caresser, dans notre pensée, le souvenir de ce souverain, exclusivement artiste, qui passa sa vie à poursuivre son idéal, aussi bien à travers les splendeurs architecturales que dans le fin réseau des strophes de la poésie. Et le livre de l'Ecclésiaste même, qu'on lui conteste en s'appuyant sur les mêmes arguments scientifiques[1], a établi encore, selon nous, une lacune regrettable dans son histoire. Quel homme, aussi bien que celui qui avait épuisé tous les triomphes du pouvoir, tous les âcres plaisirs du luxe et de l'amour, devait être mieux disposé à exprimer, à la fin de sa vie, les fatigues de la satiété, et à tracer d'une main tremblante les lignes mélancoliques qui sont restées l'expression la plus amère de la vanité des choses du monde? Nous en voulons à la science qui, — selon nous, — par trop barbare, en poursuivant, elle aussi, son idéal d'abstraction pure, a mutilé l'incomparable statue de Schelomo.

XXXII

Nous touchons au moment le plus sensible du déclin de sa puissance. Autant la jeunesse du rénovateur de la nation israélite avait été pleine de promesses et d'activité, autant sa vieillesse fut triste et honteuse. Lui qui avait plus fait pour la gloire de son peuple que son père, qui s'était toujours montré fidèle et sage, parut, à la fin de son règne, atteint d'une singulière folie. Ne trouvant, autour de lui, plus rien à faire, blasé par ses femmes, ne sachant qu'inventer pour s'occuper ou se distraire, il prit un bizarre plaisir à détruire l'ouvrage de ses jeunes années. « Ses femmes firent « pencher son cœur après d'autres dieux, » dit mélancoliquement le livre des Rois. « Plus il vieillissait, » dit Josèphe, « plus il perdait l'entendement, et, rejetant le « service du vrai Dieu, il se laissait abêtir par des femmes étrangères jusques à suivre « leurs superstitions. » Le Temple qui lui avait coûté tant d'efforts, de patience et d'argent, fut bientôt profané par son idolâtrie. « Il marcha après Aschtoreth, divinité « des Tsidoniens, et après Milcôme, abomination des Ammonites. Il bâtit un haut— « lieu pour Kemosch, abomination de Moab, sur la montagne qui est vis-à-vis de « Ierouschalaïme, et pour Molech, abomination des enfants d'Ammône. Et il fit « ainsi pour toutes ses femmes étrangères qui faisaient des encensements à leurs « dieux. »

1. Voyez Jahn, *Introduction des Livres sacrés.*

Il ne sera pas sans intérêt d'esquisser l'histoire de ces *hauts-lieux* consacrés aux divinités étrangères qui jouèrent un si grand rôle dans la suite de l'histoire du peuple hébreu, et que Schelomo fut le premier à introduire auprès du Temple. Comme, dans les temps anciens, les autels étaient habituellement élevés sur les hauteurs, on désigna bientôt les autels privés ou les chapelles en forme de Naôs sous le nom de *Bamôth* ou *haut-lieu*. Plus tard, il est vrai, les Bamôth furent introduits au milieu des villes, mais leur nom ne changea pas. Presque tous les rois de Juda, à la suite de Schelomo, tolérèrent le culte des idoles étrangères élevées sur des hauts-lieux et encensées par les propres prêtres de Jéhovah de la race d'Aharone. Quant aux temples consacrés aux divinités phéniciennes, ils furent peut-être encore mieux respectés que les Bamôth, à cause du grand nombre d'adorateurs qui les fréquentaient.

M. de Saulcy a décrit minutieusement un de ces monuments du culte étranger qui n'avait encore été signalé par personne, et qui fut vraisemblablement édifié par Schelomo pour la reine, fille d'Ozochor, à l'entrée du village de Siloam. C'est, dit-il, un bloc monolithe détaché de la masse du roc sur trois côtés seulement, dont l'entrée s'ouvre à l'ouest, au-dessus de la vallée. Ce monument offre exactement la copie, en grand, des Naôs égyptiens que possèdent nos musées. Un dez carré à faces en pente, décoré d'une corniche en forme de tore et surmonté d'une large plate-bande, constitue l'ensemble de l'édifice. Au milieu de la face de l'ouest, s'ouvre une porte munie au sommet de deux entailles rectangulaires qui rappellent, comme tout le reste, le style des excavations thébaines. L'intérieur consiste dans une première pièce carrée au fond de laquelle est percée une porte; une seconde salle se présente à la suite sans rien offrir de remarquable que deux niches en arceau. Le petit temple monolithe, taillé à même le roc et évidé à l'intérieur, du style égyptien le plus pur et le plus reconnaissable, nous donne une idée fort exacte des édifices du culte étranger que les prophètes désignaient tous sous le nom de *hauts-lieux*.

C'était dans la seconde salle, ou salle secrète de ces édicules, que les statues des dieux kananéens étaient adorées. Elles n'étaient guère, au commencement, que des blocs difformes de pierre et de bois, mais, par la suite, — les statuaires étant devenus assez habiles pour les perfectionner, — elles représentèrent parfaitement la figure humaine, parfois modifiée par des détails empruntés à l'image des astres, des bêtes et des végétaux. Le plus souvent, l'idole taillée dans une bille de bois de cèdre, plaquée d'or ou d'argent à la face et aux mains, était habillée de somptueux vêtements et retenue en plein corps par de fortes chaînes, « pour l'empêcher de s'en aller, » dit Isaïe. On la détachait en temps de guerre et on la chargeait sur les épaules des prêtres, pour qu'elle pût efficacement protéger les combattants de sa présence. Souvent l'arche sainte de Mosché s'était rencontrée avec quelques-unes de ces idoles monstrueuses dans l'épouvantable conflit des champs de batailles. Une fois même, les

Pélichtimes l'avait arrachée des mains des lévites. C'était toujours une grande douleur et une grande honte pour une armée que de se laisser enlever le symbole visible de son culte. On combattait avec rage, on se laissait froidement égorger pour le défendre, comme on défend aujourd'hui le drapeau, flottant au bout d'une hampe, qui est pour nous l'image éternelle de la patrie.

Quels étaient cependant ces dieux introduits par Schelomo à Ierouschalaïma, pour complaire à ses concubines? Il y avait un abîme entre eux tous et Jéhovah. C'était d'abord le maître des dieux, *Baal*, dont le soleil, principe vivifiant de la nature, était le symbole, et qui était représenté par des statues accompagnées de chars et de chevaux. Les Moabites rendaient à Baal un culte infâme, dont le culte de Priape, chez les Romains, ne donne qu'une idée très-atténuée. Sa femelle *Baala*, ou mieux *Ashtoreth*, dont les Grecs firent Astarté, représentait la lune. De même que l'Isis égyptienne, elle portait des cornes de taureau sur son front superbe, et les prophètes israélites la nommaient la reine du ciel. Le lotus, la colombe et la rose étaient ses deux attributs, mais son culte n'avait rien à envier aux impuretés du culte de Baal : il rappelait celui de la Mylitta babylonienne, cette Vénus impudique et mercenaire dont Hérodote a tant parlé.

Moloch, qu'on a confondu souvent avec Baal, et qui n'était autre que le Saturne des Carthaginois, était le plus féroce et le plus cruel de tous les dieux. Son culte, établi en Syrie, en Phénicie, dans les colonies, en plusieurs parties de la Palestine, ne consistait guère qu'en sacrifices humains. Dans les calamités publiques, on chauffait, par en bas, sa statue de bronze, dont les bras étaient écartés et tendus. Les princes et les grands de la nation, tour à tour, venaient coucher leurs jeunes enfants dans ces mains brûlantes qui les laissaient rouler dans la flamme. Pour couvrir leurs cris déchirants, les prêtres battaient du tambour et faisaient bruyamment sonner les disques d'airain des cymbales, et les mères des victimes, obligées d'assister, impassibles, à l'épouvantable sacrifice, les regardaient froidement se tordre dans la fournaise, hideuse violence qu'elles imposaient à leurs cœurs pour le salut de la nation!

D'autres divinités encore étaient encensées dans la ville de David. Nous ne les pouvons passer toutes en revue. Un monstrueux amalgame de superstitions égyptiennes, phéniciennes, persanes et grecques, ne tarda pas à profaner le pays, la ville elle-même et le propre temple de Jéhovah. Le prophète Ézéchiel a tracé dans les lignes suivantes une émouvante peinture de l'anarchie religieuse qui désolait, de son temps, la capitale de la nation d'Israël .

« M'ayant transporté à Ierouschalaïma, Dieu me dit : Fils de l'homme, agrandis donc ce trou
« dans le mur. Et j'agrandis le trou dans le mur, et voici une porte.

« 9. Et il me dit : Entre, et vois les méchantes abominations qu'ils font ici.

« 10. J'entrai et je vis, et voici toute espèce d'images de reptiles, de bêtes abhorrées, et « toute espèce d'idoles de la maison d'Israël, *gravées* sur le mur tout autour.

« 11. Et soixante-dix hommes des anciens de la maison d'Israël, se tenaient devant eux, « chacun un encensoir en main et un épais nuage d'encens s'élevait.

« 12. Et il me dit : As-tu vu, fils de l'homme, ce que les anciens de la maison d'Israël font « dans l'obscurité, chacun dans ses chambres aux images ? car ils disent : Jéhovah ne nous voit « pas, Jéhovah a abandonné ce pays.

« 13. Et il me dit : Tu verras encore de grandes abominations qu'ils font.

« 14. Il me fit entrer dans l'entrée de la porte de la maison de Jéhovah, qui était au nord, et « voici là les femmes assises, pleurant le Tamouz[1]

« 15. Et il me dit : As-tu vu, fils de l'homme ? Tu verras encore des abominations plus « grandes que celles-là,

« 16. Et il me fit entrer dans la cour intérieure de la maison de Jéhovah, et voici qu'à « l'entrée du temple de Jéhovah, entre la galerie et l'autel, environ vingt-cinq hommes, le dos « contre le temple de Jéhovah et la face à l'Orient, s'inclinèrent vers l'orient devant le soleil[2]. »

Plus loin, comparant Jérouschalaïme à une femme, Dieu lui dit :

« 4. A ta naissance ! tu ne fus pas lavée dans l'eau pour te purifier… et d'enveloppes tu ne « fus pas enveloppée.

« 5. Aucun œil n'avait compassion de toi… tu fus jetée aux champs, dans la souillure de « ton corps…

« 6. Je passai près de toi… et je te dis : Reste en vie.

« 7. Tu pris de la croissance, tu parvins à ta plus grande beauté, *tes seins s'affermirent* ; le « duvet fleurit ; mais tu fus entièrement nue.

« 8. Je passai près de toi et je te vis, et voici que c'était le temps des amours ; j'étendis « mon vêtement sur toi, je couvris ta nudité…

« 9. Je te lavai dans l'eau et je t'oignis d'huile.

« 10. Et je te revêtis de broderies ; je te chaussai de blaireau ; je te couvris de lin.

« 13. Tu fus parée d'or et d'argent, tu mangeas de la farine avec du miel et de l'huile… et « tu méritas d'être reine.

« 15. Mais tu te fias en ta beauté et tu te prostituas à la faveur de ton nom.

« 17. Tu pris tes bijoux précieux d'or et d'argent que je t'avais donnés, *tu t'en fis* des simu-« lacres de mâle avec lesquels tu forniquas.

« 18. Tu pris tes vêtements bigarrés et les en couvris ; *tu mis devant eux* mon huile et « mon encens.

« 22. Et dans toutes tes abominations, tu ne te rappelas pas les jours de ta jeunesse[3]. »

1. Sans doute Adonis, comme le faisaient les Phéniciennes et les femmes grecques.
2. *La Bible*, traduite par Cahen, *Ézéchiel*, viii.
3.   *Id.*   *ibid.*   *ibid.* xvi.

XXXIII

Ces images de reptiles, ces idoles gravées sur le mur du Temple rappellent, à s'y méprendre, celles qui se développaient, en longues théories, sur les monuments pharaoniques. Ces hommes s'inclinant vers l'Orient, devant le soleil, sont en tout semblables aux mages. Ces femmes pleurant Adonis et mêlant le culte lascif des Phalles au culte sanglant « des dieux infernaux, » sont encore pareilles aux Sidoniennes. Les Hébreux, s'étant une fois abandonnés sur la pente de l'idolatrie, ne purent jamais retourner en arrière. Malgré les efforts des prophètes et de quelques-uns des rois de Juda, le culte de Jéhovah, à partir de Schelomo, fut constamment en rivalité avec le culte des idoles. Sans doute pressentaient-ils ce long avenir de honte et d'abaissement, les prophètes qui se détournèrent du fils de David avec la plus légitime indignation et se joignirent aux mécontents qui préparaient un soulèvement général. La vieillesse de Schelomo fut attristée par le mépris public et des symptômes de révolte. En descendant au tombeau, après quarante ans de règne, il comprit qu'il laissait à son successeur un trône mal affermi. Mélange singulier de folie et de bon sens, son caractère est resté dans l'histoire, comme l'un des types les mieux accusés de l'instabilité du génie. Son nom cependant demeurera toujours dans la mémoire humaine, accompagné du prestige qui s'attache à la gloire, à la poésie, à la puissance. La renommée a favorisé cet homme étrange qui fit tant, à la fois, pour le bien et pour la ruine de son peuple. Elle a caché les actes honteux de la fin de son règne sous les actes brillants de sa jeunesse. Généreuse plus qu'équitable, elle a fait de cet impie le symbole de la sagesse et de la justice. Avec lui, l'État des Hébreux parvint à son apogée. Après lui, il ne fit plus que marcher vers son déclin. Il est juste de dire que David avait tout préparé pour la gloire de son successeur. Il est malheureusement prouvé que Schelomo remit une bien lourde tâche à ses descendants.

XXXIV

Si nous avons aussi longuement insisté sur le caractère particulier de la civilisation solomonienne, c'est que la plupart des historiens du peuple hébreu l'ont assez mal comprise[1]. Le cachet presque exclusivement égyptien des monuments, des usages et des coutumes de la Judée au temps de David et de son fils, est un fait remarquable qui doit éclaircir le plus grand nombre des obscurités de la Bible. Nous n'aurons pas lieu d'être surpris de voir les tombeaux de Jérusalem ingénieusement modelés sur ceux de Thèbes et de Memphis, après avoir constaté la ressemblance qui existait dans les monuments du culte, dans les palais, dans les costumes et les habitudes des deux peuples séparés par l'isthme de Suez. Leurs rapports de commerce étaient beaucoup plus suivis qu'on ne semble le supposer. La guerre même les mêlait souvent l'un à l'autre. En résumant rapidement les différentes phases de la cérémonie funèbre, telles qu'elles ressortent des nombreuses indications de la Bible, nous démontrerons une fois de plus que les usages des Hébreux dérivaient directement de ceux des habitants de l'Égypte.

De même qu'à Thèbes, au temps des premiers Rhamsès, aussitôt qu'un chef de famille était mort à Jérusalem, ses serviteurs se dispersaient dans les rues et sur les places, criant : Malheur! et appelant au deuil tous les parents et les amis du défunt. À peine prévenus, ceux-ci accouraient, pêle-mêle, déchirant leurs vêtements, ramassant la poussière de la route, la lançant en l'air, au-dessus de leurs têtes, se frappant la poitrine; et chacun des indifférents se tenait à distance, les pontifes avec plus de soin que tous les autres, afin de ne pas être souillés.

Mais le désordre de la rue n'était rien auprès de celui qui régnait dans la chambre mortuaire, autour du lit. Arrachant leurs parures mondaines, déchirant voiles, robes et manteaux; effaçant jusqu'à la moindre trace des parfums, hommes et femmes se jetaient par terre, se roulaient dans la cendre, se déchiraient les joues, dévastaient leur barbe et leur chevelure et la souillaient de poussière, en poussant des cris lugubres.

Une apparence d'ordre et de calme ne tarde cependant pas à s'établir, le deuil se régularise : les uns la tête rasée, ou tout au moins l'extrémité de la barbe ou des cheveux coupée, ceints d'un cilice, les pieds nus, assis à terre, demeurent en silence, la tête penchée; les autres, demi-nus, un sac sur les reins, le visage et le menton couverts, mais la tête nue, vont et viennent, exhalant leur douleur par des sanglots. De temps à autre un parent, un ami, tard prévenu, s'avance dans le cercle et confond ses baisers et ses larmes avec les larmes de la famille. Dans une chambre à part se tiennent les femmes, la robe en désordre, les joues stigmatisées, incisées. Étendues sur la terre, elles souillent de poussière leurs pieds et leurs fronts.

---

1. Je dois faire une exception pour le savant M. Munck et surtout pour M. de Saulcy qui, au moment où je corrige les épreuves de cette feuille, publie un livre des plus remarquables et des plus exacts sur l'art judaïque. Si ce substantiel et lucide ouvrage avait été publié un an plus tôt, il m'aurait épargné bien des recherches. Nous aurons occasion de revenir sur les belles découvertes qu'il met en lumière, lorsque nous nous occuperons des tombeaux des rois de Juda.

L'heure du repas vient sans qu'aucun d'eux se lève pour en prendre sa part. Ils repoussent avec indignation les serviteurs qui les pressent; ni le pain, ni même la coupe d'eau pure, ne doivent approcher de leurs lèvres pendant tout un jour; et durant une semaine ils doivent demeurer ainsi, couchés dans la poudre, sans prendre le moindre soin de leur corps, sans le laver ni le parfumer, en amassant sur lui, au contraire, les souillures sur les souillures, ou le mortifiant de mille manières, afin qu'il partage les angoisses de l'âme et les douleurs de l'esprit.

Cependant, la semaine expirée, on procède aux funérailles. Enveloppé de linceuls blancs, couché sur un lit jonché d'épices, d'aromates et de parfums, le corps est enlevé sur les épaules d'hommes robustes, et le cortége s'achemine vers la porte de la ville qui débouche sur la vallée de Josaphat, déjà peuplée de tombeaux. La foule des parents, des amis, et tous les serviteurs[1], entourent ce lit funèbre, en vêtements sombres et sales, lançant en l'air la poudre du chemin. Les femmes poussent des sanglots, *la main sur la tête*; les hommes, tristement couchés, *portent de l'encens et des offrandes*, tandis que *les chanteuses à gages murmurent* de tristes chants qui exaltent les vertus du mort.

On parvient, dans cet ordre, au sépulcre de la famille, grotte naturelle agrandie par la main des hommes. Pendant qu'on y dépose le corps, les chants recommencent et l'on brûle sur un bûcher l'encens et les offrandes. Une large pierre, un bloc de rocher, parfois une lourde porte savamment encastrée dans des rainures, ferme la tombe; et chacun se retire pour aller prendre le triste et frugal repas des morts, qui doit clore la cérémonie lugubre.

Puis chacun se purifie selon les rites, pour effacer de lui les souillures du corps et de l'âme; la maison et tous les objets qu'elle renferme sont purifiés de même; et la famille, songeant déjà peut-être à ses fêtes brusquement interrompues, en attendant le jour où, le deuil étant expiré, elle pourra s'y livrer encore, reprend le cours de ses occupations.

XXXV

Tout en suivant ces coutumes originales et touchantes, aux diverses époques de leur histoire, les Hébreux adoptèrent servilement, ainsi que nous l'avons vu, un assez grand nombre d'usages étrangers, avec quelques-uns des dieux du paganisme, et différentes cérémonies du culte des idolâtres.

1. F. Josèphe, *Contre Malon et Lysimaque.*

II.   17

Ce malheureux peuple, subjugué tour à tour par toutes les grandes nations qui se disputaient, de son temps, l'empire du monde, eut la honte de partager toutes leurs superstitions, et, rendu à lui-même, de les conserver, au détriment de la religion grandiose que son législateur lui avait donnée.

Coutumes étrangères.

Nous avons déjà remarqué combien les différentes formes du deuil des Hébreux ressemblaient à celles du deuil égyptien, et combien leurs lois funéraires, en ce qui touche à la souillure communiquée aux vivants par le contact des morts, dérivaient des lois indiennes et persanes. Nous constaterons plus tard la ressemblance qui existait entre la forme et le plan de leurs tombeaux et celui des hypogées de Thèbes; nous constaterons aussi, dans le système de décoration de ces tombeaux, d'autres emprunts tout aussi frappants, faits à des peuples différents. Pour le moment, nous devons étudier quelques emprunts moins importants, mais non sans valeur, sur l'origine et l'objet desquels on fut jusqu'ici peu d'accord, et qui, par cela même, ne sont pas dépourvus d'intérêt.

Les Hébreux brûlèrent-ils les morts?

À une époque quelconque de leur histoire, les Hébreux brûlèrent-ils les morts? Telle est la question que nous devons essayer de résoudre, après des affirmations trop légèrement faites par les précédents historiens de ce peuple peu connu.

Il est certain que les livres sacrés des Hébreux citent un fait incontestable d'incinération. Il s'agit de savoir si ce fait fut seulement une exception dûment motivée, ou bien la constatation d'un usage généralement suivi, et dont on ne parla qu'une seule fois parce qu'on y attachait peu d'importance.

Citons d'abord, nous discuterons après :

Exemple unique de corps brûlé.

« 7. Les hommes d'Israël ayant vu que ceux d'Israël avaient fui, et que Schaoul et ses fils « étaient morts.... prirent la fuite.

« 8. Le lendemain il arriva quand les Pelichtime vinrent pour dépouiller les morts, ils « trouvèrent Schaoul et ses trois fils tombés sur la montagne de Guilboâ.

« 9. Ils lui coupèrent la tête, le dépouillèrent de ses armes qu'ils envoyèrent dans le pays « des Pelichtime à l'entour pour l'annoncer dans les maisons de leurs idoles et au peuple.

« 10. Ils déposèrent ses armes dans la maison d'Aschtaroth, et attachèrent son corps sur « le mur de Beth-Schane.

« 11. Les habitants de Iabesch-Guilâd apprirent à son sujet ce que les Pelichtime avaient « fait à Schaoul.

« 12. Tous les hommes vaillants se levèrent, marchèrent toute la nuit, et prirent le corps « de Schaoul et les corps de ses fils du mur de Beth-Schane, et, revenus à Iabesch, ils les « y brûlèrent.

« 13. Ils prirent leurs ossements qu'ils ensevelirent sous le tamaris à Iabesch, et jeûnèrent « sept jours[1]..... »

1. *La Bible*, traduite par Cahen, *Samuel*, I, xxxi.

« 12. David alla et prit les ossements de Schaoul et les ossements de Jonathane, son fils,
« d'auprès les habitants de Iabesch en Guilâd...
« 13. Il emporta les ossements de Schaoul et les ossements de Jonathane, son fils...
« 14. Ils ensevelirent les ossements de Schaoul et les ossements de Jonathane, son fils, au
« pays de Biniamine, à Tséla, dans le sépulcre de Kisch, son père[1]. »

Il est bien certain qu'il est question ici d'une exception. Les habitants de Iabesch, non loin desquels les Philistins sont campés, veulent soustraire les corps de Saül et de ses fils à l'ignominie de l'exposition ; ils dérobent ces corps pendant la nuit, et rentrent dans leur ville ; mais comme les Philistins peuvent venir les assieger, ressaisir leur proie et la déshonorer encore, ils ne veulent pas qu'un tombeau, toujours reconnaissable par sa forme, leur indique en quel endroit elle repose ; alors ils détruisent ces corps par le feu, et, pour mieux en cacher les cendres, ils les enfouissent, contrairement à l'éternel usage des Hébreux, sous un modeste arbrisseau.

Le traducteur de la Bible dont nous avons adopté la version soupçonne, il est vrai, le motif qui fit brûler ces corps, mais il se trompe étrangement en citant plusieurs autres exemples de corps brûlés par les Hébreux, et en affirmant que, chez eux, « c'était quelquefois une distinction de brûler les morts[2]. » Je crois qu'il n'a pas bien compris le sens des exemples qu'il cite ; examinons-les avec lui :

« On enterra Assa dans la sépulture qu'il s'était fait faire dans la ville de David. On le mit
« sur un lit qu'on avait rempli d'épiceries et de parfums divers préparés par l'office du
« parfumeur, et l'on alluma pour lui un bûcher extrêmement grand[3]. »
Joram « mourut dans des souffrances cruelles, et son peuple ne lui fit pas de bûcher comme
« celui de ses pères[4]. »
« Ainsi dit Iehovah au sujet de toi : Tu ne mourras pas par le glaive.
« 5. Tu mourras en paix, et comme on a brûlé les rois tes premiers ancêtres, ainsi on te
« brûlera[5]. »

Ce n'est là qu'une traduction. Voyons cependant comment traduit la Vulgate :

PREMIER EXEMPLE. « Assa fut enterré dans le sépulcre qu'il s'était fait faire en la ville de
« David, et on le mit sur son lit tout rempli d'odeurs et de parfums les plus excellents, où
« les parfumeurs avaient employé toute leur science ; et ils les brûlèrent sur lui (les parfums)
« avec beaucoup d'appareil et de pompe[6]. »
SECOND EXEMPLE. « Joram mourut donc d'une très-horrible maladie ; et le peuple ne lui rendit

1. La Bible traduite par Cahen, Samuel, II, xxi.
2. Id. Ibid. tome VII, page 117 : la note.
3-4. Id. Ibid. Chroniques, II, xvi, 14, et II, xxi, 19.
5. Id. Ibid. Jérémie, xxxiv, 4, 5.
6. Paralipomènes, II, xvi, 14.

« point dans sa sépulture les honneurs qu'on avait rendus à ses ancêtres, *en brûlant pour lui*
« *des parfums selon la coutume* [1]... »

TROISIÈME EXEMPLE. « Vous ne mourrez point par l'épée, mais vous mourrez en paix; *on*
« *vous brûlera des parfums, comme on en a brûlé pour les rois vos prédécesseurs* [2]. »

Laquelle de ces deux versions est la bonne? — Évidemment, celle de la Vulgate;
nous l'allons démontrer :

À part l'exception motivée que nous avons mentionnée au sujet de Saül, toutes
les fois que Dieu, par la bouche des prophètes, veut faire une menace terrible,
équivalente à celle de la privation de sépulture, il emploie invariablement celle du
feu :

« Les peuples, » dit Isaïe, « seront des fournaises de chaux, des ronces coupées que le feu
« consume [3]. »

« Depuis longtemps Topheth est prêt » (Topheth, lieu où se faisaient les sacrifices à
Moloch); « il est préparé aussi pour le roi; il est profond, il est large, son bûcher; du feu et
« du bois en quantité; le souffle de Jéhovah y brûle comme un torrent de soufre [4]. »

Voici maintenant, non plus des menaces, mais deux faits que nous ont transmis les
Chroniques :

« 1. Joschiahou [5] était âgé de huit ans quand il devint roi.
« 2. Il fit le bien aux yeux de Jéhovah, et il marcha dans les voies de David, son père.
« 3. Et dans la huitième année de son règne, il commença à *rechercher* le Dieu de David,
« son père, et dans la douzième année, il commença à *purifier* Iehouda et *Ierouschalaïme*,...
« des hauts-lieux, des idoles sculptées et des idoles fondues.
« 4. On *démolit* devant lui l'autel des Baälime... et *il abattit* les idoles sculptées et les
« idoles fondues; il les broya et en répandit les débris sur les tombeaux de ceux qui leur
« avaient sacrifié [6]. » (*Afin qu'ils fussent punis dans la mort de leur idolâtrie et par leur idolâtrie.*)
« 5. Et *il brûla sur leurs autels les ossements des calenime*, et *purifia* Iehouda et Ierou-
« schalaïme [7]. »

Ce ne fut certainement pas par distinction que Josias brûla ces ossements pour
purifier Jérusalem. Examinons cependant le second exemple :

« 24. Iehoschoua prit Achane, fils de Zéra'h, ainsi que l'argent, le manteau, le lingot d'or,

1. *Paralipomènes*, II, xxi, 19.
2. *Jérémie*, xxxiv, 5.
3. *La Bible*, traduite par Cahen, *Isaïe*, xxxiii, 12.
4. *Id.* *ibid.* *ibid.*, xx, 33.
5. Josias.
6. *La Bible*, traduite par Cahen, *Chroniques*, II, xxxiv.
7. *Id.* *ibid.* *ibid.* v.

« ses fils, ses filles, ses bœufs, ses ânes, son menu bétail, sa tente, tout ce qui était à lui, et
« tout Israël alla avec lui; ils les firent monter vers la vallée d'Achor.

« Iehoschoua dit : Combien tu nous as affligés! que l'Éternel t'afflige en ce jour. Tout Israël
« l'assomma à coups de pierres; on les brûla au feu; on les accabla de pierres.

« 26. On plaça sur lui un grand monceau de pierres, jusqu'à ce jour; et l'Éternel revint
« de l'ardeur de sa colère [1]. »

Ce qui est un honneur pour les uns peut-il être un châtiment, une honte, pour les autres? On couche Assa sur un lit tout parfumé, on allume pour lui un bûcher extrêmement grand; on prive Joram de ce bûcher; le Seigneur annonce à Sédécias qu'il ne mourra pas par le glaive, mais qu'il mourra en paix, et qu'il ne sera pas privé de son bûcher. Assa et Sédécias sont donc honorés par ce bûcher comme Joram puni par la privation de ce bûcher. Ce bûcher est donc un honneur.

Au contraire, les peuples idolâtres sont comme des ronces que le feu consume; le lieu des sacrifices à Moloch est préparé pour brûler le roi impie; Josias le pieux, pour purifier Jérusalem, démolit les autels des faux dieux et brûle sur leurs débris les ossements des pontifes renégats; Josué, par ordre de Dieu, et pour apaiser sa colère, lapide et brûle le fils de Zérah : ces bûchers sont donc des châtiments, ils ne sont donc pas semblables aux premiers, ainsi que l'ont pressenti Jahn, dans son *Archéologie biblique* [2], et Kimchi, dans son commentaire [3]. Les premiers bûchers, comme le dit la Vulgate, servaient donc à brûler des parfums en l'honneur des morts, et les derniers à brûler les morts eux-mêmes, QUAND ON VOULAIT LES CHATIER.

Quant à la qualification de « vallée des cadavres et des cendres » que donne Jérémie [4] à la vallée du Cédron, on doit certainement entendre, ainsi que le dit Raschi : vallée dans laquelle on jetait la cendre des sacrifices [5]. »

Affirmons, d'après la Bible, « qu'on brûlait avec les rois leur lit et autres objets à leur usage [6], » pour les honorer, mais repoussons formellement l'opinion qui veut qu'on ait brûlé leurs corps.

Si les textes nous permettent de trancher ainsi la question, les monuments nous y autorisent aussi formellement. Les Hébreux n'inventèrent certainement pas l'incinération; et quand nous réfléchissons qu'aucun des peuples auxquels ils avaient été soumis, à l'époque des prophètes, n'avait jamais suivi cet usage, nous nous demandons comment ils auraient pu le connaître, ou tout au moins, pour quelle raison

---

1. *La Bible*, traduite par Cahen, *Josué*, II, xxxv.
2. Tome II, page 450.
3. Manuscrit de la Bibliothèque impériale, ancien fonds, n° 75.
4. *La Bible*, traduite par Cahen, *Jérémie*, xxxi, 40.
5. *Id.* tome X, page 116 : la note.
6. Jahn, *Archéologie biblique*, tome II, page 450.

ils l'auraient adopté. Au contraire, l'usage de faire au mort, pendant la cérémonie des funérailles, des offrandes d'encens et de parfums, est un usage égyptien dont nous avons constaté l'existence sur tous les monuments de Memphis et de Thèbes, et il est fort naturel que les Hébreux l'aient emprunté à leurs anciens maîtres, avec tant d'autres choses du culte et de la législation. Les Egyptiens, il est vrai, ne brûlaient pas des offrandes, mais de l'encens, tandis que les Hébreux, qui brûlaient toujours les victimes consacrées à Jehovah, devaient certainement ne pas se contenter de lui offrir de l'encens dans les cérémonies des funérailles, mais bien brûler cet encens en son honneur; cela ne peut être contredit.

L'archéologie, d'ailleurs, science exacte, ne nous permet pas de nous arrêter un seul instant sur cette question. Elle nous montre que tous les peuples qui brûlaient les morts renfermaient les cendres des morts dans des urnes rondes ou carrées, et non dans des cercueils. Or, retrouve-t-on jamais, dans aucun tombeau de la Palestine, contemporain des royaumes d'Israël et de Juda, une seule de ces urnes? Non. Au contraire, on constata toujours invariablement dans les tombes la présence de niches ou de fours à cercueils, en forme de cercueils, avec des fragments de cercueils de pierre ou de couvercles fort longs et reconnaissables. Les Hébreux ne brûlèrent donc jamais les morts, même pas quand ils tombèrent sous la domination des Romains[1], et c'était pourtant là le cas; ils se contentèrent d'emprunter aux Egyptiens l'usage de faire des offrandes à la divinité en l'honneur des morts, et ils brûlèrent ces offrandes comme toutes celles qu'ils adressaient à Dieu. Cela n'a rien que de naturel[2].

XXXVI

Afin de mieux montrer comment les Hébreux acceptaient docilement certains usages des peuples qui les avaient conquis, nous ferons, d'après Flavius Josèphe, le récit des funérailles d'Hérode.

1. L'usage d'enterrer les morts au lieu de les brûler vient aux Juifs des Egyptiens. Tacite, Histoire, liv. v, 5.

2. Je ne pousserai pas plus loin cette discussion, qui eut un certain retentissement à l'époque où je publiai dans le journal la Presse trois lettres sur la crémation. Un commencement de polémique s'engagea entre M. Cahen, traducteur de la Bible, M. Rousseau, qui n'est pas plus hébraïsant qu'archéologue, et moi. M. Cahen n'ayant pas relevé les assertions de ma dernière lettre, je dois supposer qu'il s'est rangé à mon opinion. Quant à M. Rousseau, qui semble tenir beaucoup à son idée de crémation universelle, je ne lui trouve pas une autorité scientifique suffisante pour continuer avec lui une polémique qui doit rester sans résultat. Il me suffit d'avoir obtenu les adhésions de M. de Saulcy, de M. Munch, de M. Oppert. Tous affirment avec moi, après examen des textes, que les Hébreux ne brûlèrent jamais les morts. Les arguments dont nous avons étayé cette opinion nous semblent comme à eux sans réplique. Nous attendrons, pour en fournir de nouveaux, qu'une autorité scientifique plus élevée les attaque.

« Il fut posé dedans une litière d'or enrichie de diverses pierres belles et fort précieuses,
« au reste couverte de pourpre, son corps aussi vestu de pourpre, ayant sur la tête
« une couronne royale, et un sceptre en la main droite. Ses fils et un grand nombre de
« ses parents alloient à l'entour de la litière. Il y avoit puis après les gens de guerre divisés
« par troupes et bandes, selon les nations; le premier ordre estoit des gens de sa garde, puis
« après marchoient les Thraces, après eux les Alemans, et puis les Galates, et tous estoient
« comme en bataille, et le reste de l'armée marchoit après, sous ses capitaines et centeniers.
« Après suivoient cinq cens serviteurs portant des odeurs aromatiques. Cette procession marcha
« jusqu'à Hérodion, tant que huit stades se peuvent étendre; là où le corps d'Hérode fut
« enterré, comme il avoit ordonné auparavant. Après qu'Archelaus eut célébré le deuil de son
« père par l'espace de sept jours, selon la façon du païs, et fait le banquet à toute la multitude
« après le deuil, il monta au temple..., etc. »

Cette cérémonie est toute romaine. La litière dorée, enrichie de pierres précieuses et drapée de pourpre; le corps vêtu de pourpre et tenant un sceptre; la tête couronnée; les soldats de tous pays, en ordre de guerre, tout, jusqu'aux serviteurs portant des parfums, se retrouvera dans les cérémonies funèbres du peuple romain. Un grand nombre de détails manquent, il est vrai, mais les principaux s'y trouvent, et nous suffisent pour affirmer l'origine de cette procession. Il est remarquable que le corps d'Hérode ne fut pas brûlé, à une époque où l'usage de l'inhumation avait presque disparu des habitudes du peuple romain. C'est une nouvelle preuve que les Hébreux ne brûlèrent jamais les morts, et nous pouvons affirmer de nouveau qu'ils auraient certainement adopté cet usage, si leur religion ne le leur avait pas fait considérer comme impie.

Nous en pouvons dire autant de tous les autres usages adoptés pour flatter leur amour du luxe et leur vanité, qu'ils voyaient admis chez les autres peuples et qu'ils n'adoptèrent jamais. Certes, si leur religion ne leur avait formellement défendu de sculpter aucune image de ce qui a vie, ils auraient bien vite adopté ce mode de décoration architectural, le plus élégant de tous. Mais, même à l'époque où, de gré ou de force, ils adorèrent les monstrueuses idoles des Égyptiens, ils ne sculptèrent pas d'images d'hommes sur leurs monuments; et c'est même là le fait le plus saillant qui distingue ceux de ces monuments qui nous sont restés de ceux de tous les peuples de la terre. Disons donc qu'en général, et livrés à eux-mêmes, les Hébreux n'empruntèrent jamais aux nations étrangères que les seuls usages qui ne violaient pas leurs lois antiques et n'avaient pas été formellement prohibés par l'Éternel.

Je sais qu'on pourrait m'arrêter net ici, en me mettant sous les yeux le tableau peu édifiant et fort peuplé de leurs idolâtries, tableau que j'ai retracé moi-même,

---

1. Flavius Josèphe, Antiquités judaïques, traduit par D. Gilbert Genebrard, livre XVII, chap. 10.

Mais je vois, pour expliquer la raison de ces idolâtries, des motifs qui n'existent pas pour expliquer la raison d'impiétés sans but, et par cela seul inadmissibles. Excepté lorsque l'exemple leur vint de leurs rois, les Hébreux ne sacrifièrent jamais aux faux dieux que contraints par leurs maîtres idolâtres, ou poussés par des maux dont ils demandaient le remède aux dieux étrangers, lorsque le leur paraissait les abandonner. Je ne cherche pas à les excuser ici, je constate. Nous comprendrons tous que, perdus dans le désert, pendant les quarante jours où Moïse recevait, loin de leurs regards, la loi de Dieu, ils aient eu l'idée d'implorer les dieux d'Égypte, « afin que ces dieux marchassent devant eux[1], » pour les tirer d'une contrée affreuse, car ils croyaient Moïse perdu, « et ne savaient ce qui lui était arrivé[2]. » Nous comprendrons encore que, gouvernés par Salomon à demi abruti par ses femmes étrangères, ils aient toléré le culte de ces femmes à quelques pas de la ville sainte, et que, soumis aux Assyriens, ils aient adoré les dieux d'Assyrie pour complaire à leurs nouveaux maîtres. Mais outrager les morts en les brûlant, uniquement pour le servile plaisir d'imiter les Grecs qui les laissèrent toujours fort tranquilles, et les Romains qui ne songeaient pas encore à les conquérir; mais violer la loi de Dieu, uniquement pour représenter sur leurs monuments des sculptures d'hommes et de bêtes auxquelles on ne rendait aucun culte, voilà ce qui serait vraiment incompréhensible, et ce qui n'arriva jamais. Après les preuves des textes et celles de l'archéologie, la plus faible lueur du bon sens nous autorise à l'affirmer.

Et l'on ne peut pas combattre ces vérités en citant les exemples des représentations de chérubins et de bêtes que Salomon fit sculpter sur le temple et sur son trône, car nous savons que les Hébreux avaient certainement limité ces représentations défendues au décor des objets sacrés.

1. *La Bible*, traduite par Cahen, *Exode*, XXXII.
2. *Id.* *ibid.* *ibid.*, XXXII, 1.

FIN DE LA PREMIÈRE PARTIE.

HÉBREUX

DEUXIÈME PARTIE

MONUMENTS FUNÈBRES

I

Nous avons affirmé, au commencement de ce livre, que les Hébreux, de même
que tous les peuples du monde, avaient emprunté aux Égyptiens l'idée-mère de leur
mode de sépulture. Toutefois, autant qu'on peut en juger par de nombreuses ruines,
les Hébreux différaient de leurs maîtres en un point essentiel : ils ne cachaient
pas les tombes avec défiance, mais ils se contentaient souvent de rendre leur accès
difficile, soit en dissimulant l'entrée du monument sépulcral, soit en l'obstruant
par des portes massives qu'un mécanisme ingénieux et secret faisait ouvrir. Cette
différence, à première vue, semble peu sensible, mais elle acquiert une grande
importance lorsqu'on réfléchit aux motifs qui la causèrent. Les Égyptiens semblent
s'être exclusivement préoccupés d'une seule chose en construisant leurs hypogées :
le repos absolu du cadavre, la soustraction complète de sa demeure aux recherches
des violateurs; et nous savons que leur religion les y obligeait, en quelque sorte,
en enseignant aux hommes ses dogmes étranges sur la vie future et la résurrection.
Les Hébreux, au contraire, ne tenaient sans aucun doute au repos des morts que
par respect humain, un peu plus que nous n'y tenons nous-mêmes; et lorsque
leurs prophètes affirmaient qu'un jour Dieu les tirerait de la poudre, ils ne
craignaient pas de voir ce Dieu puissant échouer dans son œuvre, dans le cas où
leurs corps auraient été dispersés par lambeaux. En un mot, les Égyptiens voulaient
que leurs dépouilles se conservassent dans leur entier, parce qu'à cette condition
seule leurs âmes pouvaient continuer à suivre le cercle de la vie future dans le même
état, et les Hébreux, en obstruant l'entrée des tombeaux de leurs pères, obéissaient
tout simplement au sentiment religieux qui veut que de tels monuments soient
toujours respectés. Lors même qu'ils rendaient les sépulcres inaccessibles aux viola-

teurs, à l'aide d'inventions ingénieuses, ils avaient surtout en vue de sauvegarder les trésors qu'ils renfermaient.

Dans les premiers temps, les Hébreux, ainsi que nous l'avons fait observer, utilisèrent les cavernes naturelles des montagnes de la Palestine pour y renfermer les morts. Quand la caverne ne se trouvait pas suffisamment profonde, ils la façonnaient et la taillaient, ainsi que nous le voyons dans le prophète Isaïe : « Qu'as-tu ici et qui « as-tu ici, que tu te creuses ici un sépulcre? Il creuse *dans la hauteur* son sépulcre, « il *taille* dans le rocher sa demeure[1]. » Les textes seuls suffiraient pour prouver que, presque toujours, ces sépulcres étaient creusés dans les montagnes : « On ensevelit « Josué dans les limites de son héritage, à Timnath Sera'h, qui est sur la montagne « d'Ephraïm[2]. » Éléazar, fils de Aharone, mourut; on l'ensevelit sur la colline de son fils Pin'hasse, qu'on lui avait donnée sur la montagne d'Ephraïm[3]. Ces deux passages nous montrent aussi qu'on n'ensevelissait jamais les morts au hasard, dans le premier endroit venu, mais bien dans des propriétés particulières à ce destinées; nous nous rappelons sans doute la vente qu'Ephron de Het fit à Abraham : les sépulcres étaient-ils mieux garantis cependant, étant des propriétés? Il est certain qu'on le croyait.

Monuments funéraires.

Si nous ne pouvions puiser que dans les textes seuls des indications sur les sépultures des Hébreux, nous nous verrions fort embarrassés pour les décrire, et ce serait sans doute regrettable, car elles nous offrent des particularités fort différentes de celles qu'on peut observer chez les autres peuples. Heureusement, parmi tant d'explorateurs qui sont allés porter le tribut de leur admiration à la Palestine, deux voyageurs très-avisés ont rapporté de leur expédition des renseignements du plus puissant intérêt. De plus, l'un d'eux, M. de Saulcy, a émis sur l'origine des tombeaux de Jérusalem une opinion toute nouvelle, et que je crois fondée; et l'autre, M. Salzmann, en transportant, pour ainsi dire, ces tombeaux parmi nous, nous a parfaitement mis à même de les juger. Les plans, les mesures et les descriptions du premier, comme les photographies inattaquables du second, vont nous permettre de décrire, à notre tour, au point de vue de l'histoire des mœurs et coutumes, ces monuments extraordinaires, et de donner notre humble avis dans la discussion passionnée qui s'est élevée à ce sujet entre les savants.

Mais n'anticipons pas sur la description par la critique, et examinons, en premier, les différents modes de tombeaux de Jérusalem.

Ainsi que nous l'avons prouvé par les textes, en étudiant les lois funéraires des Israélites, ce peuple, de même que tous ceux de l'antiquité, et certainement avec plus

1. *La Bible*, traduite par Cahen, *Isaïe*, xxii, 16.
2. Id.   ibid.   *Josué*, xxiv, 30.
3. Id.   ibid.   ibid.,   33.

de rigueur que les autres, interdit, de tout temps, l'enceinte de ses villes aux emplacements des sépultures. Les monuments funèbres eux-mêmes nous le montrent : on n'en rencontre jamais aucun dans l'intérieur de la ville de Jérusalem; et les trois vallées de Siloam, de Hinnom et de Josaphat qui l'entourent, —les deux dernières surtout,— en sont encore jonchées.

A première vue, et lorsqu'on se contente d'examiner le plan des tombeaux, ils semblent tous avoir été construits d'après le même mode; et cependant, en étudiant avec soin les détails de leur construction et leur apparence extérieure, on ne tarde pas à distinguer un second mode,—dérivé du premier, il est vrai,—mais essentiellement différent dans la forme; et ce second mode, dont on n'a observé que de rares exemples, n'est certainement pas le moins intéressant des deux, car il nous indique le point de départ du système de transition qui relie les monuments isolés des montagnes, en usage chez les Grecs et les Romains, aux monuments intérieurs, taillés dans la masse des montagnes, inventés par les Égyptiens et adoptés tour à tour par les Perses, les Arabes, les Étrusques, les Hébreux et les Grecs primitifs habitant les côtes de l'Asie-Mineure, ainsi que nous l'avons observé déjà et que nous le prouverons plus tard.

Le premier mode est donc purement égyptien par son système de construction. C'est toujours une porte plus ou moins large, habituellement carrée, et plus ou moins ornée, tantôt par un fronton, tantôt par une frise, avec des palmes et des guirlandes, s'ouvrant dans la face verticale de la montagne, le plus souvent au niveau du sol, et donnant accès dans un vestibule d'où partent les couloirs conduisant aux tombes. Les grottes, assez rares, de la vallée de Siloam, et celles de la vallée de Hinnom, plus nombreuses, qui servirent aussi bien aux Jébuséens qu'aux Israélites, nous le prouvent. Ces dernières même sont tellement spacieuses qu'elles furent habitées longtemps par les cénobites, et leur ornementation extérieure rappelle, à s'y méprendre, tantôt celle des hypogées de Thèbes, tantôt celle des nécropoles étrusques, qui en dérivaient certainement. Presque toutes consistent en larges excavations s'ouvrant au bord du chemin, à des hauteurs différentes, parfois dans la face aplatie de la montagne, souvent dans une espèce de renflement ou d'avant-corps. De chaque côté partent du sol d'énormes gradins demi-circulaires, aboutissant à d'autres excavations plus élevées, et s'ouvrant sur les côtés et au-dessus de l'excavation principale. Quelques-uns de ces jours béants sont aujourd'hui situés à des hauteurs inaccessibles, et il est probable qu'autrefois d'étroits sentiers rendaient leur abord plus facile. Le plus habituellement ils sont au ras du sol, et leur système de décoration se rapproche de celui que les écrits sacrés nous ont transmis sur le temple et le palais de Salomon. Ici c'est une frise sculptée dans le roc même, surplombant deux montants adoucis au sommet, mais sans ornements. Entre des triglyphes ou de simples encadrements, cette frise présente des métopes portant chacune un ornement différent : la grappe de raisin traditionnelle, la couronne tantôt isolée, tantôt doublée d'une rosace intérieure, enfin des modillons en forme de macarons à palmettes rayonnantes[1], en guise de patères. Là, c'est un fronton aigu formé d'une doucine et surmonté d'une crête, dominant une porte à crossettes assez profondément entaillées, mais sans ornements visibles;

ou bien de simples baies, uniformes dans leur structure, et ne diffèrent que par la hauteur, la largeur et l'épaisseur de leurs appuis. Les crossettes se retrouvent dans l'encadrement fort simple de ces baies aux côtés inclinés en forme de pylônes. Quant

aux excavations de la vallée de Josaphat, elles sont tellement pressées les unes contre les autres, en certains endroits, qu'elles ressemblent aux excavations égyptiennes,

1. Retraite des Apôtres.

depuis qu'on les a déblayées de la terre et des pierres qui les masquaient; et
l'ornementation de leur porte présente généralement des détails semblables à ceux
des deux autres vallées. L'une de ces portes est une large ouverture carrée pratiquée
à vingt pieds de hauteur; et deux colonnes avec deux demi-pilastres d'ordre ionique
supportent alors une architrave surmontée d'une frise partagée en dix triglyphes,
le tout entaillé dans le roc [1]; l'autre est une simple baie, de forme carrée et sans
ornements [2]; une autre encore présente un fronton à angle très-ouvert entaillé dans
la pierre avec une énorme palmette se dressant à chaque angle, une double palme
figurée au milieu en forme de lyre, et des enroulements de feuilles et de fruits se
perdant aux angles aigus, encadrés dans un double trait fort large [3]. La plus belle
de toutes ces excavations consiste en un large vestibule, autrefois soutenu par deux
colonnes prises dans le roc, aujourd'hui brisées. La frise qui règne sur la face même
du rocher est sculptée avec une grande délicatesse. Le centre de cette frise est
occupé par une grappe de raisin accompagnée, de chaque côté, d'une couronne,
d'une triple palme en forme de lyre, puis de triglyphes alternant avec des patères
ou boucliers. Au-dessous court une riche guirlande de feuillages et de fruits

retombant de chaque côté de l'ouverture du vestibule. Enfin, au-dessus de la ligne
des triglyphes, une belle corniche, formée de moulures élégantes, s'élève jusqu'au

1. Tombeau de saint Jacques.
2. Tombeau du fronton.
3. Tombeau de Josaphat.

sommet de la roche, c'est-à-dire jusqu'au niveau du sol de la campagne qui surplombe cette porte charmante[1]. Une dernière excavation nous offre la double représentation d'un fronton très-orné au-dessus de la grande porte de son vestibule et de celle beaucoup plus étroite qui donne entrée dans le tombeau[2]. De ces deux frontons, le premier, encadré dans de belles moulures, est orné aux angles extrêmes d'acrotères élevés et en palmette, et au sommet d'un ornement analogue, malheureusement détruit aujourd'hui. Le tympan présente d'élégants rinceaux, de feuillages, de fleurs et de fruits, avec une triple palme au milieu, formant le sujet principal. Le second fronton, dominant une porte encadrée d'une moulure à crossettes, est également décoré d'acrotères, et son tympan est rempli d'une seule feuille élégamment découpée. — Tels sont les objets, tous conçus dans le même esprit et exécutés dans le même style, qui décorent les ouvertures extérieures. C'est le système égyptien avec des ornements annonçant de loin la disposition grecque.

Quant au plan des tombeaux, il est encore bien plus égyptien. C'est toujours le même système de tâtonnements, subordonnant la disposition des chambres et des couloirs à l'épaisseur des veines de pierre, tantôt se jetant de côté pour éviter des parties friables, tantôt montant ou descendant pour tourner des filons trop durs. Aussi, comme la plupart des tombes de l'Égypte, les tombes de la Judée ne présentent-elles jamais un plan régulier, s'alignant par parties égales aux deux côtés de la porte, ou se creusant horizontalement à la même hauteur, ainsi que l'architecte l'eût certainement voulu faire, s'il n'avait pas toujours rencontré des obstacles insurmontables dans la disposition et la qualité des matériaux.

Un autre motif contribua aussi à l'irrégularité du plan des tombeaux. En commençant à les creuser, on ne pouvait jamais connaître exactement le nombre de cercueils qu'ils pourraient renfermer un jour. Aussi, lorsqu'ils étaient destinés à une famille nombreuse, commençait-on par donner de vastes proportions à la porte et aux vestibules, et ces vestibules sont-ils toujours parfaitement réguliers et géométriquement placés, par rapport à l'entrée principale. Mais à peine s'occupe-t-on à creuser les niches horizontales destinées aux cercueils, que l'irrégularité commence pour se répéter dans toutes les autres parties du monument souterrain. On pratique d'abord dans l'une des parois de la première chambre un assez grand nombre de niches, mais, ces niches une fois comblées par les morts, il faut nécessairement creuser une autre chambre; et jamais, remarquez-le bien, cette chambre n'est semblable à la première par ses dimensions, par le nombre et la disposition de ses niches; elle n'est jamais régulièrement placée par rapport à la porte, motif principal; elle n'est même pas toujours sur le même plan que le vestibule, et il faut monter ou descendre plusieurs

1. Tombeaux des rois.
2. Tombeau des juges.

marches pour y pénétrer. Enfin, lorsqu'on veut creuser une troisième et une quatrième chambre, l'irrégularité est encore bien plus choquante, et c'est alors que, le rocher ne présentant plus de matériaux satisfaisants à la hauteur où l'on se trouve, on descend d'un étage pour répéter au-dessous le système de la disposition supérieure; mais cette disposition ne se trouve jamais pareille quant à l'étendue, aux dimensions des salles, au nombre et à l'emplacement des niches. Le hasard seul, en Judée, présidait donc à la construction des monuments funèbres, et n'eussions-nous que cette unique indication pour déterminer l'âge de ces monuments, qu'elle nous suffirait. Heureusement il y en a d'autres. Citons quelques exemples cependant.

Le tombeau attribué par M. de Saulcy aux rois de Juda présente « un plan incliné vers l'est, placé entre deux jumelles de rochers, et aboutissant à une paroi verticale. Au fond de cette espèce de cour, dans la muraille de gauche, est percée une porte en plein cintre débouchant sur une large cour carrée. Dans la muraille ouest de cette cour s'ouvre un large vestibule autrefois soutenu par deux colonnes *prises dans le roc même*, et par deux piliers faisant corps avec la muraille de rocher. Au fond de la paroi de gauche de ce vestibule, on aperçoit une petite porte fort basse et sous laquelle on ne peut passer qu'en rampant. C'est l'entrée des caveaux. Cette entrée était jadis *déguisée avec soin* par un système de fermeture ingénieux et compliqué, consistant en un disque de pierre d'une grande épaisseur, roulant dans une rigole circulaire qui venait s'appliquer contre la baie, et qu'on ne pouvait mouvoir, sur le plan incliné que lui offrait la rainure, qu'à l'aide de la pression d'un levier. Derrière ce disque se trouvait une porte massive, également en pierre, ouvrant dans une salle carrée, dont les côtés sont parallèles à ceux du vestibule [1]. »

Jusqu'ici, comme on le voit, l'architecte a taillé à son aise et dans le grand la masse de la montagne. Une première cour, une seconde, un large vestibule soutenu par des colonnes, puis un couloir conduisant à une grande salle carrée : rien de cela ne sert encore à renfermer les tombes. Remarquons cependant qu'une première difficulté s'était déjà présentée : le vestibule est bien juste placé en arrière de la cour, mais la salle carrée ne se trouve pas en arrière du vestibule, comme le voulait une sage ordonnance; elle est placée à la gauche, et tout le détail des salles funèbres se développe dans cette partie.

Cependant trois portes s'ouvrent dans ce vestibule, non pas séparées par des intervalles réguliers, car il n'y a rien d'uniforme et de régulier dans ce précieux monument, mais l'une à peu près au milieu de la paroi du fond, et les deux autres presque aux angles de celle de gauche. Celle du fond donne accès dans une salle contenant, sur trois faces, neuf ouvertures, trois par face, sur lesquelles six seulement ont été

Exemples : tombeaux des rois de Juda.

---

1. De Saulcy, *Voyage autour de la mer Morte*, tome II, page 273 et suivantes.

destinées à des cercueils; aucune des six ne se ressemble. La première porte, celle qui est la plus rapprochée de l'angle du fond, ouvre par un couloir oblique dans une autre salle qui ne contient que six tombes; et une ouverture, placée à droite de la porte d'entrée, conduit par un escalier de six marches, suivi d'un palier incliné, à une autre chambre basse. La troisième porte enfin conduit à une troisième salle funèbre renfermant également six tombeaux. Chacune de ces portes était close par des dalles de pierre [1].

On le voit encore, de même que les Égyptiens, les Hébreux étaient forcément obligés de se soumettre à la nature des matériaux qu'ils bouleversaient pour creuser leurs tombes, et le plan de leurs édifices souterrains ne dépendait pas de la volonté de l'architecte, mais bien du hasard qui leur présentait plus ou moins d'obstacles.

La disposition des tombes n'est pas moins intéressante que le plan de la nécropole. Chaque tombe consiste d'abord en une large rainure destinée à recevoir une saillie ménagée au-dessous de la caisse du sarcophage, afin de fixer celui-ci solidement. La tête du sarcophage, mis en place, devait masquer une ouverture donnant accès dans un réduit carré, destiné à renfermer les trésors et objets précieux. Toutes les tombes n'avaient pas de cachettes à trésors.

Quant aux sarcophages, des deux seuls que M. de Sauley ait retrouvés, et qui s'harmonisent parfaitement avec la décoration extérieure de l'édifice, le premier ne nous offre qu'un couvercle arrondi, en forme de demi-cylindre ou de cylindre fendu dans le sens de sa longueur, orné de six rosaces, trois de chaque côté, avec une patère à un bout et deux fleurs inclinées vers une rosace à l'autre bout. Le second, déposé au Louvre [2], est de forme pareille, mais d'une décoration beaucoup plus riche, consistant en guirlandes de feuillages et de fruits insérées dans un double encadrement, semblable aux tores égyptiens et phéniciens. M. Salzmann a reproduit par la photographie d'autres fragments de ces sarcophages.

Tombeau
des Prophètes.Le tombeau dit des Prophètes nous convaincra mieux encore de l'imitation du système égyptien, en nous présentant une disposition tout à fait différente de celui des rois, mais également irrégulière dans son plan.

« À mi-côte du mont des Oliviers, dit M. de Sauley [3], on rencontre, au pied d'un petit rideau de roches, une rampe très-abrupte de quelques mètres de longueur, conduisant au fond d'une rotonde en dôme, creusée dans le roc. Cette rotonde, formant vestibule, est percée de quatre baies aux extrémités de deux diamètres perpendiculaires l'un à l'autre. Trois de ces baies, deux de chaque côté et celle du fond, ouvrent sur des couloirs aboutissant tous trois à une galerie circulaire, dans l'épaisseur de laquelle

---

1. De Sauley, tome II, page 220 et suivantes.
2. Sous le numéro 579 du Musée assyrien.
3. *Voyage autour de la mer Morte*, tome II, page 284 et suivantes.

sont creusés des fours à cercueils rayonnant vers le vestibule. Mais cette galerie n'est pas circulaire dans son entier. Sur le flanc droit, l'architecte rencontrant des couches de silex qu'il ne pouvait forer, fit tailler quatre marches aboutissant à une petite chambre carrée qui contient cinq fours à cercueil. » Nous aurons tout dit sur cette véritable nécropole en ajoutant qu'une seconde galerie de dégagement court entre la première et la rotonde; — des couloirs droits réunissent ces deux galeries; — enfin à l'une de ses extrémités la seconde galerie se prolonge au delà du diamètre de la rotonde, laisse voir une niche à cercueil isolée, puis s'amincissant de plus de moitié, débouche dans une petite salle carrée correspondant avec deux autres salles à droite et avec un autre couloir à gauche, lequel couloir, se courbant capricieusement dans l'épaisseur de la montagne, laisse voir deux autres petites pièces, et va enfin se perdre fort loin, à peu près comme les couloirs des pyramides d'Égypte, destinés à égarer les recherches des violateurs. Tout au fond du plan, juste en face de la rotonde, se trouve une chambre ouvrant sur la galerie la plus longue et contenant aussi un four à cercueil. Parmi une foule d'inscriptions tracées sur les murs des chambres, M. de Saulcy en remarqua une en caractères démotiques égyptiens, mentionnant le titre d'un prêtre de Rê. Si la disposition même du monument ne nous donnait pas sa date, cette inscription s'en chargerait. Heureusement elle nous apporte une preuve superflue.

Deux autres tombeaux, ceux de saint Jacques et des Juges, nous restent à décrire pour clore la série des monuments du premier mode, du mode égyptien pur, quant au plan, bien entendu.

Le premier se compose d'un vestibule pris dans la masse du roc, soutenu par deux

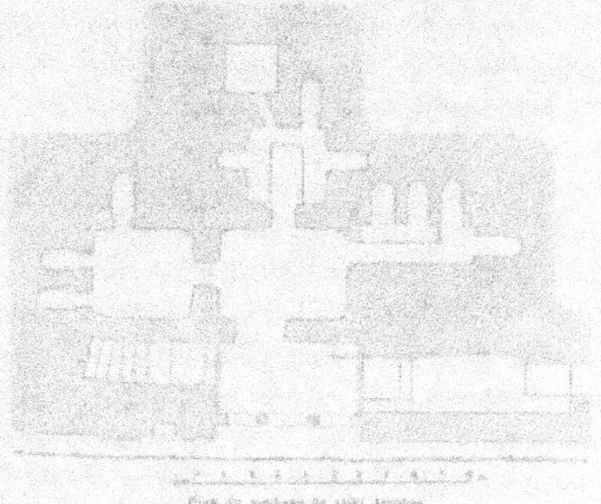

Plan du tombeau de saint Jacques.

colonnes et deux demi-pilastres d'ordre dorique. Ce vestibule est percé de trois portes, l'une ouvrant sur un escalier à ciel ouvert, conduisant sur le rocher, au-dessus du caveau, l'autre menant par un long couloir à une cour dans laquelle se trouva un second tombeau; la troisième enfin, celle du fond, donne accès dans une antichambre où s'ouvrent trois portes conduisant à des chambres sépulcrales carrées, à parois forées de niches à cercueils[1].

Tombeau des juges.

Le second se compose d'un vestibule, au fond duquel s'ouvre une porte unique donnant sur une grande salle sépulcrale carrée, flanquée à gauche de deux rangées superposées de niches à cercueils. Dans la paroi du fond de cette salle s'ouvre une porte donnant dans une autre salle plus petite, qui présente trois niches à cercueils sur chacune des trois parois du fond. Au centre de la paroi de droite s'ouvre une autre porte conduisant à une salle de même disposition que la précédente. Enfin à l'étage inférieur, mais non directement au-dessous de celui que nous venons de décrire, se rencontre tout un système de chambres semblables. La totalité des niches à cercueils de ce beau monument est de soixante[2].

Tels sont les restes des monuments construits dans l'esprit du système égyptien proprement dit, que nous rencontrons à Jérusalem. Mais nous avons parlé d'un second mode, fort important en ce qu'il établit le point de liaison entre le premier et celui que nous verrons en usage chez les Grecs et les Romains. Examinons-le donc, dans les deux spécimens fort curieux qui nous ont été conservés.

Second mode.

Nous savons déjà qu'en Égypte existaient deux modes fort différents de constructions sépulcrales. Le premier consistant en excavations pratiquées dans les parois des montagnes, le second en monuments isolés, faits de matériaux nombreux et rapportés. Le premier mode donna naissance aux hypogées, le second aux pyramides; et bien que le système d'ouverture, de clôtures, de chambres et de couloirs des pyramides concordât exactement avec celui des hypogées, ces monuments ne formaient pas moins des objets complétement différents, quant à la forme et au mode de construction.

Nous rencontrons exactement les mêmes divisions chez les Hébreux. Bien plus, nous ne craignons pas de dire que les Hébreux, dans le système de construction adopté par eux, pour élever les monuments sépulcraux isolés des montagnes, se montrèrent plus Égyptiens que les Égyptiens eux-mêmes; car ces derniers, en employant des matériaux rapportés pour édifier les pyramides, s'éloignaient complétement du système des constructions monolithes (d'un seul morceau), tandis que les Hébreux, ainsi que nous allons le voir, ne construisant, ne maçonnant pas leurs tombeaux isolés, mais façonnant sur place d'énormes blocs de rochers, les évidant à l'intérieur, et les séparant par des tranchées du reste de la montagne, se montrèrent ainsi plus rigoureux observateurs du système égyptien que le peuple qui avait créé ce système.

1. De Saulcy, *Voyage autour de la mer Morte*, tome II, page 132 et suivantes.
2.   *id.*   *ibid.*   tome II, page 238 et suivantes.

Ce n'était donc pas sans raison que je disais, qu'à première vue, les Hébreux paraissaient n'avoir connu qu'un seul mode de construction sépulcrale, celui des constructions monolithes. Il n'y a pas grande différence, en effet, entre tailler le flanc d'une montagne, découper sur la face un fronton ou une frise, sculpter cette frise, isoler deux blocs de pierre en les façonnant en colonnes, découper des portes toujours dans le même bloc; puis s'enfonçant dans les profondeurs de la masse, répéter tout ce système d'évidement plutôt que de construction, dans les salles nombreuses qu'on veut établir; il n'y a pas grande différence, dis-je, entre ce mode et celui qui consiste à ouvrir deux énormes tranchées dans le flanc d'une montagne, à les réunir en arrière par une autre tranchée perpendiculaire, et à établir ainsi une espèce de cour, au milieu de laquelle se dresse un bloc énorme monolithe, enraciné dans le sol; puis à façonner ce bloc, lui donner la forme d'un naos ou d'une chapelle, et le forant enfin à l'intérieur, l'évider complétement et y découper des gradins et des chambres, avec la naïve industrie d'un enfant qui perce un trou dans un marron, tire par ce trou toute la matière que recouvre la peau, et se fabrique ainsi une petite boîte.

Or, il n'existe pas d'autre différence entre les deux modes de construction sépulcrale des Hébreux. Nous avons décrit le premier, passons au second.

Le tombeau de Zacharie, dit M. de Saulcy [1], s'élève au pied du mont des Oliviers. Sa base est inscrite dans un carré de cinq mètres cinquante-trois centimètres de côté.

Système
de construction.

Tombeau
de Zacharie.

Chaque face présente deux colonnes ioniques et deux demi-colonnes placées dans les aisselles de deux pilastres d'antes. La face ouest a seule été terminée avec soin, les autres ne sont, pour ainsi dire, qu'à l'état d'ébauche. Au-dessus des chapiteaux règne une architrave surmontée d'une corniche *évidemment* [2] *égyptienne*, et formée

1. *Voyage autour de la mer Morte*, tome II, page 309 et suivantes.
2. Les mots que je souligne ne se trouvent pas dans la description de M. de Saulcy. Je les ai placés là pour poser à l'avance le point de départ de mon opinion sur la date du monument.

d'un tore ou boudin, *en complet désaccord avec les proportions grecques*. Le tout est couronné par une petite pyramide quadrangulaire équilatérale. Les chapiteaux sont ioniques. Au-dessous du chapiteau, le fût de la colonne est garni d'une guirlande de cannelures amorcées, assez semblables à de petites niches.

Nous reproduisons, dès à présent, la vue d'un tombeau égyptien, copié sur une fresque de Thèbes qui fait partie de l'album de notre premier volume, afin de montrer sans commentaires à quel point le tombeau de Zacharie ressemble aux édifices sépulcraux des bords du Nil. Sauf les détails d'architecture, c'est absolument une répétition.

Tombeau d'Absalom

Le second tombeau[1], attribué par la tradition à Absalom, fils de David, n'est monolithe que par la base jusqu'à la partie supérieure de la corniche. Cette base est inscrite dans un carré de six mètres quatre-vingts centimètres de côté. Sur chacune des faces se détachent deux colonnes ioniques, et deux demi-colonnes placées dans les aisselles de deux pilastres d'antes. Sur cet ordre ionique est placée une frise dorique, comportant treize parties inscrites dans quatorze triglyphes. Au-dessus de cette frise court une véritable corniche égyptienne, composée d'un énorme tore que surmonte un demi-cavet, évidé en larmier. Le couronnement du mausolée se compose d'un dé carré, terminé par une petite corniche, surmontée d'une plate-forme. Au-dessus s'élève une partie cylindrique, sur la surface de laquelle règne un cordon. À sa partie supérieure, le cylindre est terminé par un tore, figurant un énorme câble tordu. Immédiatement au-dessus, se dresse enfin une espèce de toit arrondi sensiblement évidé en gorge, et couronné par un gros bouquet de palmes.

Il est évident pour moi que, sur le plan de l'architecte, ce monument devait être

1. *Voyage autour de la mer Morte*, II, 288 et suivantes.

monolithe dans son entier. Mais après avoir isolé le bloc de la masse de la montagne,
l'artiste rencontra vraisemblablement quelque couche de pierre défectueuse, qui
l'obligea à l'étêter. La preuve de ce que j'avance se rencontre dans le mode de
construction adopté pour la partie supérieure, et s'indique dans la coupe que nous
pouvons en donner, grâce à l'obligeance de M. de Saulcy. Les matériaux employés
pour construire cette partie, n'auraient laissé par leur épaisseur, aucun vide dans
l'intérieur de l'édifice, si l'on n'avait pas voulu alléger la maçonnerie, d'après le
système employé dans les pyramides d'Égypte. Les murs se trouvent ainsi d'une
épaisseur en complet désaccord avec tout ce que la solidité la plus durable peut

Plan et coupe du tombeau d'Absalon.

exiger. On a outré la force de ces murs, et sans la crainte de les voir crouler par
leur propre pesanteur, on les eût certainement construits de blocs occupant tout
l'espace, afin de laisser au tombeau le caractère monolithe dans lequel il fut conçu.

La chambre intérieure de ce tombeau est creusée dans la masse monolithe de la
base. On y pénètre par une petite porte ouverte au-dessus de la corniche égyptienne,
et par des gradins. Cette chambre est tellement encombrée de débris qu'on ne peut
se former une idée de la disposition du sol.

Tels sont les deux uniques et très-précieux spécimens du second mode de construction
sépulcrale que nous rencontrons chez les Hébreux. Mais nous n'avons rempli que la
moitié et la plus facile partie de notre tâche en les décrivant; il s'agit maintenant de

retrouver leur date. Nous allons procéder à ce travail, selon notre habitude, en puisant nos preuves, d'abord dans les textes sacrés, ensuite dans les lois rigoureuses et précises de l'archéologie, lois singulièrement mal comprises jusqu'ici, disons-le hardiment, par les nombreux critiques qui n'ont pas craint d'assigner une date récente à ces vénérables monuments.

Chacun m'accordera, je l'espère, que tous ces monuments, sans exception, sont du même âge, et dérivent du même système d'art et de construction. Nous avons vu que leur plan était exactement semblable, et les mêmes motifs de décoration, dans les frises et les chapiteaux, se retrouvent exactement sur chacun d'eux. Examiner le plus important d'entre eux sera donc les examiner tous. Prenons donc le tombeau des Rois.

Il existait à Jérusalem ou aux environs des sépulcres royaux. Josèphe[1] et la Bible nous le disent.

Le livre des Rois et les Chroniques se servent invariablement, pour désigner l'emplacement des tombeaux, de l'expression *dans la ville de David*. M. de Saulcy affirme que, par ces mots, on doit comprendre la ville et ses environs très-rapprochés, sa banlieue ; en un mot, aussi bien la ville proprement dite que les vallées qui longeaient ses murs. C'est comme on dirait aujourd'hui qu'un tel fut enterré à Paris lorsqu'on le porte à l'un des quatre cimetières, *situés tous hors des murs*. Je crois cette opinion très-fondée, et je puis prouver que l'habitude des historiens de tous les temps fut de se servir d'expressions aussi peu précises, dans des cas semblables. Personne, j'espère, n'osera affirmer que, du temps des Mérovingiens, les églises de Sainte-Geneviève et de Saint-Germain-des-Prés étaient comprises *dans* la ville de Paris, et cependant voici ce que dit Grégoire de Tours, en deux endroits différents : « La sœur de « Childebert mourut en route.... elle fut portée *à Paris où on l'enterra* près de « Clovis, son père[2] ». Précédemment il avait dit : Clovis fut enterré dans la basilique « des Saints-Apôtres[3] », qui est l'église Sainte-Geneviève. — Voici le second exemple : « L'évêque de Senlis transporta le corps de Chilpéric sur un bateau, et l'ensevelit à « *Paris*, dans la basilique de Saint-Vincent[4] », qui est Saint-Germain-des-Prés. — Si ces deux exemples ne suffisent pas, j'en ai vingt autres sous la main que je suis prêt à donner.

Les chroniques mentionnent un certain nombre de rois, comme ayant été inhumés dans les sépulcres royaux, d'autres comme y ayant fait préparer inutilement leurs tombes, d'autres enfin comme n'ayant pu venir y reposer. En comparant le nombre de ces trois séries de rois, avec celui des tombes achevées et inachevées qui se

1. *Guerre judaïque*, I, IX, 1 ; *antiquités judaïques*, XII, VII, 4.
2. Grégoire de Tours, *Histoire ecclésiastique des Francs*, livre III, X.
3.   *Id.*   *Ibid.*   livre II, XLIII.
4.   *Id.*   *Ibid.*   livre VI, XLVI.

trouvaient dans le monument, M. de Saulcy prouva que ce nombre était exactement le même. Est-il possible que le hasard, demande-t-il, ait présidé à cette rencontre? Quelqu'un lui a répondu : Oui; moi je dis non. Mais ce n'est là qu'une opinion, cherchons des preuves.

En voici une que me fournissent les chroniques :

« Ouziahou se coucha auprès de ses ancêtres, on l'enterra auprès de ses ancêtres; *dans le* « *champ où étaient les tombeaux des rois*, parce qu'ils dirent : Il est lépreux [1] ».

En voici une autre, à laquelle on n'a pas, jusqu'ici, accordé assez d'attention :

« A'haz se coucha auprès de ses ancêtres et on *l'enterra dans la ville, à Ierouschalaïmc*, car « *ils ne le transportèrent pas dans les tombeaux des rois* d'Israël [2] ».

Le tombeau des rois se trouvant dans un champ, A'haz étant enterré dans la ville *parce qu'on* ne voulut pas le mettre dans le tombeau des rois, comment donc peut-on affirmer que ce tombeau était sur le mont Sion?

Y avait-il donc des champs sur le mont Sion? S'il faut en croire les Talmudistes, il n'était permis à personne de cultiver même des jardins ou des vergers dans l'enceinte de la ville [3]. A plus forte raison n'y pourrait-on pas posséder de champs.

F. Josèphe, faisant la description des murailles de Jérusalem, place un tombeau qu'il appelle *les cavernes royales* exactement à l'endroit où se trouve celui qui nous occupe [4], et il en parle comme d'un monument parfaitement distinct du tombeau d'Hélène, reine des Adiabènes. On a répondu à cette citation que Josèphe avait nommé ce monument *les caves royales*, seulement à cause de son caractère de magnificence [5]; comme pour dire, sans doute, qu'il était digne des rois, mais qu'il ne renfermait pas leurs corps. Cette objection ne mérite guère qu'on la relève, Josèphe n'était certainement pas aussi subtil qu'on le veut faire croire, et il ne put appeler *caves royales* que les caves renfermant les cadavres des rois, de même qu'au xiii° siècle, à Paris, on appelait l'église de Saint-Denis, *le cimetière royal*, parce qu'elle était le cimetière des rois.

Voici maintenant l'objection la plus forte qu'on puisse opposer à M. de Saulcy, mais par malheur elle est loin de donner raison aux critiques qui veulent que les sépulcres royaux aient été creusés dans le mont Sion. Personne n'en a parlé, elle a donc sa valeur.

1. *La Bible*, traduite par Cahen, *Chroniques*, II, xxvi, 23.
2. *Id.*   *ibid.*   *ibid.*   II, xxviii, 27.
3. Cunæus, *La République des Hébreux*, tome I, page 36.
4. *Guerre des Juifs*, livre v, chapitre xiii.
5. Quatremère, *Journal des Savants*, numéro de décembre 1854.

Y eut-il des rois inhumés dans la ville de Jérusalem?

Ézéchiel, emmené fort jeune en captivité, comme on le sait, raconte qu'il fit un rêve dans lequel le Seigneur le conduisit à Jérusalem, dans le temple qui se trouvait, comme on le sait encore, longer d'un côté le mur de la ville. L'ayant conduit à la porte du temple qui regardait la voie orientale, laquelle n'était autre que la vallée de Josaphat, Dieu lui dit : « Fils de l'homme, c'est le lieu de mon trône et le lieu « pour la plante de mes pieds, où j'habite au milieu des enfants d'Israël pour tou-« jours, et la maison d'Israël ne profanera plus mon saint nom, ni eux, *ni leurs* « *rois*, par leurs fornications, et *leurs hauts lieux par les cadavres de leurs rois*[1]. »

Les hauts lieux désignent ceux où les Hébreux pratiquaient leurs idolâtries. Il est difficile alors de comprendre pour quelle raison le Seigneur se fâcha de voir ces lieux *profanés* par des cadavres. Il n'y avait pas de hauts lieux sur le mont Sion ; y en avait-il à la naissance de la vallée de Josaphat, là où M. de Saulcy place les tombes royales? La Vulgate a, je crois, mieux rendu le sens du verset d'Ézéchiel, que M. Cahen; elle dit : « Ne profanera plus mon saint nom, ni eux, ni leurs « rois, par leurs idolâtries, par les sépultures de leurs rois, ni *par les hauts* « *lieux*[2]. » Cela se comprend; mais ce qui ne se comprend plus du tout, c'est comment les cadavres des rois, en quelque lieu qu'ils fussent placés, pouvaient profaner *le saint nom* de Dieu.

Poursuivons cependant. Le Seigneur continua de parler ainsi à Ézéchiel : « Mainte-« nant ils éloigneront de moi leur fornication et les cadavres de leurs rois, et « j'habiterai toujours au milieu d'eux[3]. » Ce verset, beaucoup plus clair que le précédent, nous indique évidemment que les cadavres des rois souillaient, par leur voisinage, le temple de Jéhovah. Mais devons-nous entendre par là que tous les rois avaient été enterrés auprès du temple? Cela n'est guère probable. Devons-nous comprendre, au contraire, que certains rois de Juda, en petit nombre, s'étaient fait inhumer là? Cela est plus probable, et j'aime mieux penser qu'Achaz, par exemple, « lequel avait agi perfidement contre Jéhovah[4] », et qui fut enterré, ainsi que nous l'avons vu, *à cause de son impiété, à Jérusalem*, et *non dans les tombeaux* de ses ancêtres, avait pu faire placer son tombeau auprès du temple qu'il ne craignait pas de souiller.

Sur vingt-trois rois de Juda, nous savons que dix ne furent pas enterrés dans les sépulcres royaux : Joram, Joas et Achaz furent inhumés à Jérusalem; Ozias *dans le champ* où se trouvaient les tombeaux des rois; Manassès et Ammon dans le jardin d'Ouza; Joakhaz, Joakim, Joakin et Sédékias moururent, le premier en Égypte, les

---

1. Vulgate, *Ézéchiel,* XLIII, 7.
2. *La Bible,* traduite par Cahen, *Ézéchiel,* XLIII, 7.
3. Id. Ibid. Ibid. 9.
4. Id. Ibid. *Chroniques,* II, XXVIII, 19.

autres à Babylone. Faut-il croire que Salomon viola les principes les plus rudimen-
taires de la loi, plutôt que les trois impies Joram, Joas et Achaz? Et le Seigneur,
d'ailleurs, en quelque lieu qu'ils fussent placés, devait-il s'irriter autant de la présence
des restes de David et de Salomon, que de ceux des idolâtres qui avaient profané
ses autels? Il est évident qu'Ézéchiel entendait parler des tombeaux des rois impies,
puisqu'il est évident qu'au moins un de ces rois s'était fait inhumer dans Jérusalem.

Quoi qu'il en soit, en admettant que le véritable tombeau des rois ne soit point
celui de la vallée de Josaphat, il n'aurait certainement pas été creusé sur le mont
Sion, ainsi qu'on le dit aujourd'hui, d'après Benjamin de Tudèle. Ce Juif espagnol,
qui vivait au xiiᵉ siècle, raconte que deux ouvriers, levant une pierre sur le mont
Sion, découvrirent l'ouverture d'un autre par lequel ils avancèrent jusqu'à un palais,
soutenu par des colonnes de marbre, et couvert de feuilles d'or et d'argent. Au
devant, il y avait une table avec un sceptre et une couronne dessus. C'était là le
sépulcre de David, dit-il, celui de Salomon et de plusieurs autres rois de Juda. Les
ouvriers ayant voulu pénétrer dans le palais furent renversés par un tourbillon de
vent jusqu'au soir. Un autre tourbillon de vent les réveilla et une voix leur dit :
Sortez de ce lieu. Voilà quelle est l'origine de la version qui place les tombeaux des
rois de Juda sur le mont Sion : le mieux que nous puissions faire, à son égard, c'est
certainement de n'en pas parler.

Il ne nous est malheureusement pas possible de répéter et de discuter toutes les
preuves ou prétendues preuves qu'on a mises en avant, à propos des tombeaux des
rois, chacun pour étayer son système. Disons cependant que dans ce long combat où
les textes, souvent torturés, servaient d'armes offensives et défensives, on a généralement tenu trop de compte de ces textes, parfois obscurs, parfois en opposition
flagrante les uns aux autres. Il est un fait cependant que personne, hors M. de
Saulcy, n'a pu expliquer en sa faveur, c'est celui de la concordance frappante des
sépulcres avec le nombre des rois que les Chroniques nous disent avoir été inhumés
dans les tombeaux royaux. C'est à ce point-là surtout que nous devons attacher une
grande importance. Mais examinons cependant ce que nous apportera notre second
ordre de preuves, tiré du monument lui-même, de sa contexture, de son plan, de son
ornementation. Peut-être bien parlera-t-il?

Parmi les opinions différentes qui ont assigné aux tombeaux des rois une date
autre que celle du siècle de Salomon, les deux principales sont d'accord pour lui en
fabriquer une plus récente ; mais elles diffèrent en ce que l'une désigne le règne de
l'empereur Claude[1] et l'autre celui de Trajan et d'Adrien[2]. Ce n'est donc qu'un faible

1. Raoul-Rochette, *Observations sur les tombeaux des rois à Jérusalem*.
2. Vinet, *Jérusalem et la mer Morte*, *Revue des Deux Mondes*, numéro de mai 1854.

9.   20

intervalle qui sépare les contradicteurs. Au nombre des objections les plus précises qu'on ait pu faire à l'époque de Salomon, en ce qui concerne la question d'art, se trouve celle-ci, qui les résume toutes, et que je copie textuellement : « L'architecture même du monument, par sa frise dorique et ses ornements, atteste une époque de l'art qui ne peut être celle du siècle de David[1]. »

Coup d'œil sur l'architecture des Hébreux, d'après les textes.

Serait-il impossible cependant, en recourant encore une fois aux textes, de rien trouver, dans les détails assez obscurs qu'ils mentionnent, qui se rapprochât, plus ou moins, des détails d'ornementation que nous avons sous les yeux ? Il est évident que tous les monuments de la période salomonienne furent construits par les ouvriers et les artistes de Hourame, roi de Tyr, qu'Ézéchiel nomme avec tant de justesse, « la courtière des peuples[2]. » Les Chroniques nous apprennent que Salomon demanda à Hourame de lui envoyer « un homme intelligent à travailler en or, en argent, en « airain, en fer, et *surtout sachant faire des bas-reliefs*[3] »; il n'est donc pas surprenant que nous trouvions des bas-reliefs sur les tombeaux royaux, construits sans doute par cet envoyé de Hourame. Mais nous voyons chez tous les peuples anciens, que les bas-reliefs représentent bien plus souvent des sujets animés, des images de bêtes, d'hommes et de dieux, que de simples fleurs et des palmes. Cela est juste; mais comme les Hébreux, et les Hébreux seuls, ne représentaient jamais, par ordre de Dieu[4], aucune figure de ce qui a vie, *l'absence totale* de ces figures sur tous les monuments que nous passons en revue, doit être considérée comme une preuve bonne et solide qu'ils sont bien, en effet, de l'époque où la religion de Moïse était en honneur à Jérusalem.

A moins cependant qu'on ne veuille attribuer ces bas-reliefs de fleurs et de fruits à l'époque des iconoclastes ou des mahométans.

Les Chroniques nous disent encore que Salomon « surmonta la maison de Dieu de « palmes et de chaînes[5], » qu'il *entailla* toutes les murailles de la maison, alentour « de *profondes sculptures* de palmes et de boutons de fleurs épanouis, en dedans et « en dehors[6]; » il n'est donc pas surprenant que nous retrouvions sur le tombeau qu'il fit faire, des palmes et des boutons de fleurs épanouis; quant aux chaînes, les tores du tombeau d'Absalom peuvent bien passer pour telles.

Les Chroniques continuant, nous parlent de « colonnes placées sur le devant du « temple », et disent que Hourame, Tyrien, courtier des peuples, ne l'oublions pas,

---

1. Raoul-Rochette.
2. *La Bible*, traduite par Cahen, *Ézéchiel*, XXVII, 1, 3.
3.   Id.   ibid.   *Chroniques*, I, XXX, 2, 4.
4.   Id.   ibid.   *Exode*, XX. — « Tu ne feras sculpture ni aucune image. »
5.   Id.   ibid.   *Chroniques*, II, III, IV.
6.   Id.   ibid.   *Rois*, I, IV.

« fit placer des boules de chapiteaux sur le sommet de ces colonnes [1]. » Est-il absurde de trouver que ces boules de chapiteaux ressemblent aux volutes ioniques? Dans la même description, ces colonnes sont parfois appelées *béliers*; je crois sincèrement que ce fut la corne de bélier qui servit de modèle aux volutes ioniques; ce n'est là qu'une opinion, mais je ne pense pas qu'on puisse me prouver qu'elle est fausse. Dans l'Exode et le Lévitique [2], il est plusieurs fois question des cornes de l'autel placées aux angles de l'autel. Les Psaumes disent qu'on lait la victime à ces cornes [3]; ne pouvaient-elles pas être des volutes ioniques placées sur de petits pilastres aux quatre angles? Les mêmes Chroniques disent enfin « que Salomon fit deux cents grands « boucliers d'or battu, et qu'il les plaça dans sa maison de la forêt du Liban ». Salomon pouvait donc fort bien faire sculpter des boucliers sur la frise du tombeau de son père. Quant à la grappe de raisin qui figure sur cette frise, il est peut-être plus naturel de l'attribuer aux adorateurs de la Vénus d'Adrien, qu'aux Hébreux, sujets de Salomon, suivant rigoureusement la religion et les traditions de leurs ancêtres; et quant au nœud en forme de double S qui se voit au sommet des

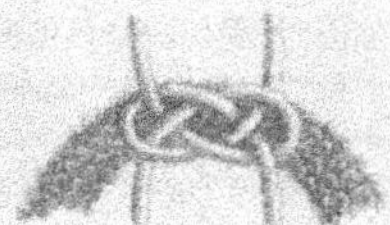 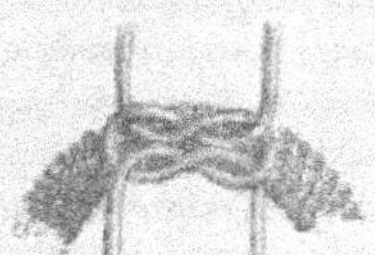

couronnes, il est vraisemblablement romain et romain de la décadence; je n'en disconviens pas; je voudrais seulement qu'on m'en montrât un seul semblable, sculpté sur un monument authentique de cette époque.

On n'a voulu, jusqu'à présent, examiner que les seuls détails d'ornementation de ces tombeaux pour leur assigner une date, c'est pourquoi je suis obligé de m'y arrêter plus que je ne voudrais. Nous verrons plus tard si l'examen du monument tout entier, de son plan et de son mode de construction, ne nous fournira pas la preuve irrécusable, indiscutable, qu'il appartient bien au siècle de David; nous sommes obligés, pour le moment, de combattre d'abord nos adversaires sur le terrain qu'ils ont choisi, après cela nous les transporterons sur un autre, d'où il leur sera peu facile de se tirer.

1. *La Bible*, traduite par Cahen, *Chroniques*, ii, iii, iv.
2. *Exode*, 30, 10; *Lévitique*, 16, 12.
3. *Psaumes*, 118.

Semblerait-il pas, en réunissant les objections, toutes les mêmes,—qu'on a faites à l'opinion qui attribue les tombeaux de Jérusalem au règne de Salomon,—semblerait-il pas qu'il suffit de retrouver, sur un monument quelconque, un seul détail de l'ornementation employée par les Grecs, pour classer immédiatement ce monument au nombre des œuvres inspirées par le génie de ce grand peuple? Singulière prétention que les Grecs eux-mêmes n'avaient pas, et qui n'ajoute rien à leur gloire. On a vécu pendant des siècles sur cette fausse idée, que les Grecs, en architecture, avaient tout deviné, tout inventé, et que tous les peuples étaient leurs tributaires. On a répété à satiété ce non-sens dans toutes les académies et dans tous les livres; et lorsque les explorations de notre siècle investigateur sont toutes venues prouver le contraire, on n'a pas osé reconnaître franchement son erreur, et l'on s'est cramponné à de misérables arguties pour la défendre. Il faut bien cependant en finir avec la rancune des faux systèmes, et placer une fois de plus en leur présence les preuves irréfutables de leur vanité. Certes, nul plus que nous ne rend justice au génie des Grecs, nul plus que nous n'admire cette sobriété calme et grandiose, cette élégance exquise, cette finesse, ce goût, ce tact parfait qui brillent dans toutes les œuvres de leurs artistes. Nul ne convient plus franchement qu'ils ont atteint, et que seuls ils ont atteint la limite de l'excellence; et nul ne constate plus volontiers que le globe entier fut leur tributaire et qu'il le sera probablement toujours. Mais si je leur accorde tout cela, je ne leur accorde rien de plus, et je certifie, avec bien d'autres, que les arts existaient en Afrique et en Asie, et qu'ils y avaient même été poussés fort loin, alors que les Grecs en étaient encore à se débattre et à se déchirer dans les limbes obscurs de la barbarie.

En quoi d'ailleurs la gloire hellénique perdrait-elle de sa splendeur, parce que l'on constaterait que les Grecs n'ont pas tout inventé? Et qui donc, sur la terre, en quelque art que ce soit, a jamais tout inventé? Y eût-il une race d'hommes qui pût agir au rebours de ce que Dieu a imposé à la race humaine? Et, pour nous mieux faire admirer les Grecs, faut-il nécessairement nous faire mépriser tous les autres peuples? Je ne sache pas que l'architecture gothique ait rien perdu à perfectionner, à adoucir, à épurer les œuvres gauches et enfantines de la période romane, non plus que la Renaissance à rajeunir et à mélanger les formes sévères de l'antique. Avouons-le donc de bon cœur, les Grecs trouvèrent les arts répandus sur le globe, et leur mérite consista à immobiliser les formes des arts, dans le moule impérissable et magnifique que le génie leur inspira.

Nous voudrions nous en tenir à ces considérations générales; malheureusement on ne nous le permettrait pas : citez, citez, nous dirait-on. Répétons donc une fois de plus ce que d'illustres génies ont annoncé au monde : la vérité ne peut rien perdre aux nouveaux hommages qu'on lui rend.

Dans tout le cours de cette étude, nous avons toujours insisté sur les nombreux emprunts de toute sorte que les Hébreux firent à l'Egypte. Après avoir pris à ce pays de nombreuses coutumes, des lois et des idoles, il n'est pas surprenant qu'ils lui aient emprunté le mode de construction qu'il avait inventé, ainsi que des détails d'ornementation architecturale. On ne contestera pas, sans doute, la ressemblance parfaite qui existe entre les tombeaux de Jérusalem et les hypogées de Thèbes, comme plan et mode de construction; et je ne crois pas qu'on veuille mettre encore sur le compte des Grecs les tores, les évidements de corniches et les bouquets de palmes du tombeau d'Absalom. Mais rien n'obligeait les Hébreux à se renfermer, pour bâtir, dans un cadre purement égyptien, et nous serons d'autant moins surpris de les voir imiter d'autres peuples, que leurs monuments furent tous élevés par les Tyriens, courtiers des peuples. Or, à l'époque où les tombeaux qui nous occupent furent élevés, si nous prouvons que tous les détails d'ornementation qui les décorent, étaient employés chez les Egyptiens et les Assyriens, on ne sera plus fondé à soutenir que ces tombeaux ne purent être édifiés que dans la période de décadence qui signala si malheureusement les premiers siècles de l'ère chrétienne.

Eh bien! quels sont les ordres, prétendus grecs, que nous présentent ces tombeaux? Le dorique et l'ionique. Répétons une fois de plus, quant au premier, qu'on trouva des colonnes d'ordre dorique pur, décorant en Egypte l'entrée des tombeaux de Beni-Hassan, et l'on sait que ces tombeaux sont antérieurs de plusieurs siècles à l'usage des colonnes doriques en Grèce.

Au surplus, pour en finir avec cette question qui devient par trop savante, je ne puis mieux faire que de me servir d'une arme que je tenais en réserve depuis le commencement de cette discussion. Ce n'est autre qu'un fragment de lettre écrite des bords du Nil, en 1829, aux savants de Paris, aveuglés alors, comme ils le sont aujourd'hui, par leur adoration pour le fétiche de la Grèce.

« N'en déplaise aux savants qui se font une religion de croire fermement à la
« génération spontanée des arts en Grèce, il est évident pour moi, comme pour tous
« ceux qui ont bien vu l'Egypte, ou qui ont une connaissance réelle des monuments
« égyptiens existants en Europe, que les arts ont commencé en Grèce *par une*
« *imitation servile* des arts de l'Egypte, beaucoup plus avancés qu'on ne le croit
« vulgairement, à l'époque où les premières colonies égyptiennes furent en contact
« avec *les sauvages habitants de l'Attique* ou du Péloponèse. La vieille Egypte
« enseigna les arts à la Grèce, celle-ci leur donna le développement le plus sublime;
« mais sans l'Egypte, la Grèce ne serait probablement pas devenue la terre classique
« des beaux-arts. Je trace ces lignes presque en face des bas-reliefs que les Egyptiens
« ont exécutés, avec la plus élégante finesse de travail, dix-sept cents ans avant
« l'ère chrétienne. »

De quels systèmes d'art dérive l'art des Hébreux.

Colonnes doriques.

Quel est le malvenu qui vient ainsi se jeter à travers la discussion pour la clore avec un ton si tranchant? Ce n'est autre que l'immortel Champollion[1]. — Passons à l'ordre ionique.

Niebuhr[2], à ce sujet, tenait à peu près le même langage que Champollion, mais nous ne pouvons pas tout citer; contentons-nous de choisir quelques faits indiqués par des explorations nouvelles : « la pure volute ionique, » dit M. Layard, « se rencontre « parmi les ornements de bronze du trône trouvé à Ninive, et déposé au British « muséum[3]. — Parmi les objets en métal gravés sur un bas-relief trouvé à Mossoul, « était une élégante cassette dont la partie supérieure, crénelée comme les murs « d'une forteresse, reposait sur une colonne dont le chapiteau était formé de volutes « ioniques, nouvelle preuve de l'ancien usage de cet ordre d'architecture sur les « bords du Tigre[4] : — A Mossoul, sur les murs, étaient représentés de larges « bâtiments carrés, curieusement ornés, dont les fenêtres immédiatement placées « sous le comble, étaient formées par des petits piliers avec chapiteaux en forme de « volute ionique[5]. » — A Persépolis, Robert Ker-Porter, retrouva la même volute dans son enfance, car elle n'y était pas posée en travers des colonnes, mais de chaque côté d'une console qui couronnait le chapiteau; il la trouva simple; il la trouva double[6], il la trouva même renversée et figurée par des branches de fleurs à Takht-i-Bostan[7]. Enfin M. Botta constata la présence de la même volute sur un bas-relief assyrien tiré du palais de Khorsabad[8]. Est-il donc impossible que les Tyriens, *courtiers des peuples*, aient été à même d'admirer cette volute sur les palais des bords du Tigre? Est-il plus impossible qu'ils l'aient transportée sur les tombeaux de Jérusalem? Passons aux triglyphes.

Ces ornements se composent de trois rainures figurant, à l'extérieur d'un monument, les bouts de solives des planchers. Ce qui, dans l'origine, était la conséquence des constructions en bois, fut conservé dans celles en pierres, comme motif de décoration. La métope est l'espace quadrangulaire qui se trouve entre les triglyphes. Les Grecs ornaient habituellement les métopes de bas-reliefs saillants représentant des groupes de figures. Celles des tombeaux de Jérusalem, qui se trouvent aussi bien entre des diglyphes, ornement à deux rainures, qu'entre des triglyphes, représentent des boucliers, des couronnes et la grappe de raisin. Mais les triglyphes ne prouvent pas

1. *Lettres de Champollion le Jeune*, 13e lettre.
2. *Trente-quatrième lecture sur l'Histoire ancienne.*
3. Layard, *Découvertes faites dans les ruines de Ninive et de Babylone*, page 648 : note
4.   *Id.*   *ibid.*   *ibid.*   444
5.   *Id.*   *ibid.*   *ibid.*   110.
6. *Voyage en Perse*, etc., par sir Robert Ker-Porter, I, planche 43.
7.   *Id.*   *ibid.*   II, page 71, planche 62.
8. Botta, *Monuments de Ninive*, planche 114.

plus l'âge récent attribué à tort aux monuments hébreux, que les chapiteaux ioniques, car Champollion trouva des triglyphes en Égypte, et ce sont encore les Égyptiens et non les Grecs, qui firent en premier sur la pierre un heureux motif de décoration du sujet qui, dans l'origine, n'était sur le bois qu'un détail de construction.

Et quand même on ne retrouverait ni triglyphes, ni colonnes doriques, ni volutes ioniques sur les monuments des Ninivites et des Égyptiens; quand on accorderait aux inventeurs de la Grèce que les Grecs, les premiers, se servirent de ces modes de décoration, il leur faudrait encore répondre à ceci : pourquoi pas un des monuments de Jérusalem ne représente-t-il un seul sujet animé, puisqu'ils furent tous faits, dit-on, du Ier au IIIe siècle de notre ère, sans doute du temps de Vespasien et d'Adrien, qui n'aimaient pas les images, le dernier surtout, qui éleva une statue de Vénus sur le Calvaire, et une autre de Jupiter sur le saint sépulcre. Chose bizarre ! à entendre les contradicteurs, tous les tombeaux sculptés de Jérusalem, construits tous d'après les rigoureuses lois de Moïse, ont été élevés à l'époque où il n'y avait plus de Juifs croyants dans la terre promise ! Ce sont tous alors des tombeaux païens. Quant aux Juifs contemporains des rois de Juda, on ne les enterrait vraisemblablement nulle part, ou bien les Romains ont saccagé tous leurs tombeaux pour le malin plaisir de nous faire discourir. Et qu'on ne cherche pas à séparer le tombeau des rois des autres tombeaux de Jérusalem, car ils sont tous ornés dans le même style, comme tracés tous sur le même plan; et les détails de décoration que l'on trouve chez l'un, on les retrouve tous chez les autres.

Il est bien possible après tout, que ces monuments aient tous été élevés par les contemporains des rois de Juda, et décorés seulement douze siècles plus tard. Je ne sais si c'est là ce qu'on entend dire. Après tant de folles opinions émises sur les tombeaux de Jérusalem, celle-ci aurait certainement pour elle le mérite de l'originalité. On trouvera bon cependant, par égard pour les contradicteurs, que nous ne nous y arrêtions pas.

Examinons cependant si la contexture des monuments, si leur plan, leur mode de construction et leur destination, dont on a tenu jusqu'ici peu de compte, ne nous fourniront pas de nouvelles preuves pour leur assigner une date précise.

On ne contestera vraisemblablement pas la destination de ces monuments. Tous sont des monuments funèbres. Accordons qu'ils furent faits au IIe siècle de notre ère, et examinons comment, à cette époque, les morts étaient enterrés dans toutes les contrées de la terre soumises aux Romains.

Et d'abord que se passait-il à Jérusalem au IIe siècle ?

Dès l'an 71, les Juifs avaient été dispersés par Titus, après l'un des sièges les plus sanglants que l'histoire ait enregistrés. De cent mille prisonniers de guerre emmenés par le conquérant, les uns furent condamnés aux travaux publics de l'empire, les

Preuves de l'âge des tombeaux par les monuments.

Ce qu'était Jérusalem au IIe siècle.

autres aux jeux de l'Europe et de l'Asie, et l'on sait ce qu'étaient ces jeux! Ceux qui n'avaient pas atteint l'âge viril furent vendus avec les femmes. Les misérables restes de cette nation perdue s'étant soulevés cependant, Adrien et Jules Sévère firent place nette de ce qui avait été bouleversé par Titus. Cinquante forteresses et neuf cent quatre-vingt-cinq bourgs,— dit Dion Cassius, — furent détruits. Jérusalem disparut. A sa place s'éleva une ville nouvelle qui n'avait rien conservé de l'ancienne que l'emplacement. L'entrée en fut défendue aux Juifs sous peine de mort : une seule fois par an on leur permettait d'y pénétrer pour y pleurer; encore, dit saint Jérôme, leur vendait-on au poids de l'or le droit de verser des larmes sur la place où fut leur patrie! Dès lors, et pour jamais, l'église juive s'en va traîner misérablement les lambeaux de ses membres par toute la terre. L'église des Gentils l'a remplacée, et l'empereur les bafoue toutes deux. La statue de Vénus s'élève sur le mont Calvaire, celle de Jupiter sur le saint sépulcre. La grotte de Bethléem est livrée au culte d'Adonis. Et les temples et le culte d'Adrien durèrent jusqu'à Constantin !

Et c'est pendant cette période de démolition, de saccage, de guerre et de dispersion; cette période de triomphe, seulement pour les disciples de J.-C., que des Hébreux venus d'où? on ne le dit pas; ou des Gentils, ou des Romains, se seraient occupés à creuser mille tombeaux aux environs de la ville sainte, à les décorer, à les sculpter, à les prolonger au loin sous les montagnes, et à marier, aussi bien sur leurs frises que dans les détails de leurs plans, les arts antiques de l'Égypte et de la Grèce, illustrés par les symboles de la religion de Moïse? Pendant que, partout on abat, ici seulement on édifie; pendant qu'on peuple Jérusalem de temples païens, autour de Jérusalem on sculpte des grappes de raisin, des palmes et des couronnes royales? Et pour qui? et pour quoi faire?

Et pas un nom sur ces tombeaux? pas une inscription? et encore une fois, pas une image? Rien que la grappe de Chanaan sur la porte d'un hypogée. Vraiment les païens du IIe siècle avaient de singulières préoccupations dans l'esprit à Jérusalem, puisqu'ils s'y sont fait enterrer autrement qu'ils ne le faisaient alors par toute la terre.

Mais voyons pourtant ce qu'étaient les tombeaux du IIe siècle.

Qu'étaient les tombeaux de IIe siècle.

Ils ressemblaient fort peu à tout ce que le monde avait vu jusqu'alors. Depuis que le christianisme avait poétisé la fin de l'homme et la vie future en la représentant comme la seule véritable, les hommes cessaient peu à peu de donner à leurs tombes l'excessive importance que les dogmes de l'Égypte sur la résurrection avaient créée. Plus la foi païenne diminuait, plus on sentait ce qu'il y avait véritablement au delà de la mort, moins on s'occupait de la dernière demeure accordée aux restes de la vie. Les chrétiens se contentaient d'un coin de terre dans un cimetière créé tout exprès, afin qu'ils fussent séparés des païens dans la mort comme ils l'avaient été pendant la vie; et les païens eux-mêmes, à leur insu, subissaient ces idées de délaissement, si différentes de l'idée antique. Même alors que dans les provinces les plus reculées de l'empire, ils suivent encore, comme malgré eux, les usages des nations conquises, ils violentent ces usages en leur imposant les nouvelles idées qui les dominent. Les rares tombeaux de Pétra qui peuvent dater de la décadence, ne présentent plus, nous le verrons, qu'une ou deux chambres étroites et mesquines dont un simple scribe égyptien ne se fût certes pas contenté. Alors les tombeaux ne sont plus agrandis à l'intérieur pour égayer les tristes loisirs des âmes; les plus riches d'entre eux ne parlent que de l'orgueil des héritiers, et l'on reporte au dehors, en élévations sculpturales exagérées, tout le travail qu'autrefois on exécutait dans les entrailles des montagnes. Alors surtout, chez les vrais païens, les sujets animés, les bas-reliefs de chimères, les animaux symboliques, les statues des dieux et les inscriptions s'étalent sur les frises et sur les portiques des rares tombeaux hypogéens que, dans quelque province reculée, on élève encore; mais, même à Pétra, le monument n'est plus qu'une façade, et dans les chétives dimensions de son plan, rien ne répond aux dimensions de cette façade. On ne tient plus guère au repos sacré des morts, ou plutôt on ne craint plus que soit troublé le repos des morts. On n'environne plus leurs tombes de puits et d'embûches; on n'en coupe plus les galeries de couloirs sans issue, destinés à égarer les violateurs. On ne transporte plus les cadavres dans les cavités les plus reculées et les plus secrètes des souterrains; on se contente d'ouvrir une ou deux petites salles, et on les inhume presque à la porte. Les visitera qui voudra : les morts n'emportent plus rien avec eux, ni trésors, ni bijoux; à peine quelques rares objets de souvenir. À quoi bon, dès lors, les défendre? Les défendre de qui? Des pillards? Mais là où il n'y a rien à piller, il n'y a pas de pillards. Des harpies? Mais on ne croit plus aux harpies. On ne brûle même plus que rarement les morts, tant on craint peu les génies malfaisants qui devaient dévorer leur chair. En un mot, les tombeaux reflètent exactement et rigoureusement les idées des hommes sur la vie future. À Rome même, le môle d'Adrien, tombeau colossal, ressemblant plus à un temple qu'à un tombeau, ne fut que le dernier reflet de l'idée antique sur la mort, comme les thermes de Caracalla ne furent que le dernier et gigantesque effort du système architectural de la Grèce. Après cela, il n'y a plus rien, et le vide se fait sous toutes les coutumes du paganisme. La décadence va tout enlaidir et tout rapetisser sous Commode; et ce n'est certes pas alors que les Romains vont retourner au système très-coûteux, très-compliqué, et dérivant d'une foi profonde, des constructions étrusques, abandonnées par eux dès la république. Les tombeaux du iiᵉ siècle à Rome, sont de simples sarcophages sculptés et déjà mal travaillés portant l'effigie du mort, ou des cippes fort étroits avec une inscription : les vieux colombaires servent encore; mais le développement grandiose des palais souterrains de l'Égypte et de l'Étrurie, abandonnés depuis des siècles, ne doit plus honorer aucune dépouille mortelle.

Les chrétiens enfin ont pris possession des Catacombes, et ce sont leurs propres dépouilles qu'ils enfouissent subrepticement sous les hauts et vieux monuments des Romains.

Et ce serait à cette époque, pendant que les plus grands du monde se contentent, dans les plus riches capitales, d'une salle mesquine et d'une pierre sculptée, que des hommes, — n'importe leur religion et leur pays, — auraient employé pour décorer leur dernière demeure, dans une petite province de l'empire, le luxe effrayant des Pharaons, et sillonné les flancs de la vallée de Josaphat de myriades de cryptes, de salles et de couloirs s'étendant au loin, se coupant et s'entrecroisant, qui font de ces hypogées de véritables palais de la mort? Mais quand on les construisait ainsi, ces palais, on les construisait semblables par toute la terre : en Égypte, en Étrurie, en Phénicie, en Asie Mineure, en Perse et en Palestine. Cela se comprenait alors, car on les faisait tous pareils, en vertu des mêmes idées; mais le système, non de construction mais d'évidement égyptien, mais l'hypogée égyptien monolithe, augmenté de cachettes à trésors, de fours à cercueils, de disques de pierre, et privé rigoureusement de toute inscription et de toute image; mais le bloc perforé à l'intérieur, ou monolithe par la base, défendu par des puits, des fausses portes, des labyrinthes de couloirs, et présentant, — après huit cents ans de règne absolu des ordres grecs, — des évidements et des fours égyptiens, mêlés au dorique de Beni-Hassan et à l'ionique des bords du Tigre? On n'a malheureusement pas encore songé à ce côté de la question : elle eût été bien moins complexe.

Oui certes, tous les peuples, comme tous les hommes, dans leur décrépitude, se rapprochent, par leur faiblesse, de leur enfance; mais ils ne s'en rapprochent que par leur faiblesse, et jamais par leurs formes. Quand nous disons que le vieillard tombe en enfance, nous n'entendons pas qu'il rapetisse et que ses membres amollis reprennent la souplesse qu'ils avaient dans ses premières années; mais bien que sa faiblesse égale celle de l'enfance, et que, de même que l'enfant, il ne peut se passer du secours de ses semblables. Or, il en est de même pour les arts que pour les hommes. Que sont les monuments de leur enfance? Des œuvres naïves mais pleines de force; l'élégance y est constamment sacrifiée au solide; on ne se préoccupe que d'une seule chose : de leur durée. Et que sont les monuments de leur vieillesse? Des œuvres pleines de recherches et de niaiseries, grimaçantes, surannées et compliquées. L'enfance d'un peuple produit les Pyramides, qui durent six mille ans; la vieillesse d'un peuple produit le palais des Hérodes, qui dure un jour; et les grottes de Jérusalem, qui durent encore, datent de trois mille ans, ou l'archéologie n'est qu'une chimère!

II

Si nous pouvons affirmer que tous les tombeaux de Jérusalem que nous venons de décrire sont contemporains des rois de Juda, nous ne pouvons malheureusement pas apprendre à quels personnages ils furent destinés. Les noms qu'ils portent et que nous avons cités, pour les distinguer entr'eux, sont peut-être bien ceux des hommes dont ils renfermèrent les dépouilles; mais il ne nous est pas possible de le prouver. Ces noms, d'ailleurs, sont assez vagues : de quel Josaphat, de quel Zacharie, de quels Juges la tradition parle-t-elle en désignant les trois monuments auxquels elle a donné ces noms? Qu'est-ce que le tombeau de saint Jacques et la retraite des apôtres? Saint Jacques fut-il déposé, après sa mort, dans quelque coin vide du premier? Les apôtres se réfugièrent-ils dans le second; mais quel était le mort qui leur prêtait alors l'abri hospitalier de sa demeure? Qu'est-ce que le tombeau du Foulon? Et le tombeau à crossettes? Celui d'Absalom même appartient-il bien au fils révolté de David? Le second livre des Rois raconte ainsi sa mort :

« Dix jeunes gens porteurs des armes de Joab entourèrent Abschalôme, le frappèrent et le tuèrent.

« 17. Ils prirent Abschalôme, le jetèrent dans la forêt dans une grande fosse, et placèrent sur lui un grand monceau de pierres; mais tout Israël s'enfuit chacun à sa tente[1]. »

Cette fosse creusée dans la forêt d'Éphraïm et comblée par un monceau de pierres, ne représente certainement pas le monument de la vallée de Josaphat. Le verset suivant, qui n'a qu'une liaison indirecte avec le précédent, indique, en quelque sorte, le monument, mais il ne dit pas que le corps d'Absalom y fut transporté. Je donne le texte de la Vulgate, beaucoup plus clair et se rapprochant certainement plus de l'original, que celui de M. Cahen :

« Or Absalom, lorsqu'il vivait encore, s'était fait dresser une colonne dans la vallée du Roi. « Je n'ai point de fils, disait-il, et ce sera là un monument qui fera vivre mon nom. Il donna « donc son nom à cette colonne, et on l'appelle encore aujourd'hui la main d'Absalom[2]. »

M. Cahen a traduit colonne par statue[3]. Je crois que c'est une grave erreur. Mais

1. *La Bible*, traduite par Cahen, II, xviii.
2. *Rois*, II, xviii, 18.
3. *La Bible*, traduite par Cahen, *Samuel*, II, xviii, 18.

colonne ou statue, rien ne dit qu'Absalom fut transporté sous sa base. Flavius Josèphe, sans éclaircir la question, nous donne une version différente :

> « Ils le couvrirent d'un grand monceau de pierres, en sorte qu'il semblait que ce fût un
> « petit tertre élevé, et là apparaissait quelque forme et hauteur de tombeau..... Absalom avait
> « fait dresser pour soi, en la vallée du Roi, *une colonne de marbre avec ses écritaux*, distante de
> « deux stades de la ville de Jérusalem, qu'il fit nommer la main d'Absalom, disant que quand
> « il adviendrait que *ses enfants mourraient*, son nom demeurerait gravé sur cette colonne. *Il eut*
> « *trois fils et une fille nommée Thamar*[1]. »

Le livre de Samuel dit que Thamar était sa sœur[2]; mais F. Josèphe ne dit pas qu'Absalom fut enseveli sous la colonne, et nous ne pouvons pas l'affirmer.

La tombeau des rois enfin, le plus riche de tous ceux conservés aux environs de Jérusalem, ne peut même pas être attribué absolument et sans contestation aux rois de Juda. Je l'accorde volontiers. Mais comme il est certain que ces rois ne furent pas inhumés sur le mont Sion, qu'on ne retrouva nulle part un monument assez riche pour qu'on puisse le leur attribuer; comme le plan, la disposition et la décoration de ce tombeau sont bien évidemment de l'époque salomonienne, et surtout, comme le nombre des tombes correspond exactement au nombre des rois inhumés dans la nécropole royale, il est plus que probable que M. de Saulcy a rencontré juste dans son appréciation.

Ce qui est certain, évident, hors de doute, c'est que ce tombeau, de même que tous ceux des vallées de Hinnom et de Josaphat, est contemporain des rois de Juda et non du IIᵉ siècle de notre ère, et c'est ce qu'il y avait de plus important, pour nous, à constater.

Art hébraïque. Tous ces tombeaux des grands, des riches et des personnages illustres devaient être clos, dans l'origine, par des portes de pierres. On les peignait sans doute, ainsi que les frises et tous les détails extérieurs d'ornementation. Jésus-Christ fit allusion à cet usage en appelant les hypocrites des *sépulcres blanchis*, beaux au dehors, mais puants au dedans[3]. Peut-être aussi les blanchissait-on à la chaux. L'art qui présida à leur décoration, bien qu'assez étudié, est peu original si l'on en juge par les ruines qui subsistent. Mélange naïf du style égyptien et des sources du style grec, bien que parfois un peu lourd, il présente d'élégants détails et de charmantes recherches de sculpture. L'ensemble cependant ne possède pas ce cachet particulier qui caractérise une époque, ni ce goût qui mérite de passer pour modèle. Le peuple juif vécut d'emprunts, et fut dispersé avant d'avoir atteint sa virilité.

1. Flavius Josèphe, *Antiquités judaïques*, livre VII, chapitre X.
2. *Samuel*, II, XIII.
3. *Évangile selon saint Matthieu*, XXIII, 27.

La foule des hommes que n'illustraient ni le rang ni la fortune, n'étaient point si luxueusement inhumés. On les déposait dans des fossés, ainsi que nous le voyons dans ce passage de Jérémie : « Ils amenèrent Oziahou au roi Iehoyakime, qui le fit « mourir par le glaive et jeter son cadavre dans les fossés des gens du peuple[1]. » La maladrerie des lépreux était construite dans les environs de ces fossés[2]. En tous temps, dans tous les pays, nous pourrions observer la même indifférence grossière pour les sépultures des pauvres, faisant toujours contraste avec le luxe prodigue aux tombeaux des grands, contraste sans doute inévitable, mais que souvent on eût pu amoindrir par respect pour l'espèce humaine et par crainte des dévastations inspirées par l'envie.

III

Un charme tout particulier s'attacha, dès les premiers temps du christianisme, à ces tombeaux des pères des apôtres. Seuls monuments à peu près respectés par la conquête, ils survécurent au bouleversement de Jérusalem et à la dispersion du peuple juif, acte étrange et sauvage que les Barbares ne devaient que trop bien venger. Même aujourd'hui que le lent travail des siècles les a peu à peu enfouis dans la terre; après des révolutions sans nombre dont la moins cruelle s'est contentée de les oublier, ils attirent, de tous les points du monde, les pas du voyageur et du pieux pèlerin. La religion du souvenir et l'aspect grandiose de la contrée qui les recèle comptent, il est vrai, pour beaucoup dans l'attraction qu'ils exercent; mais ces souvenirs sont si pleins de majestueuse poésie, et cette contrée présente des images de désolation si profondes et si poignantes, que le voyageur, en la parcourant, y regrette peu les merveilles de l'art qu'il n'y trouve pas. Tous les tableaux de la Bible se déroulent à la fois devant lui : reporté de trois mille ans en arrière, il assiste, en réalité, à ces scènes patriarcales, simples et touchantes, dont le récit a charmé sa jeunesse et fait hésiter, plus d'une fois, le doute de sa raison. Il se demande si, en effet, toutes les colères d'un Dieu puissant et vengeur ne se sont pas appesanties sur ces lieux désolés, où des mers de soufre et de bitume battent le flanc des rochers de sel, où le sable mouvant des déserts ondule de toutes parts en submergeant des restes de villes; où de rares et de sombres touffes d'arbres se dressent çà et là comme pour

1. *La Bible*, traduite par Cahen, *Jérémie*, XXVI, 23.
2. *Id.*   *Ibid.*   *Chroniques*, II, page 139 : la note.

lui dire qu'un jour ces lieux aussi furent fertiles! Et se trouvant en face de l'un de ces antiques tombeaux des patriarches ou des rois de la famille de David, il se dit qu'en effet les derniers enfants de cette contrée devaient être bien coupables, et leurs pères bien aimés de Dieu, puisque, au rebours du travail des temps, ce sont les restes des pères qui subsistent, et que ceux des enfants ont disparu.

Ainsi son esprit flotte entre les faits qui lui parlent cette langue des yeux si expressive et si éloquente, et le parti pris de sa raison qui se révolte contre eux. Et plus d'un y est allé qui, raisonneur convaincu au départ, était songeur à son retour.

La vallée de Josaphat surtout semble avoir réuni dans son sein toutes les preuves de la colère divine, pour les montrer éternellement au monde comme un exemple terrible. Immense et longue crevasse étendue à l'ombre du temple, lit pierreux d'un torrent tari, ses échos ont retenu mille cris d'angoisse : aussi bien ceux de David pleurant son fils Absalom, que ceux de Jérémie et de Jésus versant des larmes sur le sort de la ville sainte. Vallée pleine de mystères, aride et désolée, profondément labourée dans toutes ses assises par des millions de tombeaux ; à peine un chétif arbrisseau, une vigne tortueuse, un sauvage olivier végètent — ils tristement, çà et là, entre deux sépulcres. Sous le ciel d'un bleu cru qui l'éclaire et la sillonne d'ombres tranchées et de plaques de lumière, entre les flancs déserts des rouges falaises qui la surplombent, incessamment dominée par un formidable silence, cette grandiose solitude est encore et toujours peuplée. Nul être vivant ne la traverse, mais de toutes les pierres qui la pavent, depuis la ligne aiguë et tourmentée d'un horizon jusqu'à celle, à peine visible de l'autre, s'exhale, protestation incessante et douloureuse, un souvenir funeste toujours présent, toujours poignant. Ces tombes en ruines, éventrées, violées, pressées les unes contre les autres, alignées comme les degrés géants de quelque Babel foudroyée ; ces sépulcres ouverts, encastrés l'un sur l'autre ; ces pierres allongées qui pèsent sur des cadavres ; ces pierres vivent, ces pierres parlent, et, des profondeurs qu'elles recouvrent, s'exhalent toutes les douleurs et toutes les lamentations de l'histoire la plus désolée qu'ait retenue la mémoire humaine.

Un jour, sur l'une des montagnes qui dominent cette vallée de la mort, s'élevait une ville riche, encombrée de palais splendides et de maisons spacieuses, groupées autour d'un temple que bâtit Salomon. Son peuple indolent, endormi dans la mollesse, ne quittait ses fêtes joyeuses que pour brûler l'encens du vrai Dieu sur les autels des idolâtres, et les rois qui le gouvernaient, rois impies, détournaient leur face du Seigneur pour se plonger dans les voluptés licencieuses.

Un homme alors, assis à la porte de cette ville, l'arc garda et la vit, — non plus telle qu'elle était, parée de palais et retentissante de chants joyeux, — mais telle qu'elle devait être huit siècles plus tard; telle qu'elle est encore aujourd'hui. Et cet homme, promenant tristement ses regards sur tout le pays d'alentour, éleva la voix et raconta ce qu'il voyait :

« Voici : Jehovah a dévasté et ravagé le pays; il en retourne la face et en disperse les « habitants.

« Il en a été du peuple comme du Cohène, du serviteur comme du maître, de la servante « comme de la maîtresse, de l'acheteur comme du vendeur, du prêteur comme de l'emprunteur, « du débiteur comme du créancier.

« Vidée, vidée est la terre, pillée, repillée!...

« Le pays est en deuil, est flétri; fané, flétri est le monde,...

« La malédiction a dévoré le pays...

« Le moût est triste, la vigne est flétrie...

« La joie des tambourins a cessé, la bruyante gaieté a disparu; elle chôme la joie de « la harpe.

« Accompagné de chants on ne boit plus de vin; la boisson forte est devenue amère « aux buveurs.

« La ville déserte est en destruction,...

« ... La porte est battue en ruines.

« ... Malheur à moi! Les pillards pillent, et les pillards pillent le pillage.

« De secousses est secouée la terre, de crevasses se crevasse la terre, d'oscillations oscille « la terre.

« Elle chancelle, la terre, comme un ivrogne, elle balance comme un berceau;... elle « tombe et ne se relève plus...

« La lune rougit, le soleil est confus, car Jehovah Tsebaoth règne sur la montagne de « Tsion, et sur Ierouschalaïme en présence des anciens, magnifique!

« Jehovah, tu es mon Dieu, je t'exalte,... car tu as fait des prodiges...

« Car tu as réduit la ville en monceaux de ruines, la cité fortifiée en décombres; la « citadelle des barbares est détruite, elle ne sera plus rebâtie de toute éternité[1]. »

Chacun de ceux qui sortent de la ville s'arrête un moment près du prophète. Il l'écoute en silence, puis méprisant ses avertissements, hausse les épaules et va où le plaisir l'appelle.

Et dix siècles plus tard, les petits-enfants de ces hommes, aussi vains, aussi impies, mais châtiés alors, accouplés comme des bêtes de somme sous le bâton du soldat romain, « tirés au sort, vendus pour du vin[2] », s'éloignent en pleurant de cette même ville que ni eux ni leurs descendants ne doivent plus revoir. La prédiction est accomplie : pillée est la terre, la porte est battue en ruines, le pays est en deuil, est

1. *La Bible*, traduite par Cahen, *Isaïe*, xxiv, xxv.
2. Id. Ibid. *Joël*, iv, 3.

flétri; et les flammes qui dévorent la ville éclairent de leur fauve reflet ce tableau lugubre.

Et depuis lors cette ville est restée la ville des douleurs suprêmes, ce pays la terre de la désolation et du silence. Nécropole d'un monde noyé dans les brumes des siècles, la vallée de Josaphat seule a conservé sa destination primitive et son formidable aspect. Lieu marqué à l'avance pour le jour auguste du réveil des générations, aujourd'hui comme au temps de David, de toutes les contrées de la terre les petits-fils des Hébreux viennent y mourir et y déposer leurs os; et, protégés par une tradition de trente siècles, à peine troublés par les pas de quelque rare pèlerin, ils attendent les temps promis :

Prédiction de Joël. « Car, » dit Jehovah, « en ces jours et en ce temps, quand je ramènerai les captifs de
« Iehouda et de Ierouschalaïme,

« Je rassemblerai toutes les nations et je les ferai descendre dans la vallée de Iehoscha-
« phate, et là j'entrerai en jugement avec elles, à cause de mon peuple et d'Israël mon
« héritage, qu'elles ont dispersés parmi les peuples, et de mon pays qu'ils ont partagé.

« Que les nations se réveillent et se dirigent vers la vallée de Iehoschaphate, car là je serai
« assis pour juger toutes les nations d'alentour.

« Une multitude innombrable dans la vallée du carnage; car le jour de Iehovah approche
« dans la vallée de destruction.

« Le soleil et la lune seront obscurcis, les étoiles perdront leur éclat.

« Jehovah rugira du haut de Tsione, de Ierouschalaïme il fera retentir sa voix; les cieux et
« la terre seront ébranlés, mais Iehovah sera un refuge pour son peuple et une protection
« pour les fils d'Israël.

« Et vous saurez que je suis Iehovah votre Dieu, résidant à Tsione, ma montagne sainte;
« Ierouschalaïme sera sainte, et les étrangers n'y passeront plus [1]. »

1. *La Bible*, traduite par Cahen, *Joël*, ɪv.

NABATHÉENS

I

Dans cette partie de l'Arabie qui se trouve resserrée entre l'inclinaison de la mer Rouge et la Palestine, juste en face de l'isthme de Suez, et à distance à peu près égale du lac Asphaltite et du golfe d'Akabah, sur un terrain uni formant un plateau, défendu tout autour par une chaîne de rochers garnis au dehors d'escarpements et de précipices[1], existe encore une ville étrange dont le merveilleux aspect frappe d'étonnement les voyageurs qui parviennent à la visiter.

Cette ville, qui porte le nom de Pétra, ancienne capitale des Nabathéens, isolée au milieu des déserts, à quatre journées de marche de Jéricho[2], à cinq journées du Sinaï, sentinelle avancée veillant sur la route qui relie l'Égypte aux vastes empires de l'Asie, dut nécessairement jouer un rôle dans toutes les expéditions des Égyptiens, des Perses, des Macédoniens et des Romains, à l'époque où ils se disputaient l'empire du monde. Le commerce de l'Égypte avec les nations asiatiques, celui des rois de Juda avec les provinces les plus reculées de l'Arabie, celui des Phéniciens avec ces mêmes provinces, dut être tributaire de cette capitale, placée à la jonction des routes que traversaient les caravanes; et, fournissant peut-être eux-mêmes les moyens de transport qui manquaient à ces caravanes, les habitants de cette ville tiraient un profit énorme[3] de l'admirable situation qu'ils avaient choisie.

Les savants ne sont pas d'accord sur la date de l'établissement des Nabathéens dans l'Arabie Pétrée : il est probable cependant qu'on doit rapporter cette date au temps des guerres entreprises par Nabuchodonosor II contre les Égyptiens et les Hébreux[4]. Ce qui est certain c'est que, lors de l'expédition du général Athénée, sous

1. Strabon, *Géographie*, liv. XVI, § v.
2. *Idem,* *ibid.*
3. *Idem,* *ibid.,* § vi. Il dit que les Nabathéens passaient de tout temps pour posséder de grandes richesses.
4. C'est l'opinion de M. Ét. Quatremère. Voyez le *Journal asiatique,* de janvier à mars 1835.

le règne d'Antigonus, et celle de Démétrius[1], les Nabathéens avaient une capitale qui leur servait depuis longtemps de lieu de refuge et d'entrepôt de marchandises, et que, lors de l'expédition d'Ælius Gallus sous le règne d'Auguste, cette ville était gouvernée par un roi dont le ministre fournissait des subsides de cavaliers.

Nous savons cependant peu de chose sur l'histoire de cette cité. Strabon, d'après Athénodore, dit qu'un grand nombre de Romains et d'autres étrangers émigrés l'habitaient longtemps avant la conquête[2]. Il est certain que les nombreux monuments qui décoraient la ville de Pétra ne peuvent être attribués qu'au mélange des arts et des coutumes de peuples fort différents, mais nous ne pouvons pas penser que ces étrangers les construisirent tous, pendant que les Nabathéens se seraient livrés à la guerre et au commerce. Quoi qu'il en soit, l'étude de ces monuments doit nous révéler de curieuses choses sur le système d'inhumation adopté par les habitants de l'Arabie, et qui dérivait rigoureusement du mode égyptien.

Ruines de Pétra. Un savant et courageux voyageur, entre autres, M. Léon de Laborde, domptant des difficultés inouïes, parvint à visiter cette ville unique et à dessiner tous les monuments qu'elle renferme. Un amphithéâtre, plusieurs temples, les restes d'un acropole et d'un arc de triomphe, plusieurs ponts, un aqueduc et quelques fragments de pavé antique furent explorés et décrits par lui[4]. Mais ce qui doit nous intéresser davantage dans le curieux album qu'il publia et d'après lequel, grâce à son obligeance, nous pouvons publier le nôtre, c'est une multitude de tombeaux se rapportant à des époques et des systèmes d'art différents, et qui subsistent tous encore, dans les flancs des chaînes de rochers qui circonscrivent toute la ville.

Tombeaux de Pétra. Dès l'abord, tous ces tombeaux paraissent provenir de la même époque et dériver du même système d'architecture, car ils sont tous établis sur le même plan. On est tellement frappé, au premier coup d'œil, de cette ressemblance, qu'on n'hésite pas, en faisant abstraction des différents détails de leur décoration, à les attribuer au même siècle, aux mêmes artistes. Et cependant, en examinant avec attention leur décoration extérieure, on ne tarde pas à distinguer entre eux des différences radicales, annonçant des époques bien distinctes et des systèmes d'art rigoureusement dissemblables.

Personne, que je sache, n'a jamais songé à diviser ces nombreux monuments et à les classer d'après leur ornementation architecturale. Il est difficile, en effet, de reconnaître toujours les sources d'où ils dérivent, et aucune autre ville du monde ne présente certainement de sujets d'études aussi extraordinaires et aussi obscurs. Nous essaierons cependant d'aborder la tâche qui dut rebuter des hommes plus compétents.

1. 310 avant Jésus-Christ.
2. Strabon, *Géographie*, liv. XVI, § v.
3. Ce fut en 105 de Jésus-Christ, sous le règne de Trajan, que l'Arabie Pétrée devint province romaine.
4. Voyez *Voyage de l'Arabie Pétrée*, par L. de Laborde et Linant. Paris, 1830.

Disons d'abord que tous ces tombeaux, sans exception, de même que les tombeaux Système de construction. hébreux, sont creusés, d'après le système égyptien, dans les entrailles des montagnes. Leur décoration extérieure seule permet de les distinguer entre eux, mais leur plan est toujours semblable. Ce plan diffère cependant de celui des hypogées des bords du Nil et du Jourdain, en ce qu'il ne présente pas le développement compliqué de puits, de salles à plusieurs étages, de corridors et de couloirs qui caractérisent les tombeaux de l'Égypte et de la Judée; il consiste tout simplement en une ou deux petites chambres évidées dans le sein de la montagne, annoncées extérieurement par une décoration d'autant plus monumentale et apparente que les tombeaux appartiennent à une époque plus récente.

L'imitation, chez les Nabathéens, fut donc étroitement concentrée dans le système de construction. Ils excavèrent les rochers pour inhumer les morts, uniquement parce qu'ils voyaient faire la même chose chez leurs voisins, et que les nombreux rochers qui entourent leur capitale leur permettaient de les imiter. Mais les idées particulières qui poussaient les Égyptiens à déguiser avec tant de soin l'entrée et l'emplacement de leurs tombeaux, à défendre l'approche de ces tombeaux de mille manières, à les prolonger fort loin dans les entrailles du sol, à décorer enfin leurs salles nombreuses à l'aide des ornements les plus splendides, ces idées n'avaient certainement pas cours à Pétra, car tous les tombeaux y attirent l'attention par le développement de l'ornementation extérieure, car aucun puits, aucun couloir tortueux et secret n'en protége les approches, car aucune décoration ne se voit dans les salles funèbres, fort étroites, qui constituent leur ensemble.

Ce plan unique, qui caractérise tous les monuments funèbres de la ville, sans exception, étant bien compris, nous allons observer de graves dissemblances dans leur aspect extérieur. Il n'est guère possible à personne d'attribuer une date certaine à aucun de ces tombeaux, car les uns présentent des détails de sculpture qui ne se retrouvent chez aucun autre peuple, dans aucun temps; et les autres réunissent, au contraire, dans leurs ornements, des détails qui appartiennent à des peuples fort différents. Toutefois, à ne considérer que la forme de ces détails d'architecture et leur style plus ou moins original ou mélangé, on peut facilement classer ces tombeaux les uns auprès des autres, selon l'ordre des temps où ils furent construits.

II

Les plus anciens monuments funèbres de Pétra, selon moi, sont ceux qui, selon Première série des tombeaux de Pétra. l'expression très-juste de M. de Laborde, ne doivent pas leur élévation à la domination et au style des Romains, et qui présentent les détails différant le plus du système d'art inventé ou, du moins, popularisé par les Grecs. Ces monuments sont au nombre de cinq, et je ne crois pas m'éloigner de la vérité en affirmant qu'ils sont plus anciens que tous les autres, car tous leurs ornements dérivent des styles égyptien, hébreu et syriaque, si toutefois on veut bien me permettre d'accorder un style particulier aux monuments des Syriens et des Hébreux.

Le premier[1], taillé au fond et au centre d'une espèce de cour pratiquée dans la montagne, est en forme de pylône allongé, et terminé par une espèce de petit toit

Tombeau situé au sud de la ville.

très-bas et en pente. Une porte basse, rectangulaire, et enfermée dans un encadrement s'ouvre à sa base, surmontée d'une niche à fronton rappelant de loin la forme d'un naos égyptien. Au-dessus de ce fronton s'élève une corniche toute simple, supportant une frise fort haute décorée d'ornements en forme de pyramides s'enlevant en relief sur le nu de l'édifice, en tout semblables à ceux que M. Flandin retrouva à Takt-i-Bostan. Une autre corniche évidée court au sommet, au-dessous du petit toit.

Le second[2] est complétement différent du premier. « Le rocher, d'abord coupé sur « une ligne perpendiculaire, laissait sur ses deux côtés des renforts qui suivaient « sa pente naturelle. On avait ensuite dessiné sur la place égalisée la disposition « d'architecture adoptée; puis on avait commencé à dégrossir les chapiteaux des

1. Désigné par M. de Laborde comme se trouvant au sud de la ville.
2. Désigné par M. de Laborde sous le nom de tombeau inachevé.

« colonnes, car ces monuments, singuliers dans leur élévation, différents des autres
« ruines antiques, devaient y joindre la bizarrerie de leur construction qui com-
« mençait par leur sommet, et se terminait par leur base. En effet, il était nécessaire
« de dégager la partie supérieure de la colonne, et de laisser le poids du rocher
« reposer sur le sol, jusqu'à ce qu'on eût terminé le monument.

« Dans celui-ci, il faut croire que les frais des travaux s'élevant plus haut que ne le
« comportaient les moyens de la famille, on en abandonna le ravalement extérieur,
« mais, en même temps, une large porte ouverte à la base, non au milieu mais

« sur le côté, la chambre complétement dégagée et les fosses creusées, indiquent
« qu'on profita de ce qui avait été fait, et que, tant bien que mal, le défunt y fut
« enterré[1]. »

Nous ajouterons quelques détails à cette description. Remarquons d'abord que ce
tombeau devait être construit ou plutôt évidé d'après le système égyptien le plus
rigoureux. Sa disposition, son entablement, ses colonnes, tout rappelle les hypogées
de Béni-Hassan, et nous avons retrouvé le tout déjà à Jérusalem. Les chapiteaux
seuls ont une forme particulière et n'appartiennent à aucun ordre nommé jusqu'ici.
Reposant sur une forte astragale, ils se composent de quatre cornes dont le profil se
rapproche de la forme d'une console, avec une véritable petite console au sommet,
entre les deux cornes extérieures. L'entablement qu'ils supportent se compose d'une
architrave et d'une frise toute unie. Ajoutons que la quatrième colonne, celle de
droite, est engagée dans la masse.

1. *Voyage de l'Arabie Pétrée*, page 55.

Le troisième tombeau[1] se distingue du second, mais se rapproche du premier. Il dérive des deux par ses ornements. Large face de roc aplatie et posant sur un bloc énorme qui lui sert de piédestal, il présente deux pilastres surmontés de chapiteaux à cornes, semblables à ceux des colonnes du tombeau précédent. Une petite porte très-

Tombeau en fer de Glaive.

basse s'ouvre dans l'axe de l'édifice. M. de Laborde l'a choisi, avec toute raison, comme le type des monuments appartenant en propre à l'art des Nabathéens. Au-dessus des pilastres s'élève un entablement complet. La corniche est surmontée de deux profils de pyramides entaillées sur la face de l'édifice, et toutes semblables à celles qui décorent le tombeau du sud de la ville. Le couronnement de ce singulier monument est trop fruste pour que nous puissions le décrire.

1. Désigné par M. de Laborde comme se trouvant en face du théâtre.

Des deux tombeaux qui forment la première série des hypogées nabathéens[1], l'un, en forme de pyramidion, encore assez bien accusé au sommet, présente le singulier ornement d'une pierre taillée en forme d'éventail, placée juste en arrière de ce sommet, avec une petite porte à la base; l'autre, large cube isolé par des tranchées du corps de la montagne, a conservé quelques restes d'une frise sur laquelle se

Tombeaux détachés du roc.

retrouvent les profils de pyramides que nous avons observés sur les monuments précédents.

À quel âge appartiennent ces tombeaux.

Ces cinq tombeaux, selon moi, appartiennent à peu de chose près à la même époque; et si nous ne pouvons pas préciser cette époque, nous pouvons affirmer, du moins, qu'elle ne s'éloignait guère du temps où les Nabathéens commencèrent à fréquenter les peuples civilisés qui les entouraient. Ils dérivent tous du même système d'art, ou plutôt on retrouve, dans chacun d'eux, les essais gauches et naïfs d'artisans qui n'ont pas encore la conscience de l'art. En général, toutes les fois qu'on étudie les monuments d'un peuple imitateur, on ne tient pas assez compte de son état politique, de ses relations commerciales, de ses migrations, de ses conquêtes, de toutes les causes enfin qui le mirent en rapport avec d'autres peuples plus civilisés. Cette étude seule, cependant, peut fournir la clef de ses usages. Représentons-nous la capitale des Nabathéens, dans les premiers siècles qui suivirent sa fondation; observons la nature de son commerce; notons précieusement les styles d'architecture différents des peuples avec lesquels elle se trouve constamment en rapport; et nous comprendrons alors l'architecture hybride qui naquit chez ce peuple sans artistes. Comme il n'a pas en lui le sentiment de l'art, il copie à droite et à gauche.

1. Confondus tous deux par M. de Laborde sous le nom de tombeaux détachés du roc.

sans discernement et sans choix ; comme il n'est pas assez puissant pour attirer chez lui des artistes étrangers, il s'essaie lui-même à imiter les monuments qu'il a pu voir en Égypte, en Judée, dans la Syrie. Et ces essais, tout d'abord bizarre amalgame de styles divers, trahissent la gaucherie de ses emprunts. Ainsi il ajoute à la pyramide égyptienne le singulier ornement d'un éventail oriental ; il adopte le système d'évidement et le plan égyptiens, mais il s'arrête à la surface, et, quand il a creusé une ou deux petites salles sans espace, il n'ose ou ne sait pas aller plus loin. Il confond dans les ornements extérieurs les styles qui l'ont frappé à Memphis, à Jérusalem, à Palmyre, en Phénicie. Ses entablements sont sans proportion, ses frises sont lourdes, ses chapiteaux bizarres, et cependant il ne sent pas son ignorance ; au contraire, il s'y complaît. Il exagère les proportions de la façade, pour attirer l'œil ; il veut forcer l'attention ; il se croit artiste enfin, quand il est à peine artisan.

Aussi les monuments de ce peuple, que je viens de décrire, révèlent-ils eux-mêmes leur âge. Ce ne sont pas les déviations d'un art savant et perfectionné qui s'étiole quand il a donné toute sa sève ; ce ne sont pas les recherches niaises et surannées de la vieillesse ; gardons-nous bien de voir la débauche d'esprit et de goût de la décadence et du Bas-Empire dans ces essais naïfs et vains ; ils attestent l'ignorance aux prises avec la jeunesse, ils révèlent l'isolement d'un peuple qui n'a que de lointains rapports, ou des rapports de guerre et de commerce avec des peuples artistes. Ce sont les jouets grossiers de l'enfance, non les parures fanées de la décrépitude.

La seconde série des monuments funèbres de Pétra prouvera ces vérités, en accusant un progrès marqué dans la manière des artistes, toujours imbus, cependant, des idées d'imitation.

III

Le premier tombeau de cette série, celui qui se rapproche le plus des monuments du premier âge[1], ne présente à l'extérieur que des ouvertures irrégulières et ruinées, sans aucun ornement. L'intérieur, au contraire, est vaste et très-orné. Une grande et belle salle soutenue par des colonnes engagées, des niches à encadrements entre ces colonnes aussi bien que sur le mur intérieur de la façade, composent toute la décoration. Mais ce qui en fait le mérite, c'est la proportion qui y est observée entre

1. Désigné par M. de Laborde par cette légende : « Intérieur d'un tombeau. »

les diverses parties. Les colonnes, sans bases, sont cannelées à partir du cinquième
de leur hauteur jusqu'aux chapiteaux, et ces chapiteaux se distinguent essentiellement de ceux que nous avons précédemment étudiés. Simples prolongements des
colonnes, ils s'évasent de la base au sommet, comme si le poids du plafond les

Intérieur d'un tombeau à Pétra.

eût écrasés, et au lieu de quatre cornes, ils présentent un encadrement à angles
arrondis, avec une petite saillie sur la face extérieure.

Le second tombeau[1] est l'un des plus vastes de toute la ville de Pétra. Quoique
son couronnement se soit écroulé, on distingue fort bien la place jusqu'à laquelle
il s'élevait. Façade immense entaillée au fond d'une tranchée, et précédée d'une
large terrasse, il présente trois étages de colonnes superposées, dont les chapiteaux
à cornes ressemblent exactement à ceux dont nous nous sommes occupé déjà. Au
rez-de-chaussée quatre portes donnent entrée chacune à une chambre sépulcrale,

1. Désigné par M. de Laborde par cette légende : « A trois étages de colonnes. »

de proportions étroites, s'ouvrant sur la terrasse, les deux placées aux extrémités étant couronnées d'un fronton circulaire, les deux autres d'un fronton aigu.

Tombeau à trois étages de colonnes.

Ces tombeaux sont ceux qui se rapprochent le plus de ceux de la première série. Ils n'ont même que peu de rapports avec ceux qui vont suivre, et je ne les ai réunis que pour éviter des distinctions trop multipliées et trop subtiles.

Sur le pan du rocher qui domine le chemin de la ville sont taillées deux façades de tombeaux[1], très-remarquables, en ce qu'elles présentent des arcs dans leur décoration, une inscription en langue grecque gravée sur l'architrave, et un bas-relief représentant deux hommes dans le fronton de l'un d'entre eux. La porte carrée de ce dernier, ouverte à une certaine hauteur au-dessus du sol, dut être autrefois

1. Désigné par M. de Laborde sous le nom de tombeaux avec une inscription grecque. — Cette inscription est indéchiffrable.

pourvue d'escalier. Les pilastres ne ressemblent à rien de ce que nous pouvons observer dans l'architecture d'aucun peuple.

Plan de sépulture à trois étages de sépulture.

Un autre tombeau[1] présente la singulière disposition d'une arcade entaillée sur le

Tombeau à cinq pyramides.

roc et surmontée d'une plate-forme sur laquelle sont dressés cinq piédestaux chargés de petites pyramides ou plutôt d'obélisques, la plupart étêtés.

1. Désigné par M. de Laborde sous le nom de tombeau à cinq pyramides.

Un autre[1], situé sur une terrasse à laquelle on parvient par un escalier, est précédé d'un portique soutenu par deux colonnes isolées, d'une autre colonne engagée

Tombeau à coupoles.

et d'un pilastre. Au fond du péristyle est une petite chambre sépulcrale qui reçoit le jour par une ouverture ménagée au plafond. Le système d'architecture de ce tombeau

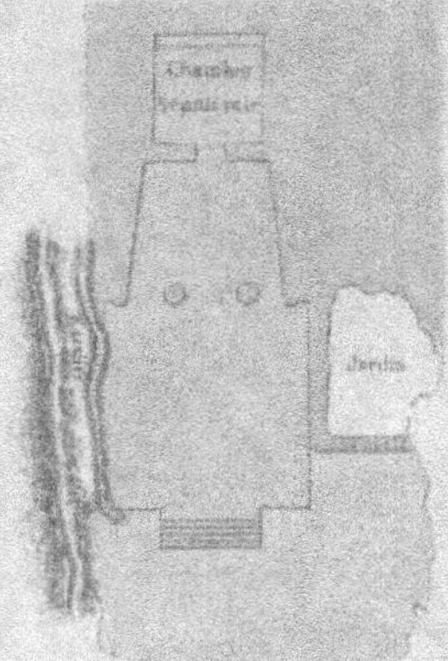

Plan de tombeau à escalier.

rappelle celui de l'hypogée de Beni-Hassan ; les chapiteaux sont de simples disques épais surmontés de cubes évasés ; l'entablement ne manque pas de proportions : une corniche le termine.

1. Désigné sous le nom de tombeau avec escaliers.

Un autre encore[1] présente un fronton élevé soutenu par deux colonnes à chapiteaux arrondis et deux pilastres. Entre ces colonnes se trouvent, dans des encadrements de pierres rapportées, des bas-reliefs à personnages, taillés dans le goût égyptien.

Tombeau au sud de la ville.

La porte est ornée d'une frise divisée par des triglyphes avec des patères dans les métopes. Cette frise est surmontée d'un fronton garni d'acrotère sans décoration.

Un autre enfin[2] présente une haute façade entaillée dans le roc, avec deux

Tombeau à l'extrémité nord de la ville.

pilastres carrés surmontés de consoles, un entablement très-élevé, et un fronton orné de trois urnes : une porte carrée à encadrements s'ouvre à la base.

1. Désigné sous le nom de tombeau au sud de la ville.
2. Désigné sous le nom de tombeau à l'extrémité nord de la ville.

À quel âge appartiennent les tombeaux de la deuxième série.

Le progrès qui s'est opéré dans la ville de Pétra, à l'époque rapprochée de notre ère, qui produisit les tombeaux que nous venons de décrire, est indiqué par de nombreux détails, n'indiquant pas encore cependant le goût des arts ni la main exercée de véritables artistes. Ces bas-reliefs représentant des personnages, ces arcades, ces petites pyramides décoratives, ces urnes, annoncent des rapports plus fréquents avec les peuples qui employaient ces ornements. On copie toujours et on ne copie guère mieux, avec plus de goût du moins; mais on recherche les détails, on les multiplie. Ces détails, du reste, tout en réunissant des styles d'architecture toujours différents, se rapprochent néanmoins, de plus en plus, du style grec.

Je n'accorde pas à l'inscription dont nous avons parlé plus d'importance qu'elle n'en mérite, d'abord parce qu'elle est illisible, ensuite parce qu'elle put être gravée longtemps après l'érection du monument. Je ne confonds pas non plus tous ces tombeaux entre eux, et ne les attribue certes pas à la même époque; je crois, au contraire, qu'ils proviennent de temps assez éloignés les uns des autres, et si je les ai réunis dans la même série, c'est parce qu'ils me paraissent représenter assez bien l'époque de transition qui sépara, à Pétra, le premier âge, représenté par des ornements plutôt égyptiens et syriaques que grecs, de l'âge récent, signalé par l'imitation plus ou moins fidèle de l'architecture des Romains.

Terminons notre étude par l'examen des curieux monuments qui appartiennent à ce dernier âge.

<h2 style="text-align:center">IV</h2>

Troisième série. Description.

Le premier tombeau qui ouvre cette série[1], se distingue d'abord par son plan de tous ceux décrits jusqu'ici. Il ne consiste que dans une salle unique, mais cette salle contient au fond cinq niches à cercueils, et sur le côté gauche trois autres niches, plus larges, qui nous montrent que le monument fut destiné à toute une famille. La façade, entaillée dans le roc, présente quatre pilastres encadrant une petite porte surmontée d'un fronton. L'entablement, terminé par une corniche ornée de denticules, supporte un cintre en forme de niche, au milieu duquel fut sculpté un buste. Un fronton mal proportionné, terminé par une petite urne, est entaillé au sommet.

---

1. Désigné par M. de Laborde sous le nom de tombeau avec une inscription latine.

Sur l'entablement est gravée une inscription latine de trois lignes, renfermant le
nom d'un magistrat, Quintus Protextus Florentinus, qui mourut à Pétra, étant
gouverneur de cette partie de l'Arabie. M. de Laborde dit que cette inscription *paraît*
être du temps d'Adrien ou d'Antonin le Pieux.

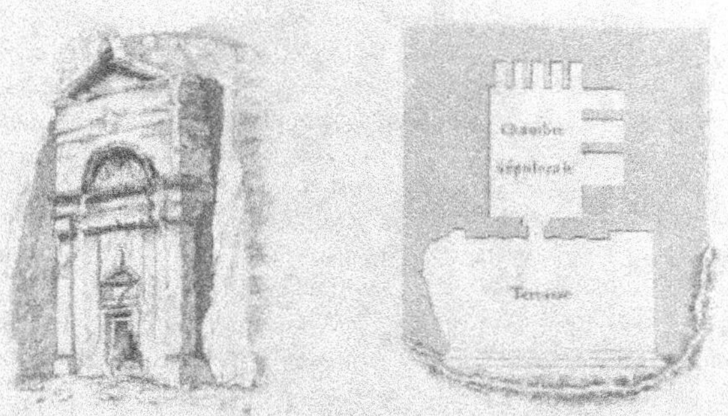

Façade et plan de tombeau avec une inscription latine.

Les autres tombeaux diffèrent encore bien plus que ce dernier de tous les précédents par leur élévation architecturale. Ce sont tous, à l'extérieur, de véritables
monuments qui durent coûter à leurs constructeurs beaucoup de temps et d'argent et
qui renfermèrent probablement les grands personnages que Rome envoyait en Arabie
pour gouverner la province, ou, du moins, pour y occuper des postes importants.
Le plan du premier[1] nous offre trois chambres sépulcrales, dont deux, fort étroites,
et la dernière pourvue de six niches à cercueils, dont une non terminée. En arrière
de cette dernière niche se trouve une excavation jusqu'à laquelle il est difficile de
comprendre que M. de Laborde ait pu parvenir. La façade présente d'abord huit
colonnes couronnées de chapiteaux corinthiens; entre les trois colonnes de droite
sont percées de petites portes ouvrant sur les chambres étroites; l'une est surmontée
d'un fronton aigu, l'autre d'un fronton circulaire. Au milieu de la façade est taillée
une porte carrée. Un attique, surmonté d'un fronton, domine ce rez-de-chaussée.
L'étage supérieur se compose d'un fronton coupé, entre les deux parties duquel
s'élève une espèce de lanterne ronde flanquée de colonnes à chapiteaux corinthiens,
terminée par un toit dont la pointe est ornée d'une urne ou d'une boule. Des

1. Désigné par M. de Laborde sous le nom de tombeau corinthien.

triglyphes et des patères inscrites dans les métopes ornent les frises du fronton et de la lanterne.

Façade du tombeau corinthien.

Le fronton coupé, la lanterne, les arcades et les chapiteaux de ce monument accusent sa date récente. L'étage supérieur ne manque pas de proportions. Le

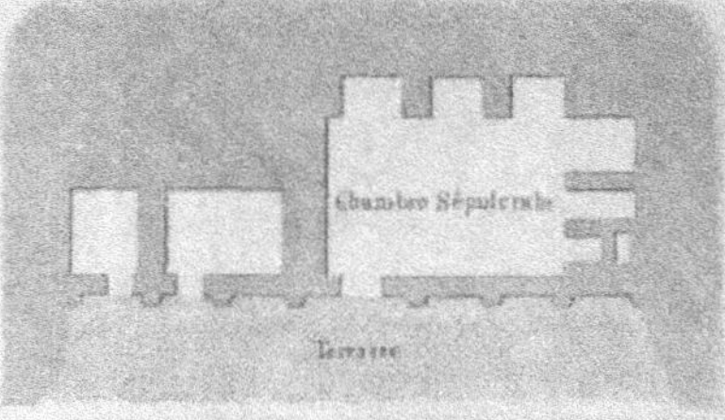

Plan du tombeau corinthien.

rez-de-chaussée seul présente des lignes coupées et irrégulières qui révèlent peu de goût chez l'architecte.

Ce qu'il y a de plus singulier dans ce monument, c'est que l'architecte a figuré sur la façade des lignes représentant la suture des pierres. On croirait alors que, contrairement à tous les autres tombeaux de Pétra, il fut non évidé mais construit de pierres rapportées. Peut-être bien ce que je prends pour une originale idée de décoration est-il une chose véritable, et le monument est-il bien, en effet, composé de blocs de pierres reliés entre eux par du ciment. M. de Laborde n'ayant pas mentionné cette particularité, nous ne pouvons rien affirmer sur le mode de construction de ce tombeau.

Le tombeau suivant[1] ressemble fort à ce dernier, et sa conservation est plus

Vue d'un grand tombeau appelé El-deir.

complète. Le rez-de-chaussée présente d'abord deux piliers carrés aux angles extrêmes, deux colonnes rondes, de chaque côté, accompagnant ces piliers. Au milieu, flanquant une espèce d'avant-corps sont deux autres colonnes, entre lesquelles s'ouvre une porte surmontée d'un fronton. Entre chaque pilastre et la colonne

1. Désigné par M. de Laborde sous le nom de *El-deir* (le couvent).

qui le suit est une niche couronnée d'une arcade. Un entablement domine ce rez-de-chaussée.

Le premier étage, taillé très en relief, nous présente les mêmes pilastres et les mêmes colonnes. Une frise trop haute à triglyphes et patères court au-dessous du fronton coupé et de la corniche de la lanterne, surmontée d'une urne. De larges boudins composent cette corniche. Des niches carrées enfin sont entaillées sur la face de ce bizarre édifice.

Mais ce qui le distingue essentiellement du tombeau précédent, c'est que les chapiteaux des colonnes du rez-de-chaussée sont semblables à ceux de l'intérieur du tombeau que nous avons décrit, avec des encadrements; et ceux du premier étage sont des chapiteaux à cornes. Ces deux formes inusitées, réunies sur cet étrange monument, dont l'aspect revèle l'art condamnable de la décadence, sont peut-être le fait le plus indéchiffrable qu'on puisse rencontrer à Pétra.

Le dernier tombeau de cette ville extraordinaire est aussi le plus riche et le plus

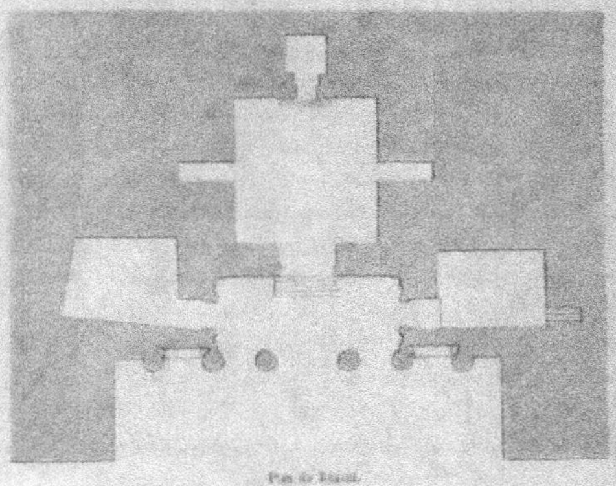

Plan du Khasné.

beau[1]. Conçu sur le même plan que le précédent, il en offre l'exagération et la perfection tout à la fois. Son plan ne présente que trois petites salles dont deux, celle du fond et celle de droite sont pourvues de deux niches à cercueils, et ces salles mesquines ne répondent certainement pas à la beauté sculpturale et au développement extraordinaire de la façade.

1. Désigné par M. de Laborde sous le nom de Khasné (trésor de Pharaon).

C'est dans cette façade, profondément entaillée dans le roc, que consiste tout le monument, et les moindres détails de sculpture y révèlent la main d'un artiste habile, plus habile certainement que l'architecte, qui réunit, dans cet édifice des ordres inconciliables et sans liaison.

Le rez-de-chaussée offre d'abord un portique orné de six colonnes sans bases à chapiteaux corinthiens, augmentés d'enroulements et de grappes de raisin. La frise, d'une grande délicatesse, présente des chimères ailées, à queues de poisson, accroupies devant des urnes. Le fronton décoré d'acrotères relevés en palmes grecques, est enrichi d'élégants entrelacs au milieu desquels se dresse l'aigle romaine, les ailes à demi déployées.

Une porte carrée, ornée de consoles en palmettes et d'acrotères, s'ouvre au fond de ce portique. Sur le côté sont deux autres portes plus petites, décorées comme la première. Entre les deux colonnes extrêmes, sont placés des piédestaux sur lesquels se dressent les statues de deux chevaux conduits par des hommes à pied. De chaque côté du fronton, sur l'entablement, et au-dessus de ces colonnes extrêmes, sont deux lions passants, la tête repliée sur l'épaule et regardant l'aigle central.

Le premier étage ne présente pas des sujets moins riches et moins variés que le rez-de-chaussée. Divisé en trois avant-corps, comme celui du tombeau précédent, ses colonnes corinthiennes reposent sur des bases, et son fronton coupé, comme sa lanterne surmontée d'un toit renflé de forme indienne, révèlent le même système d'art, mais un artiste beaucoup plus fort.

Sept statues de divinités grecques, debout sur des piédestaux, décorent cet étage. Une frise charmante, figurant une longue guirlande ornée de masques, décore le fronton. Quatre aigles se dressent aux angles, et une urne est posée sur le sommet du toit de la lanterne. Une guirlande d'acrotères en palmettes court enfin le long de la corniche de cette lanterne.

Tel est cet édifice, ou plutôt cet immense bas-relief dont l'ensemble annonce un architecte de peu de goût, en même temps que les détails révèlent le ciseau d'un statuaire habile. Je ne crois pas qu'aucun autre édifice, au monde, puisse offrir aux voyageurs de plus étonnants sujets de méditation.

V

Si nous voulons cependant réunir encore tous ces monuments que nous venons de décrire, et qui sont confondus à Pétra avec d'autres excavations sans ornements extérieurs, et des restes de temples, d'arcs de triomphe et d'aqueducs, nous ne

Les tombeaux de la première série furent construits par les Nabathéens.

pourrons-nous mieux établir les différences qui les séparent, et les âges divers auxquels ils appartiennent. Il est bien évident que les premiers furent élevés par les Nabathéens livrés à eux-mêmes, et sans connaissance des ordres grecs, car ils ne présentent que des ornements syriaques et égyptiens. Mais Strabon nous disant que les « Nabathéens ne considéraient les corps morts que comme du fumier, et « que c'était dans les lieux où l'on déposait les immondices qu'étaient enterrés « les rois eux-mêmes, et que les objets de peinture et de sculpture sont des choses « que le pays ne fournit point[1], » Strabon nous plonge dans de grands embarras.

Faut-il croire, en effet, qu'il fut trompé par Athénodore, ou bien ces tombeaux primitifs appartiennent-ils aux premiers habitants du pays, à quelques chefs d'Arabes nomades, dont les Nabathéens conquirent, vers le VIIe siècle, le refuge habituel, espèce de forteresse défendue par des barrières de rochers. Le peuple de guerriers marchands, rançonneur de caravanes, qui habitait cette ville située juste en travers du grand chemin de l'Afrique et de l'Asie, n'ayant aucune connaissance, et sans doute aucun souci des arts, isolé d'ailleurs dans le désert, et ne rencontrant dans ses pérégrinations que des modèles inimitables à cause de leur ampleur, put fort bien se contenter d'adopter l'usage général d'inhumation répandu dans toutes les contrées voisines, avec quelques détails d'ornementation d'une exécution facile, et qui n'exigeaient point le travail d'artistes exercés.

Les seuls artistes étrangers d'ailleurs qui auraient pu se transporter chez lui, pour travailler à sa solde, étaient les Phéniciens qui se prêtaient volontiers, nous l'avons observé chez les Hébreux, à de tels travaux. Mais les Phéniciens étaient les ennemis nés des Nabathéens, leurs rivaux perpétuels, leurs concurrents habiles dans toutes les branches de commerce et dans le mode de transport par terre, qui constituait à peu près toute l'industrie des habitants de l'Idumée. Les Hébreux, plus voisins de Pétra que les Phéniciens, étant obligés de recourir à des artistes étrangers pour construire leurs monuments, ne pouvaient certainement pas avoir l'idée d'envoyer ces artistes dans une ville ennemie, qui d'ailleurs s'en souciait probablement peu. Et quant aux Égyptiens, aux Babyloniens et aux Perses qui purent conquérir tour à tour la ville qui nous occupe, ils songeaient vraisemblablement bien plus à la fortifier qu'à l'embellir, et ils n'y laissèrent d'autre trace de leur passage que le mode d'inhumation inventé par eux. Les Nabathéens se contentèrent donc de reproduire eux-mêmes sur leurs monuments primitifs quelques-uns des détails d'ornementation d'une exécution facile, qu'ils avaient pu remarquer dans leurs voyages, et ils ne cherchèrent probablement pas à pousser plus loin cette imitation.

---

1. Strabon, *Géographie*, liv. XVI, § 26.

Quant aux monuments du second ordre qui, malgré leur aspect barbare, se rapprochent des ordres grecs, nous pouvons les attribuer sans crainte aux Romains et aux étrangers qui s'étaient expatriés à Pétra, et que rencontra Athénodore. En admettant que parmi ces émigrés ne se trouvât aucun artiste, il put se rencontrer des hommes assez intelligents pour décrire et enseigner aux ouvriers les modes d'architecture qu'ils avaient admirés dans leur patrie, et nous pouvons comprendre ainsi les singulières déviations, le manque de proportions et l'incroyable mélange des ordres grecs avec d'autres ordres sans nom que l'on retrouve sur les monuments nabathéens. Il est possible même que ces monuments, qui nous paraissent décorés d'ordres bizarres, soient tout simplement des objets non dégrossis, et il n'y aurait certes rien d'extraordinaire à chercher dans ces chapiteaux à cornes l'embryon du chapiteau corinthien, auquel le sculpteur n'aurait pas pu ou pas su donner de feuilles. Ce mélange de frontons et d'arcades, ce développement architectural extérieur qui ne répond jamais à l'exiguïté du plan, ces étages de colonnes coiffées de chapiteaux bizarres, cette disproportion des entablements et des frises, ces frontons coupés dont les deux ailes accompagnent des diminutifs de dômes à toits arrondis et pointus, annoncent une certaine connaissance des arts, mais le manque total de pratique et de goût. Ce ne sont certes pas là les excentricités d'une école qui cherche à se distinguer, par des formes nouvelles, d'une école rivale; ce n'est même pas encore, ainsi qu'on l'a dit, la déviation des formes sublimes de la Grèce, causée par le faux goût et la mauvaise direction d'études de la décadence : non, c'est l'imitation triviale de l'artiste par l'artisan privé de modèles, c'est le commerçant qui, se faisant architecte par manie, ou parce qu'il est privé d'architectes, s'essaie à reproduire dans le désert qu'il habite les monuments qu'il vit, dans son enfance, dans les villes somptueuses de sa patrie. Le faux goût particulier qui nous caractérise aujourd'hui, et qui, sans études, nous pousse à nous passer d'artistes pour bâtir des diminutifs de chapelles et de palais, dont nous dirigeons les travaux nous-mêmes, suffit pour expliquer le mélange grossier de formes et de systèmes d'art, et le manque de proportions qui nous frappe dans les monuments de Pétra. Ce que nous faisons par vanité et par absence de sentiment artistique, la population mélangée de la capitale des Nabathéens le faisait, contrainte et forcée.

Les tombeaux de la deuxième série furent construits par les étrangers émigrés à Pétra.

Quant au troisième ordre de monuments dont le Khasné est l'expression la plus élégante et la plus riche, on peut incontestablement les attribuer aux mêmes causes; à la même obligation de se passer d'artistes, moins rigoureuse cependant, car les détails d'ornementation de ces monuments extraordinaires révèlent, à coup sûr, le ciseau d'un statuaire habile. Il y eut donc un jour, mais un seul jour, un véritable artiste à Pétra; mais cet artiste n'était certainement pas architecte, ou bien, obligé d'imiter le plan et le système de construction qu'on lui donna pour modèle,

Les tombeaux de la troisième série furent construits par les Romains maîtres du territoire.

il se dédommagea en illustrant ses constructions bizarres des recherches les plus élégantes et les plus fines de la statuaire. Chose étrange ! les derniers monuments de Pétra présentent ce fait unique d'un système de construction abandonné par toute la terre et depuis longtemps. On dirait que la mode mit plusieurs siècles à pénétrer dans ce désert. Une église romane construite en France sous le règne de Louis XIV ne présenterait pas un plus monstrueux anachronisme que ces tombeaux hypogées, ou plutôt ces façades monolithes, entaillées dans la roche au second siècle de notre ère. Peut-être devons-nous croire, après tout, à une superstition particulière, consacrée par l'usage, dans le désert, qui obligeait les conquérants eux-mêmes à se conformer au mode antique d'excavations sépulcrales, venu de l'Égypte. Peut-être, à Pétra, était-il plus économique de découper une façade que de bâtir un monument isolé de pierres rapportées. Peut-être encore les moyens de transport ou de communication, ou l'outillage nécessaire lui-même, manquaient-ils pour suivre le système de construction adopté par toute la terre. Peut-être aussi existe-t-il à Pétra des monuments funèbres construits de pierres rapportées, et ces monuments sont-ils aujourd'hui si bien saccagés qu'on n'en retrouve plus les restes. Ce qu'il y a de plus certain, c'est que ces monuments funèbres nous offrent une exception qui ne se répéta pas autre part, si ce n'est peut-être dans le voisinage très-rapproché de la ville. Et ce qu'il y a d'incontestable, c'est que les monuments de Pétra ne sont pas du même âge, ainsi qu'on l'a dit à tort, et n'accusent pas tous « par leurs nombreux emprunts à tous les genres d'architecture, « une époque de décadence¹. » Ce ne sont certes pas les Romains du premier et du second siècle qui inventèrent ce bizarre amalgame des ordres antiques, et ce genre hybride d'architecture ; ils purent le subir, mais ils ne le propagèrent pas ; et il y a un abîme de siècles entre les premiers tombeaux des Nabathéens que nous avons examinés, dès le début de cette étude, et ceux des riches Romains gouverneurs de Pétra sous le règne de Trajan, que nous avons décrits en dernier. La richesse, à défaut de goût, l'art du statuaire à défaut de celui de l'architecte, mirent au moins six cents ans à s'introniser dans le désert, et ce n'est certes pas là le fait le moins surprenant que nous offre, avec bien d'autres, l'étrange ville que nous venons d'étudier.

Ces tombeaux enfin ne peuvent pas être attribués à la même époque que les tombeaux de Jérusalem. Bien qu'à première vue ils paraissent dériver du même système et que leur ensemble présente, en effet, un mode uniforme de construction, il existe entre eux, pour l'observateur clairvoyant, des différences profondes et radicales. Les tombeaux de Jérusalem sont rigoureusement construits sur le plan compliqué des hypogées égyptiens ; ils s'étendent fort loin sous la terre, protégés

1. Telle est l'opinion de M. Vinet. Voyez la *Revue des Deux Mondes*, numéro de mai 1854.

par des puits et des couloirs; leur développement architectural extérieur ne répond pas aux vastes proportions de leur plan; l'ornementation de leur façade, toujours bien comprise et exécutée par des artistes de talent, ne présente que la réunion des ordres d'où naquirent l'architecture grecque, et de rares détails égyptiens, dévoyés sans doute chez les Phéniciens, et qui ne parvinrent chez les Hébreux que par l'intermédiaire de ce dernier peuple. Les tombeaux de Jérusalem enfin ne présentent pas un seul motif de décoration purement romaine : ni arcades, ni frontons coupés, ni lanternes, ni urnes, ni chapiteaux corinthiens; et surtout aucun d'eux ne nous montre d'inscriptions ni de bas-reliefs représentant le moindre sujet animé. Les tombeaux de Pétra, au contraire, sont construits sur le plan fort simple qui ne dériva du plan égyptien qu'à la suite des siècles; ils ne consistent que dans une ou deux petites salles fort simples, creusées juste auprès de la façade : ni puits, ni couloirs ne les protègent; on n'y voit ni étages superposés, ni galeries fortueuses, ni vestibules inutiles; c'est leur plan exigu qui ne répond pas au développement architectural de leur façade. Ils présentent enfin l'absurde mélange de tous les ordres, et les détails d'ornementation romaine y abondent, avec les inscriptions, les bas-reliefs et les statues, mêlés à d'autres ordres sans nom. Les tombeaux de Pétra ne sont pas la copie des tombeaux de Jérusalem, ils en sont la contre-partie : ils ne datent pas du même âge, plusieurs siècles les séparent; et l'assimilation qu'on a voulu faire de monuments si radicalement dissemblables est fausse, abusive et arbitraire.

Que ressort-il cependant de cette étude, de plus frappant et de plus utile à mettre en relief, pour l'historien des coutumes et des monuments funèbres? Deux faits graves, et une singulière exception. Le premier fait consiste dans l'imitation de l'antique système de construction égyptien qui se reproduisit, aussi bien dans l'Arabie que dans la Palestine et dans les vastes empires de la haute Asie; le second dans la différence radicale qui sépare le système de décoration égyptien du système asiatique. Nous devons faire à Pétra la même remarque que nous avons faite en Perse et en Palestine. Les tombeaux, d'une part, regagnent en décoration extérieure tout ce qu'ils perdent en ornementation souterraine; et d'autre part, moins que partout ailleurs, ils sont défendus ou protégés à Pétra par un système particulier de plan et de clôture : nouvelle et décisive preuve du motif religieux qui enfanta en Égypte les moindres détails des cérémonies et des monuments de la mort.

Plan. — Système de construction — Décoration.

L'exception dont nous avons parlé, et qui est particulière à Pétra, c'est le mélange extraordinaire de styles d'architecture rassemblés sur ses monuments funèbres. Je ne crois pas qu'il se trouve au monde une seule autre ville antique qui nous offre de pareils sujets d'étude. Nous avions cru, jusqu'ici, que notre siècle seul pourrait offrir un jour aux générations à venir des spécimens de tous les ordres possibles d'architecture reproduits le même jour, dans les mêmes contrées; l'exemple de Pétra nous prouve le contraire, et cet exemple est mille fois plus bizarre et plus choquant que ne le seront ceux que nous livrerons aux méditations des siècles à venir, car il ne présente pas des monuments de styles divers construits le même jour les uns auprès des autres, mais bien des monuments réunissant tous, chacun sur lui-même, les ordres les plus dissemblables et provenant de systèmes d'art complétement étrangers les uns aux autres. Si nous pouvons nous figurer sans gémir l'effet extraordinaire et choquant que produirait aujourd'hui, à Paris, une cathédrale gothique ornée d'un fronton grec, avec des cintres romans, un dôme byzantin, des fenêtres à arcs surbaissés, et flanquée tour à tour de statues romaines et de bas-reliefs égyptiens, nous pourrons nous faire une idée du système d'architecture particulier à la ville de Pétra. Exception monstrueuse qui fait tache, dans l'histoire de l'art antique, comme pour mieux le faire valoir et en mieux montrer les admirables proportions.

Quant au système d'inhumation conservé chez les Nabathéens, longtemps après qu'il était abandonné de toutes les nations de la terre, il nous présente une autre exception tout aussi choquante que la première. Il paraît que la ville de Pétra était destinée à se singulariser de toutes manières. Alors que les Romains, car à l'époque de la décadence il n'y a plus que des Romains par toute la terre, alors dis-je, que les Romains se font partout inhumer sous des cippes fort modestes, ou sous de chétifs monuments en forme de sarcophage, et parfois encore sous des édifices de pierres rapportées en forme de temple, ils suivent, à Pétra, et à Pétra seulement, le système d'inhumation emprunté par eux dans les premiers temps aux Étrusques, et qu'ils abandonnèrent dès la République. L'hypogée égyptien, entaillé dans le flanc des montagnes, nous apparaît au second siècle dans la capitale d'une province romaine, et nous surprend juste autant que nous surprendrait aujourd'hui un roi de France enfermé dans un sarcophage de grès et déposé, dans la terre, sous le pavé d'une église. Et nous ne pouvons nous expliquer cette exception nouvelle qu'en nous reportant à la situation géographique exceptionnelle de la ville de Pétra, capitale isolée au milieu des déserts, existant en dehors des courants d'idées qui modifient les usages, et suivant les coutumes antiques que la tradition lui lègue, à défaut de connaissance des déviations que ces coutumes éprouvent autour d'elle. C'est ainsi que, de nos jours, nous retrouvons, dans quelques bourgades isolées de la basse Bretagne, la trace des usages abandonnés à Paris depuis plusieurs siècles; ainsi que ces usages vivent encore, après que les livres mêmes n'en ont pas conservé la trace.

CYRÉNÉENS

I

La réunion singulière de monuments appartenant à des styles d'architecture différents, et provenant de peuples divers, que nous venons d'étudier à Pétra, existait jadis, dans un grand nombre d'autres villes, malheureusement détruites aujourd'hui. Quelques-unes de ces villes cependant ont été respectées par le temps et les conquêtes, et elles ont conservé de nombreux exemples des juxtapositions de civilisations successives. Cyrène surtout, que nous nous proposons d'étudier avant d'aborder l'histoire des usages et monuments grecs, nous fournira, bien mieux encore que Pétra, d'étonnants et nombreux spécimens de ces mélanges d'usages et de costumes, et tranchera fortement sur l'histoire des grands peuples originaux qui fait le principal objet de cet ouvrage.

Nous avons constaté à Pétra la présence de l'élément romain, superposé au syriaque et à l'égyptien, le dominant par ses ordres d'architecture, mais lui empruntant ses plans et son système de construction. La ville que nous allons parcourir maintenant nous offrira des anomalies bien plus étranges, car tous les styles d'art, toutes les formes de monuments que produisirent les peuples de l'antiquité, se retrouveront dans son sein, mêlés et confondus avec des formes architecturales et des modes de décoration que, jusqu'à présent, on ne pourrait retrouver chez aucun peuple.

Quels étaient donc les colons qui se succédèrent, à des intervalles éloignés, dans la ville de Cyrène? Dans quel état de civilisation les premiers d'entre eux trouvèrent-ils les habitants autochthones? Telles sont les questions qui se pressent sur les lèvres de celui qui, pour la première fois, feuillette l'album des monuments extraordinaires de cette ville antique. Malheureusement nul historien ne peut lui répondre, et il en est réduit à discuter les probabilités des traditions grecques, pour se former une idée sur la fondation de la capitale de l'ancienne Pentapole.

À trois lieues environ de la côte de la Méditerranée, juste en face de la Grèce, à mi-chemin à peu près entre Carthage et l'isthme de Suez, — comme une escale naturelle offerte aux Phéniciens pour qu'ils pussent se ravitailler dans leurs courses entre Tyr et Carthage, — Cyrène brille encore, au milieu des déserts affreux qui l'entourent, comme une charmante oasis posée sur une montagne, au-dessus des eaux.

On est généralement d'accord aujourd'hui pour attribuer, de guerre lasse, la fondation de Cyrène au Grec Battos. Débarquant vers 614, à la tête de nombreux colons venus de l'île de Théra, l'une des Cyclades, il trouva, dit-on, les habitants de la côte encore barbares, les policia, plaça la ville qu'il bâtit sous la protection d'une nymphe, institua dans cette ville le culte des dieux de l'Olympe, et mourut enfin, laissant son royaume à ses descendants, qui le conservèrent pendant deux cents ans.

Tout en acceptant, faute de mieux, cette légende pour une histoire véritable, j'y vois sur-le-champ plusieurs choses à reprendre. Les ruines nombreuses de la Cyrénaïque nous présentent, confondus avec des monuments grecs, romains et byzantins, des détails d'architecture évidemment phéniciens, mêlés à de rares ornements égyptiens, aux ordres prétendus grecs, et un mode de construction hypogéen que nous retrouverons plus tard en Asie Mineure.

Si donc nous ne pouvons nous prononcer sur l'origine des premiers habitants de Cyrène, ni même examiner le rôle que put jouer cette ville dans l'histoire des guerres de l'Égypte et de la Libye, nous avons de fortes raisons pour affirmer qu'elle fut une colonie phénicienne avant d'être une colonie grecque, et que le Grec Battos ne la fonda pas, mais la conquit.

C'est donc une ville libyenne superposée d'une colonie phénicienne, puis d'une colonie grecque, dénaturée bientôt par la conquête des Ptolémées, transformée plus tard en province romaine, augmentée d'une colonie israélite, puis modifiée par le culte des chrétiens, et ravagée enfin par les Barbares et les Arabes, que nous nous proposons d'étudier.

II

À la fin de l'année 1824, un courageux voyageur, Jean Raimond *Pacho*, revenu deux fois d'explorations longues et dangereuses en Égypte, et aidé par un ami, eut l'idée de parcourir tout le littoral de l'ancienne Cyrénaïque. Son troisième et dernier voyage dura un an. Après avoir visité toutes les côtes comprises entre Alexandrie et la grande Syrte, malgré des fatigues et des privations incroyables, il pénétra jusqu'aux ruines de l'ancienne capitale de la Pentapole, s'y établit, l'examina en détail, leva le plan de la ville antique et de ses monuments, et « l'exhuma pour ainsi dire, de ses décombres[1]. » Personne, avant lui, n'avait eu ni ce courage ni cette patience : Granger, Paul-Lucas, Bruce, le père Pacifique et le général Minutoli, qui le précédèrent en Cyrénaïque, n'offrirent au public que des indications superficielles sur la topographie et l'archéologie de cette province. Pacho fut donc le véritable révélateur de Cyrène.

Revenu en France, il travailla sans relâche à la rédaction de son voyage. Par une fatale erreur de jugement qui devait lui attirer de rudes mécomptes, il attendait du gouvernement de son pays des encouragements et des récompenses qui satisfissent à la fois ses besoins présents et ses légitimes susceptibilités. Mais il fut cruellement détrompé. On crut assez l'honorer en prêtant l'appui du budget à la publication de son voyage, et en obtenant du roi la faveur d'en agréer la dédicace. Pacho, trop fier pour solliciter des dons plus utiles et qui lui étaient peut-être dus, s'indigna de n'être pas prévenu, et ne tarda pas à tomber dans une mélancolie profonde que l'attachement de ses amis ne parvint pas à dissiper. Un coup de pistolet termina brusquement cette existence malheureuse : Pacho se tua à l'âge de trente-cinq ans.

C'est l'album de ce malheureux voyageur qui va servir de modèle à notre travail sur les monuments funèbres de la ville de Cyrène. Nous n'avons pas cru devoir utiliser à notre profit ses belles découvertes, sans payer d'abord à sa mémoire le tribut d'hommages et de regrets que son mérite et sa fin prématurée lui vaudront éternellement.

III

La ville de Cyrène, assise sur un plateau à trois lieues de la mer, est bornée au nord par un rempart naturel de rochers que divise un petit ruisseau. A partir de ce rempart jusqu'à la mer, le terrain rocailleux s'abaisse graduellement. En arrière du rempart, du côté du sud, les restes de la ville antique sont disséminés au milieu d'une plaine cultivée.

A droite du ruisseau qui coupe le rempart, en regardant la mer, la montagne, divisée dans le sens de sa longueur par un sentier, se partage en cinq grandes masses

Topographie de Cyrène.

1. *Notice sur la vie et les ouvrages de Pacho*, par M. de La Renaudière.

relevées en avant et en arrière. Sur chacune des faces de ces cinq monticules, d'innombrables excavations sépulcrales ont été creusées, superposées dans la face nord, jusqu'à huit et dix étages. De l'autre côté du ruisseau, là même disposition se reproduit avec moins d'étendue. Une étroite vallée, aboutissant à cette partie occidentale de la nécropole, longe la ville du côté de l'ouest, et présente également de nombreux tombeaux; du côté du sud enfin, trois grandes voies, perpendiculaires à la mer, partent des anciens murs de la ville, se dirigent vers le désert; toutes trois sont également bordées de tombeaux. Les ruines de la ville occupent tout l'espace compris entre le rempart de rochers, la vallée occidentale et la tête des trois voies.

A première vue, rien ne distingue ces différentes nécropoles les unes des autres. Toutes, selon le mode antique, sont situées en dehors de la ville, englobant des ruines de temples, d'aqueducs, d'amphithéâtres et de palais. On se croit encore à Pétra. En examinant cependant sur le plan la disposition du terrain de ces nécropoles, et sur les feuilles de l'album les dessins des tombeaux, on ne tarde pas à remarquer des différences profondes, annonçant des systèmes d'art et des coutumes diverses. Tous les dominateurs de Cyrène ont laissé là de nombreuses traces, mais ces traces ne sont pas confondues.

Les deux nécropoles situées dans les flancs du rempart de rochers, de chaque côté du ruisseau, présentent un très-grand nombre d'excavations sépulcrales semblables, quant au plan, à celles de Jérusalem et de Pétra, mêlées à de rares tombeaux isolés, en forme de sarcophages. La petite vallée de l'ouest réunit dans son sein ces deux systèmes de sépultures en nombre à peu près égal. Les trois voies du sud enfin sont bordées de tombeaux en pierres rapportées, comme toutes les voies romaines, et les grottes sépulcrales qui les accompagnent sont très-rares, et construites également de pierres rapportées.

Ces différences graves, provenant évidemment de peuples et de civilisations étrangères les unes aux autres, veulent être étudiées séparément. Notons cependant qu'elles ne sont pas absolues. De même qu'on rencontre des sarcophages isolés parmi les hypogées des remparts, on trouve quelques hypogées bordant la voie romaine peuplée de sarcophages. Il n'y a pas à Cyrène de ligne de démarcation rigoureusement tranchée entre les différents modes de sépultures, et c'est le système de construction dominant dans chaque nécropole qui nous autorise à la séparer des autres.

Les excavations pratiquées dans les deux faces de la montagne parallèle à la mer, en suivent les diverses sinuosités, « elles pénètrent dans les ravins, s'avancent avec « les contre-forts, et présentent néanmoins une certaine régularité donnée par les « hommes. On peut distinguer sur cette montagne huit ou neuf petites terrasses qui « s'élèvent en échelons les unes au-dessus des autres, contenant en plusieurs endroits

« des marches peu élevées. Chacune de ces terrasses présente une série rarement
« interrompue de façades de grottes sépulcrales qui forment contraste avec les amas
« de débris qui les environnent.

« Parmi toutes les élégantes façades qui ornent cette nécropole, il y en a peu qui
« ne soient, au moins en partie, taillées dans la roche; des accidents locaux seuls
« ont empêché quelquefois qu'elles ne le fussent entièrement. Dans ce dernier cas,
« on a équarri, parfois horizontalement, parfois perpendiculairement, la roche for-
« mant la base, la moitié ou les trois quarts de la façade; on a posé ensuite au-dessus,
« à côté ou au milieu de la roche équarrie, des assises qui en ont rempli les lacunes,
« ou complété la hauteur et la largeur de la façade.

« Parmi ce grand nombre de tombeaux, le style dorique domine continuellement.
« On le retrouve quelquefois pur avec ses colonnes cannelées, ses triglyphes et ses
« gouttières; quelquefois *il est modifié par des détails égyptiens*, tels que des cor-
« niches et des encadrements; et d'autre fois il forme un style à part, qui paraît
« néanmoins appartenir en propre à l'architecture de Cyrène.

« Cependant toutes les grottes de cette nécropole ne sont pas ornées de façades à
« ordres d'architecture; on en trouve quelques-unes dont l'entrée n'est qu'un simple
« carré pratiqué dans la roche seule, elles contiennent de vastes appartements sou-
« terrains, s'avançant quelquefois très-loin dans la montagne. Les autres ne sont
« composées que de deux à six caisses funéraires, séparées par des cloisons taillées
« avec un soin infini dans le roc, et se terminant à la façade en pilastres ou en
« colonnes[1]. »

Cette nécropole jusqu'à présent nous présente donc les mêmes plans, systèmes
de construction et modes de décorations que nous avons observés à Jérusalem et
dans les plus anciens tombeaux de la ville de Pétra. Ce sont toujours des hypogées
évidés dans le sein des montagnes, subdivisés à l'intérieur en salles plus ou moins
spacieuses et nombreuses, renfermant des niches à cercueils, et présentant sur leurs
façades la réunion des ordres d'architecture d'où naquit le style grec, et des ornements
appartenant en propre à l'Égypte et à l'Assyrie.

N'eussions-nous que cette seule indication pour déterminer l'âge approximatif de
ces premiers monuments de Cyrène, qu'elle nous suffirait. En nous rappelant la
position géographique de cette ville, nous ne pouvons attribuer à nul autre peuple
qu'aux Phéniciens ce système de construction employé par eux pour édifier les
monuments de leurs colonies, système de construction que nous retrouverions certainement en Phénicie, si des explorations bien conduites étaient enfin dirigées du côté de
ce pays aussi peu connu qu'intéressant.

Système de con-
struction et de dé-
coration.

Sur une hypogée
du Nord.

---

1. Pacho, *Voyage dans la Marmarique et la Cyrénaïque*, p. 196 et suiv.

Un autre motif nous autorise à attribuer aux Phéniciens ces premiers monuments de Cyrène. En étudiant dans le livre suivant les monuments funèbres des colonies de l'Asie Mineure qui appartiennent tous, incontestablement et sans mélange, aux origines du style grec, nous observerons des détails d'ornementation fort différents, décorant des hypogées excavés dans le sein des montagnes. Si les monuments de Cyrène, que nous venons de décrire, provenaient tous de la colonie de Battos, ils présenteraient certainement les mêmes motifs de décoration que les tombeaux de la Lycie et de la Carie; mais nous verrons plus tard combien ces motifs en diffèrent, et comme ils se rapprochent, d'une manière frappante, des monuments hébreux, édifiés tous, d'après la Bible, par les artistes phéniciens; nous nous croyons fondés à affirmer qu'ils proviennent à peu près de la même époque et des mêmes artistes.

Une différence notable qui distingue cependant les monuments de Cyrène de ceux de Jérusalem doit être observée ici, car elle achèvera la description de ces premiers monuments et confirmera tout ce que nous avons dit sur l'origine des derniers. Aucun tombeau de Jérusalem ne présentait dans sa décoration de représentation d'image vivante, car ils avaient tous été construits d'après les prescriptions très-rigoureuses de la loi de Moïse; les tombeaux de Cyrène, au contraire, construits sur le même plan, ornés des mêmes ordres d'architecture, et datant à peu près de la même époque, nous offrent souvent des représentations de têtes d'animaux et des bas-reliefs animés, preuve frappante que les tombeaux de Jérusalem ont été sculptés du temps où la loi de Moïse régnait sans partage, et non du temps où les Romains avaient chassé les Juifs de la Palestine.

Au surplus, en affirmant que les plus anciens monuments funèbres de Cyrène ont été élevés par les Phéniciens, nous ne prétendons pas dire qu'aucun d'eux ne date du temps de la dynastie des Battiades. Nous voulons simplement dire que le système d'art et de décoration particulier, aux Phéniciens se retrouve sur chacun d'eux. Lorsque Battos débarqua en Afrique, les Phéniciens avaient fondé Carthage depuis près de trois siècles, et vraisemblablement Cyrène leur servait de relai dans leurs voyages le long des côtes de la Méditerranée. Battos dut trouver Cyrène toute construite et peuplée d'artistes et d'artisans. S'il ne soumit pas à son pouvoir les artistes, il dut probablement conserver à Cyrène les artisans dont il avait besoin. Et nous ne devons pas être surpris de voir ces artisans décorer les monuments qu'ils élevaient pour les Grecs de certains détails d'architecture et de sculpture qui leur appartenaient en propre, ou du moins qu'ils s'étaient assimilés depuis longtemps. Lorsqu'un peuple emploie des artistes étrangers pour décorer ses édifices, il ne peut guère leur imposer de formes architecturales que le goût et les habitudes de ces artistes seraient tentés de repousser. Il doit nécessairement s'en rapporter à eux pour le choix des détails d'ornementation; tout au plus leur impose-t-il les formes que lui

prescrit sa religion particulière. Et c'est ainsi que, tout en conservant le même système
de plan et de construction, et les mêmes ordres d'architecture pour édifier les
monuments de Jérusalem et de Cyrène, les Phéniciens se conformèrent aux exigences
des religions différentes de ces deux villes, en empruntant au seul règne végétal
l'ornementation des tombeaux hébreux, et en enrichissant ce mode de décoration de
sujets animés sur les grottes sépulcrales de la Cyrénaïque.

Mais nous n'avons pas complétement décrit tous les monuments de la plus ancienne
nécropole de Cyrène. Nous n'avons mentionné jusqu'ici que les tombeaux décorés du
style improprement appelé *dorique* par les Grecs, et qui prit naissance en Egypte;
d'autres vont nous présenter des exemples du style assyrien improprement aussi
nommé *ionique*, et la réunion de ces deux ordres d'architecture dans la même nécropole complétera la ressemblance qu'elle nous offre avec celle de Jérusalem.

« Il me reste à parler, » dit Pacho, « d'un nouveau genre d'architecture employé
« dans la nécropole. Je nommerai les grottes qui le composent hypogées à portique.

« Le plus considérable d'entre eux, creusé presque au sommet de la montagne,
« domine toute la nécropole, et déplaie par cette situation à une très-grande distance
« sa longue et magnifique galerie; on croirait s'approcher des ruines imposantes de
« l'Egypte. On arrive auprès du monument, et l'on trouve une colline entière divisée
« intérieurement en appartements funéraires et décorée au dehors de vingt-six
« colonnes et pilastres massifs disposés sur une seule ligne, et ayant pour entable-
« ment la couche supérieure de la colline couverte de champs et d'artistes.

« Une élégante façade contenant deux colonnes cannelées à chapiteaux en volutes
« qui soutiennent une architrave ornée de frises légères, frappe d'abord l'attention.
« Les autres parties du portique, ou, pour mieux dire, les autres portiques attenants
« à celui-ci n'offrent pas la même élégance de travail. Les uns ont des colonnes élargies
« à la base et rétrécies au sommet, les autres des pilastres à chapiteaux en volutes,
« et d'autres encore présentent à peu près la même disposition, mais on s'aperçoit
« qu'ils sont restés inachevés[1]. »

Pacho attribue cet hypogée au travail de diverses époques, se fondant sur la diversité
des styles. C'est précisément la réunion des styles dorique et ionique qui me fait
croire le contraire. Nous avons observé la même réunion à Jérusalem avec des
corniches égyptiennes. Je ne prétends pas cependant que cet hypogée ne forme qu'un
seul et même monument construit le même jour; je crois, au contraire, qu'il présente
la réunion de six tombeaux différents dont les grottes ne communiquaient pas entre
elles; mais ils datent incontestablement du même siècle. Je les crois enfin moins
anciens que ceux de Jérusalem : leurs salles étant beaucoup moins nombreuses et

____

1. Pacho, *Voyage*, etc., p. 192.

moins cachées, et les ornements extérieurs plus travaillés, plus tourmentés, pourrais-je dire.

L'extrémité occidentale de la nécropole présente le même genre d'architecture modifié par les localités. La montagne y étant partout abrupte et entrecoupée de blocs de rochers, les excavations sépulcrales ne se trouvent plus occuper qu'une seule ligne.

« Ces hypogées sont du même style que les précédents, mais dépourvus de « portiques. Des pilastres de même forme, surmontés des mêmes chapiteaux, se suc- « cèdent également les uns aux autres ; mais au lieu d'être séparés de l'entrée des « grottes, ils sont simplement sculptés aux parois extérieures. Le peu d'espace laissé « aux architectes par la forme abrupte de la montagne est infailliblement la seule « cause de cette différence[1]. »

IV

Pacho retrouva des tombeaux semblables en d'autres endroits de la Cyrénaïque. Dans la vallée de Koubbèh, deux portes carrées, dont l'une était surmontée d'une espèce de fronton, enrichi plus tard de niches par les chrétiens, le conduisirent dans l'intérieur de deux tombes remarquables renfermant chacune un vaste vestibule aboutissant à des salles funèbres. Le plan de ces tombeaux est semblable à ceux que nous avons étudiés à Jérusalem, à l'exception des niches à cercueils qui ne sont pas perpendiculaires à la porte, mais parallèles. Auprès du golfe de Bomba, une autre grotte de style « greco-égyptien[2], » précédée d'une cour découverte, présente le système de tâtonnements qui présidait habituellement en tous lieux à la construction des grands hypogées. A Massakhit, un long mur naturel qui servait de soubassement à l'ancienne ville était tout entier perforé d'hypogées. L'un d'eux, à façade dorique, était criblé de niches pratiquées par les premiers chrétiens pour y déposer des statuettes ou des lampes. Enfin dans la vallée qui conduit d'Apollonie à Cyrène, une longue façade, monolithe par la base, présentait la disposition d'une série de cadres ornés de pilastres et d'une frise à triglyphes, placés chacun au-dessus de l'entrée d'un caveau sépulcral, et figurant ensemble un grand entablement.

Mais de tous les hypogées de la Cyrénaïque, le plus remarquable à tous égards est incontestablement celui nommé Kennissieh (les Églises) par les habitants du

1. Pacho, Voyage, etc., p. 300.
2. Id.   id.   p. 49.

pays. Situé à peu près au milieu de la nécropole de l'est, il rappelle les labyrinthes
funéraires, servant à renfermer les dépouilles des gens du peuple, en Égypte, par
les proportions extraordinaires et l'irrégularité de son plan. Évidé dans le sens de
l'épaisseur de la montagne, il se compose, au milieu, d'une immense et longue salle,
perforée au fond et sur les côtés d'une multitude de portes conduisant aux chambres
sépulcrales. Près de quarante tombeaux différents sont ainsi renfermés dans cet
hypogée colossal, contenant chacun plusieurs cercueils de formes diverses. Malgré
sa prodigieuse étendue, et le nombre de cadavres qu'il devait renfermer, cet hypogée
ne devait pas servir aux gens du peuple, mais plutôt à quelque caste particulière ou
privilégiée, car les niches à cercueils et les sarcophages y sont parfaitement isolés les
uns des autres, réunis seulement par groupes de trois ou quatre. Ce n'était certainement pas là un tombeau commun, mais une nécropole ou plutôt une série de tombeaux
pratiqués dans une grotte unique au lieu d'être alignés, suivant l'usage, le long du
sentier de la ville.

V

Les stèles funéraires des tombeaux que nous venons de décrire sont peut-être
plus extraordinaires et plus indescriptibles encore que ces tombeaux eux-mêmes.
Bien qu'elles renferment toutes des caractères grecs, on ne peut cependant pas

attribuer au style grec leurs formes bizarres et leurs étranges motifs de décoration.
Celles de la ville de Ptolémaïs nous montrent des rosaces phéniciennes inscrites au

milieu de frontons à cornes dominant des arcades; ou bien des dalles taillées en forme de bonnet d'évêque sans aucune trace d'ornements. L'une d'entre elles présente de petits pilastres, une autre une sorte de frise à modillons. Celles de la ville de Teuchira sont peut-être encore plus bizarres : l'une d'elles a la forme d'une ogive, une autre d'une pyramide, une troisième d'un pylône surmonté d'un fronton aigu.

M. Letronne, qui prit la peine de déchiffrer toutes les inscriptions de ces monuments[1], n'en retrouva qu'une seule incontestablement antérieure au règne des Lagides; ces stèles avaient-elles donc servi aux premiers habitants de Cyrène? Et les conquérants successifs de la Pentapole, au lieu d'en faire tailler pour eux-mêmes, se contentèrent-ils de les gratter et de remplacer les inscriptions originaires par de nouvelles? Il ne m'est pas possible de ranger ces monuments sans goût et bizarres, au nombre des œuvres inspirées par le génie grec. Ce ne serait certes pas la première fois qu'on aurait vu de pareilles substitutions dans les monuments funèbres; et l'histoire du monde entier nous en offre de nombreux exemples. Les tombeaux eux-mêmes de la Cyrénaïque durent certainement subir les violations et les appropriations qui se rencontrent dans les annales funéraires de tous les peuples. Malgré le respect pour la mort qu'enseignaient toutes les religions de l'antiquité, les conquérants ne

1. Pacho, Voyage, etc., p. 287.

respectèrent jamais les tombeaux des provinces conquises, et presque toujours les
appropriant pour eux-mêmes, ils jetèrent au vent les cendres des morts qui les y
avaient précédés. Les premiers chrétiens surtout, se livrèrent à ces profanations
indignes; et il n'est pas rare de rencontrer, même en Cyrénaïque, des tombes
très-anciennes décorées par eux des symboles de leur religion, dans lesquelles ils
installèrent leurs dépouilles, que les Arabes devaient un jour, par un juste retour de
rancune, piller, profaner et souiller[1].

VI

Les tombeaux du second âge de la Cyrénaïque se distinguent essentiellement des
premiers par leurs formes, leur système de construction et leur mode de décoration.
Nous avons précédemment fait observer que ces tombeaux n'étaient pas tous
circonscrits dans le même lieu, mais mélangés parfois avec les tombes plus anciennes.
Le long du sentier qui divisait l'antique nécropole pratiquée dans l'épaisseur du
rempart de rochers situés au nord de la ville, se rencontre un assez grand nombre
de monuments appartenant sans doute aux contemporains des Ptolémées et de la
domination romaine. Pacho les classa, à tort, à la même époque que les hypogées
ci-dessus décrits, et comme leur forme modeste ne laissait pas que de l'étonner un
peu, il les attribua aux gens du peuple[2].

C'est là une grave erreur que nous ne pouvons pas accepter. Les pauvres, en
Cyrénaïque, comme partout ailleurs, durent être plus modestement inhumés que les
riches, mais le même mode de construction devait être employé pour édifier leurs
sépultures; et je suis certain qu'à Cyrène, comme en Égypte et en Judée, devaient
exister autrefois de vastes nécropoles communes, cavernes ou tranchées, dans
lesquelles on les entassait confusément; mais on n'adopta pas pour eux un mode
de construction, créé beaucoup plus tard, pour remplacer le système coûteux et
compliqué des tombeaux hypogéens.

Ces tombeaux, relativement modernes, construits en forme de sarcophages,
monolithes, sont placés à Cyrène, au devant des terrasses, et bordent la série des
façades. Sans ornements, leur couvercle divisé dans le sens de la longueur, présente
la forme d'un toit relevé en avant et en arrière, échancré parfois sur les côtés, de

---

1. Pacho, *Voyage*, etc., p. 102.
2. *Id.   id.   p. 196.*

manière à figurer aux angles des espèces de cornes, et au milieu une petite pyramide à pentes évidées en gorge. Les corps devaient être inhumés dans la terre au-dessous de ces petits monuments décoratifs plus ou moins élevés.

Tombeaux construits de pierres rapportées. — D'autres tombeaux, beaucoup plus riches que les précédents, décoraient les voies antiques. Pacho en retrouva trois dans les environs du golfe de Naustathmus, qui ressemblent, à s'y méprendre, aux plus beaux monuments que nous retrouverons plus tard dans la Lycie. Ce qui distingue essentiellement ces tombeaux de tous les autres, et même du plus grand nombre des monuments Lyciens, c'est qu'ils sont isolés et construits de pierres rapportées. L'un, en forme de petit temple quadrilatère exhaussé sur quatre rangées de gradins, est orné de pilastres supportant une frise dorique; un fronton, aujourd'hui écroulé, surmontait autrefois cette frise. La base du monument repose sur des dalles inclinées, destinées à faciliter l'écoulement des eaux, et d'élégantes sculptures décorent la double porte de la façade. Une cloison longitudinale en pierre, divise ce tombeau en deux pièces, séparées elles-mêmes, dans leur hauteur, par trois rangées de dalles, formant autant de cases à cercueils. « Un « antique olivier, placé devant la porte, ombrage le faîte du monument d'une « manière aussi religieuse que pittoresque [1].

« A quelques pas de ce magnifique mausolée on en voit un second moins grand, « mais mieux conservé, et n'ayant qu'une seule pièce. Un autre encore se trouve à « une portée de fusil. A ses petites dimensions, à sa forme de carré parfait, et surtout « à sa surface plane, on dirait d'un autel antique élevé dans ces lieux en l'honneur « de quelque divinité champêtre [2]. »

Auprès de Ghermès, Pacho trouva un autre tombeau construit de pierres rapportées, mais de forme circulaire, et élevé sur une éminence. Il est probable que ce tombeau devait être autrefois surmonté d'un toit en cône semblable à ceux que nous rencontrerons plus tard chez les Etrusques.

Tombeaux des voies du Midi. — Mais c'était encore à Cyrène que les tombeaux isolés, formés de pierres rapportées, devaient se rencontrer en plus grand nombre. Les voies du midi en étaient jonchées. « Au-dessus des excavations pratiquées dans les exhaussements du terrain, et dans « les endroits qui en sont dépourvus, s'élèvent çà et là, parallèlement aux rues, « des tombeaux élégants couverts en forme de toit, et surmontés infailliblement « autrefois de statues. Indépendamment de ces mausolées, on voit aussi le long des « rues une prodigieuse quantité de sarcophages monolithes de roche grossière [3]. »

Ainsi la ville de Cyrène réunissait autour d'elle les modes de sépulture les plus opposés de l'antiquité; le plus ancien et le plus moderne, l'hypogée et le sarcophage

1. Pacho, *Voyage*, etc., p. 144.
2. Id. id. p. 145.
3. Id. id. p. 223.

isolé. Au nord de la ville étaient agglomérées les excavations sépulcrales dérivées de l'usage primitif de l'enfouissement dans les cavernes; au sud, les petits monuments décoratifs dérivés de l'usage du dépôt des corps dans la terre. La première nécropole rappelait les plus anciennes formes de l'Égypte et de l'Assyrie, la seconde les formes plus récentes de la ville de Rome. Précieux rapprochement que bien peu d'autres villes au monde pourraient nous représenter, et qui atteste aussi bien l'antiquité que la longue existence de la capitale de la Pentapole.

VII

Nous devons nous occuper maintenant des motifs de décoration et des cercueils qui se rencontrent dans les tombeaux de Cyrène. Il n'en subsiste plus guère aujourd'hui, car toutes les tombes de l'ancien monde ont été partout saccagées; mais les rares débris qu'on rencontre encore peuvent fort bien servir de types, car ils sont presque tous d'une assez bonne conservation.

Sarcophages.

« En longeant vers le sud, » dit Pacho, « la série d'hypogées de la nécropole « du nord, on rencontre cinq ou six grottes dont les entrées ne semblent annoncer « que d'informes cavernes. Nous pénétrons dans les premières, et nous nous trouvons « en face d'un magnifique sarcophage de marbre blanc d'une parfaite conservation, « et orné sur trois côtés d'élégants bas-reliefs. Des cariatides à la pose gracieuse, « à la draperie légère, soutiennent des guirlandes de fleurs et de feuillage où pendent « des grappes de raisin. Des têtes ou des rosaces occupent le centre des médaillons « formés par la courbure des guirlandes. Le couvercle, très-massif, est sculpté en « feuilles imbriquées.

« L'hypogée est divisé en trois pièces dont chacune contenait un sarcophage. Si l'on « en juge par leurs débris, ils étaient tous d'un travail non moins achevé. Sur l'un « était sculptée une chasse, sur l'autre des griffons[1]. »

Âge
des sarcophages.

Nous avons quelques observations à ajouter au sujet de ce sarcophage et de la tombe qui le renfermait. Tous deux annoncent une date récente. La tombe, évidée d'abord dans le sein de la montagne, puis consolidée par une maçonnerie de pierres rapportées, suffirait seule pour affirmer cette date. Le sarcophage déposé, non dans une niche, mais sur le sol d'une salle funèbre, provient de l'art romain le moins contestable. C'est bien là la tombe la plus moderne de l'antiquité ; le système de construction seul rappelle le mode antique. Cette tombe put être un hypogée

1. Pacho, Voyage, etc., p. 201.

antique, violé par un Romain, consolidé par une maçonnerie et disposé selon les idées de l'époque.

Un autre sarcophage, accusant également une date récente, fut trouvé dans une grotte voisine. Deux griffons ailés sont sculptés sur sa face principale appuyés sur un flambeau funéraire; des têtes de boucs et des guirlandes décorent les faces plus petites.

Mais de toutes les choses surprenantes qu'on peut rencontrer dans les tombeaux de Cyrène, les plus extraordinaires sont certainement les peintures qui décorent un hypogée de la nécropole. Cet hypogée, petite grotte taillée dans les flancs du ravin, sans niches ni sarcophages, contient au milieu un puits sépulcral, et ses quatre parois sont couvertes de peintures qui représentent des cérémonies et des jeux funèbres. La première est composée d'une série de figures alignées auprès de la porte d'un tombeau que Pacho prit pour la représentation d'un petit meuble. Les unes sont

revêtues de riches costumes, de longues robes à manches et de manteaux bleus attachés sur les épaules; les autres ont les jambes et les bras nus; presque toutes sont couronnées de feuillages. Près de la porte du tombeau, deux jeunes garçons déposent des offrandes sur une table; deux hommes, auprès d'eux, jouent de la lyre, un autre de la trompette à deux tubes. C'est bien certainement là la représentation des cérémonies en l'honneur des morts que les Grecs et les Romains, à certaines époques, venaient faire devant la porte des tombeaux; mais les personnages qui vont suivre nous montrent des usages différents et inconnus. Un groupe entoure d'abord un homme qui marche en jouant de la lyre; devant un autre groupe sont dressés sur des piédestaux trois personnages enveloppés de leurs longues robes asiatiques à ramages, avec des manteaux et des ceintures, et la tête ornée de visières relevées en forme de mître. L'un d'eux fait le geste d'un orateur, l'autre s'appuie sur une massue, le troisième semble consacrer des couronnes et des palmes déposées sur une table. Tous trois enfin portent la barbe.

Ces peintures peuvent être romaines, ainsi que l'a affirmé M. Letronne[1], mais les costumes ne sont certainement ni grecs ni romains. La cérémonie peut appartenir à tous les peuples de l'antiquité, mais le tombeau dans lequel elle est représentée n'est certainement pas un tombeau israélite, ainsi que le dit Pacho. Le puits sépulcral annonce la présence d'une urne, et les Hébreux ne brûlèrent jamais les morts; jamais non plus ils ne représentèrent dans un tombeau le moindre sujet animé. Il est probable que les hommes debout sur des piédestaux représentent des Asiatiques; il est certain que la cérémonie est celle des offrandes offertes aux mânes des morts devant le seuil du tombeau, mais nous ne pouvons pas affirmer autre chose sur cette peinture

---

1. Moniteur du 29 décembre 1825.

extraordinaire dont l'équivalent ne se retrouve nulle autre part qu'à Cyrène.

La seconde paroi représente des jeux funèbres, les uns nous montrant des athlètes Représentation des jeux funèbres nus, les autres des guerriers armés de toutes pièces. Ces derniers ont la face garantie par un masque et la tête ornée de panaches de diverses couleurs. Les costumes de ces gladiateurs sont aussi étranges que ceux des personnages précédemment décrits. Le reste de la paroi contient la représentation de la suite des jeux, consistant en une course de chars fort détériorée.

Les autres parois représentent un cirque et une chasse dans laquelle les animaux féroces, tels que le lion et le léopard, sont confondus avec des cerfs et des gazelles que poursuivent des lévriers.

Telles sont les peintures de ce tombeau unique que nous ne pouvons attribuer avec Âge des fresques certitude à aucun personnage particulier. Il est incontestable qu'elles sont d'une date récente, elles ne représentent que les sujets ordinaires préférés pour décoration des tombeaux par les Étrusques et les Romains. Elles ornent la tombe d'un homme dont le corps fut brûlé, mais ces costumes sont asiatiques et cette tombe récente est un hypogée. Toutes ces contradictions inexplicables sont fort curieuses, malheureusement elles ne peuvent rien nous apprendre.

Un autre sujet d'étonnement nous attend encore à Cyrène : Pacho trouva dans Peinture d'un sarcophage une grotte du côté occidental de la nécropole, une petite salle à parois très-unies et peintes d'un vert tendre. Le fond de cette grotte était occupé par un sarcophage de pierre creusé dans le roc, et couronné d'une frise avec triglyphes, contenant dans chaque métope une peinture élégante représentant les phases ou les diverses occupations de la vie d'une esclave noire. J'ai vu quelques-uns de ces métopes déposés récemment au Louvre, et, bien que la peinture y soit à peine reconnaissable aujourd'hui, je la crois d'une date récente, comme celle des fresques du tombeau précédent. Mais un sarcophage peint, creusé dans le roc d'un hypogée, et destiné à une négresse, dans une ville romaine, ne me surprend pas moins que la salle à parois peinte en vert tendre, et les peintures ci-dessus décrites. Ce sont encore là les bizarreries exceptionnelles que présente parfois l'histoire des peuples, mais qui n'apprennent et n'indiquent rien à la science.

S'il m'est permis de donner ici un équivalent appréciable de l'étrangeté de ces monuments, j'inviterai le lecteur à se figurer l'étonnement d'un archéologue visitant, dans deux mille ans notre colonie d'Algérie, et trouvant dans une mosquée une chapelle gothique semblable au tombeau de Dagobert, décorée de peintures appartenant incontestablement à l'époque actuelle, et représentant les occupations d'un Moscovite. S'il est sage, il est probable qu'il ne perdra pas son temps à chercher l'explication de ce monstrueux problème. C'est ce que nous ferons, pour passer à la description de sujets plus compréhensibles.

VIII

Nous ne nous occuperons pas des tombeaux chrétiens de la Cyrénaïque. Ils n'entrent pas dans le cadre de notre sujet, et tous furent établis dans les salles des tombeaux antiques, appropriées aux idées religieuses du christianisme. Mais, avant de résumer les divers sujets que nous avons passés en revue dans la colonie de Battos, nous devons nous arrêter un moment sur quelques détails essentiels qui compléteront notre description.

Le premier est une inscription en caractères grecs, que Pacho transcrivit, et que traduisit M. Letronne. Elle date du règne d'Auguste :

« L'an XXIX [1], Titus Pétronius Capiton, âgé de vingt-quatre ans.

« La Fortune, Capiton, n'a mis pour toi entre la vie et la mort, entre l'hymen et la tombe, « que l'intervalle d'une seule nuit ; trompeuse, impitoyable, sans instruments de fête, pour toi « sans lit nuptial, sans festin. Infortuné jeune homme ! La poussière est tombée sur les vête- « ments de noces, tes bandelettes non encore parfumées, tes couronnes de biblos. Ah ! des « gémissements ont été ton chant d'hyménée ! Ah ! hélas ! les flambeaux t'ont conduit à la « couche dernière, que personne ne doit partager [2]. »

Ce malheureux jeune homme, mort la nuit même de son mariage, nous a transmis dans sa touchante épitaphe, d'intéressants détails sur les usages funèbres de la Cyré- naïque : la poussière tombée sur ses vêtements de noces est probablement une image rappelant les souillures du deuil ; il fut conduit au tombeau avec des torches, avec des gémissements, des chants peut-être, selon l'usage antique introduit en Cyrénaïque à la suite des Grecs et des Romains.

Une autre épitaphe, plus brève, nous mettra sur la trace d'un usage que nous retrouverons dans la Lycie ; elle dit :

« Aristote, fils de Sosie, prêtre d'Apollon ; qu'on ne mette personne dans ce tombeau [3]. »

Personne est ici pour : nulle autre personne qu'Aristote. Une autre inscription est conçue à un point de vue tout différent :

« Caïus Julius Stéphanus a fait construire les fondements (de ce tombeau), le sérus, « l'exèdre [4] et l'enceinte à ses frais pour lui et ses enfants [5]. »

1. Du règne du prince qui correspond à l'an 3 de notre ère.
2. Pacho, *Voyage*, etc., p. 388.
3.   Id.   *id.*   p. 397.
4. Le portique.
5. Pacho, *Voyage*, etc., p. 402.

Des statuettes, des figures d'animaux en terre cuite, des couronnes de fleurs et des colliers peints et dorés de la même matière ont été trouvés dans la plupart des tombeaux de Cyrène, mêlés à des vases de verre de très-petite dimension, composés de zones et ornés de filets d'émail. Quelques vases de verre blanc furent également déterrés dans les fouilles, ainsi que des vases peints à fond noir avec des figures rouges, et quelquefois des retouches blanches. Quelques vases panathénaïques, portant des noms d'archontes annuels de la ville d'Athènes, ornés de mascarons en relief et de guirlandes peintes en blanc, sont venus compléter ces découvertes : plusieurs d'entre eux renferment des ossements brûlés[1].

Objets trouvés
dans les tombeaux.

Ces objets divers datent incontestablement de la fin du ve siècle à la moitié du ive siècle avant notre ère. L'une des urnes porte, gravé sur sa panse, le nom du mort. Les reliefs de cette urne ressemblent à ceux du monument chorégique d'Athènes.

Tous ces objets, précieux à plus d'un titre, déposés aujourd'hui au Louvre, furent découverts par un drogman de l'ambassade française à Constantinople, M. Vattier de Bourville. Chargé de faire des fouilles à Cyrène, par le gouvernement du roi Louis-Philippe, il vit sa mission annulée par la révolution de 1848. Il continua ses fouilles pour son propre compte, et rapporta en France tout ce qu'elles avaient produit en 1850. Malheureusement, il avait négligé de suivre les indications très-précises que lui avaient données les conservateurs du Musée avant son départ; et nous ne pouvons pas savoir aujourd'hui dans quelles tombes se trouvaient les statuettes, non plus que la place qu'elles occupaient par rapport aux morts. Il est incontestable cependant que tous ces objets, selon l'usage grec, étaient renfermés dans les sarcophages avec les cadavres.

IX

L'époque la plus florissante de Cyrène date de la domination grecque. Les compagnons de Battos transformèrent la ville phénicienne, l'embellirent de monuments inspirés par le souvenir de leur patrie, et, tirant un ingénieux parti de la disposition des sites et des décorations charmantes de la nature, créèrent au milieu des sables ardents de l'Afrique un bocage merveilleux où les œuvres de la statuaire rivalisaient avec les parures de la végétation.

Résumé.

1. Je dois la connaissance de ces découvertes à l'obligeance de M. de Longpérier, conservateur des Antiques au Musée du Louvre.

Une nouvelle Arcadie s'éleva en face de la Grèce, de l'autre côté de la Méditerranée. De longs murs de rochers, taillés à pic, surplombant la ville, l'encadrèrent de touffes épaisses de figuiers sauvages, de genêts épineux et de caroubiers. Sur les faces abruptes, d'un rouge d'ocre, de ces roches, entre les crevasses tourmentées qui les sillonnent, on vit d'élégants portiques soutenus par des colonnes, de hardis frontons, des portes à cadres sculptés, s'ouvrir, regardant la ville qui brillait à leur pied. Les fleurs des plantes saxatiles, les longues tiges flexibles des graminées vinrent ajouter une nouvelle décoration aux palmettes des corniches, aux volutes gracieuses des chapiteaux, rivalisant d'élégance et de légèreté avec les guirlandes des frises et les rosaces des métopes. Un bois sacré, dominant un ravin sauvage, bornait cette nécropole, cachant dans son sein le mystérieux sanctuaire d'une divinité. Et les blanches maisons de la ville, capricieusement éparses sur le plateau, tranchaient fortement sur les masses de feuillage de cette oasis par leurs lignes architecturales et l'éclat de leurs frontons.

Ainsi la ville grecque fit valoir les parures du désert; et le désert ajouta le charme de ses énergiques couleurs aux monuments de la ville grecque. Le ruisseau serpentant sous les fleurs et jaillissant en cascades sur les étages des rochers, vint se perdre sur les arcs de marbre des aqueducs, et frémir sur les blanches dalles des thermes hypogéens. Les tours carrées des forteresses, les angles aigus des palais, les portiques des temples, les gradins concentriques des amphithéâtres, brillèrent au milieu des bois de cyprès; et le torse gracieux de la nymphe de Cyrène, enlacé de myrtes et de lentisques, isolé dans les verts bocages, reçut les offrandes des vierges sans trahir leurs touchants aveux.

Aussi, dans les ruines de cette ville, tout parle-t-il de la Grèce; et les traces de la civilisation phénicienne sont-elles presque toutes effacées. Les restes des monuments romains eux-mêmes ont presque totalement disparu. A peine retrouve-t-on l'usage de Rome dans les cippes et les sarcophages qui bordent les voies du midi. Des hypogées plus anciens les séparent. Les Romains trouvèrent sans doute la ville si belle et si complète, qu'ils la respectèrent. Ils pouvaient enter, à Pétra, une ville nouvelle sur une ancienne, car la ville ancienne était toute barbare; mais ils n'auraient rien démoli, à Cyrène, sans commettre des sacrilèges.

Cette ville cependant, malgré son incontestable cachet grec, renferme de nombreux détails étrangers que la délicatesse du goût des Hellènes n'aurait certes pas admis sur leur terre classique. Aussi pouvons-nous affirmer que la colonie, de tout temps, fut habitée par un peuple mélangé de races diverses, et les usages antiques de la ville, provenant évidemment du contact des idées libyennes et phéniciennes, furent conservés par les compagnons de Battos, bien qu'ils fussent en opposition avec les coutumes qu'ils apportaient de leur patrie.

Ne serait-ce que l'usage égyptien d'inhumer les morts dans des hypogées, usage exagéré dans ses détails extérieurs par les Phéniciens, qui nous permettrait d'affirmer ce fait bizarre? Non, d'autres faits encore, moins importants, mais tout aussi graves, nous autorisent à parler ainsi. Les moindres détails des tombeaux de Cyrène, contemporains de la domination grecque, sont tellement différents de ceux que nous observerons plus tard dans la Grèce, que nous ne pouvons nous empêcher d'affirmer l'influence qu'exercèrent de tout temps les traditions particulières à la ville, sur les coutumes des étrangers qui, tour à tour, la conquirent.

Le génie grec put accepter dans les colonies l'usage des hypogées, mais il ne le créa certainement pas. L'hypogée fut une production des peuples primitifs, asiatiques ou africains; le monument isolé, cippe, colonne ou sarcophage, appartient seul au génie grec. La réunion de ces deux modes de sépultures dans la colonie de Cyrène, nous montre le mélange de coutumes qui s'établit entre les races diverses qui l'habitaient, et nous prouve qu'il n'y avait rien d'exclusif dans les idées grecques. Au surplus, l'usage de souterrains artificiels pour inhumer les morts devait faire le tour du monde des anciens, avant de se perdre dans les cryptes chrétiennes. Nous l'avons vu naître en Égypte, splendide, luxueux, et se servant de tous les modes possibles de décoration pour orner l'intérieur des tombes; nous l'avons vu passer en Perse, reportant à l'extérieur le luxe des salles souterraines, et protégé par des emplacements inaccessibles; nous l'avons retrouvé en Judée, déguisé par des labyrinthes, des puits et des portes à bascules; enfin nous venons de signaler son existence à Pétra et à Cyrène. Mais à mesure que nous avançons vers des peuples d'origines plus récentes, nous pouvons observer sa décadence. Les Nabathéens ne défendent plus les approches de l'hypogée et ne le composent que de salles modestes; les Cyrénéens font de même : chez eux il est sans doute un peu plus vaste, mais on ne le peut déjà plus comparer aux souterrains immenses de la Judée. Nous allons le retrouver maintenant, décorant les côtes de l'Asie Mineure, et passant de là chez les Étrusques, avec des modifications profondes, qui ne tarderont pas à le dénaturer totalement. Et nous signalerons ainsi les exigences de la mort, s'amoindrissant, dans l'esprit des hommes, à mesure qu'ils se rapprochent de l'ère de renoncement qui sépare les deux grandes phases de leur histoire par un abîme d'amour et de bienfaisance.

VUE DU TOMBEAU DIT DE CYRUS, A PASSARGADE.

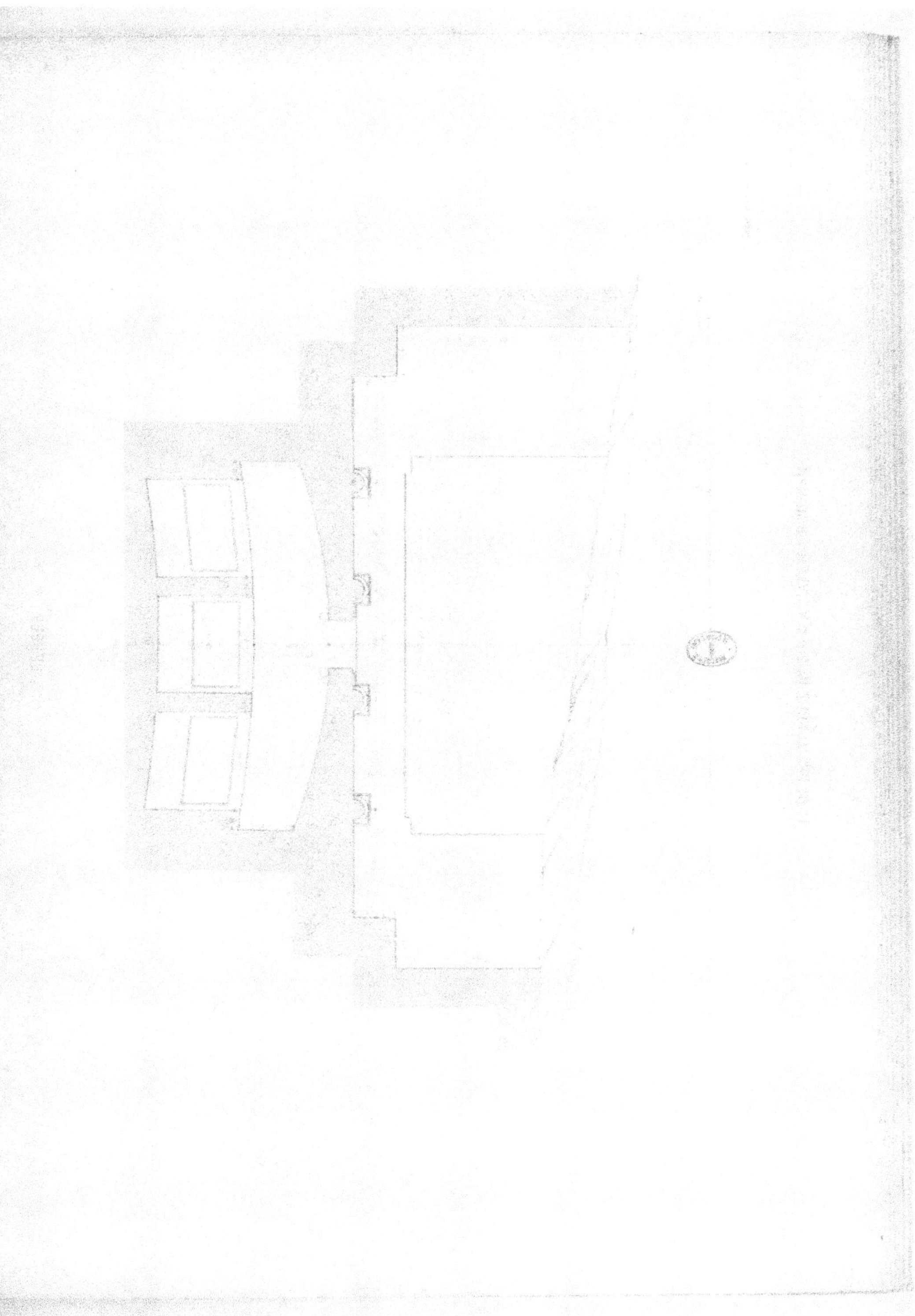

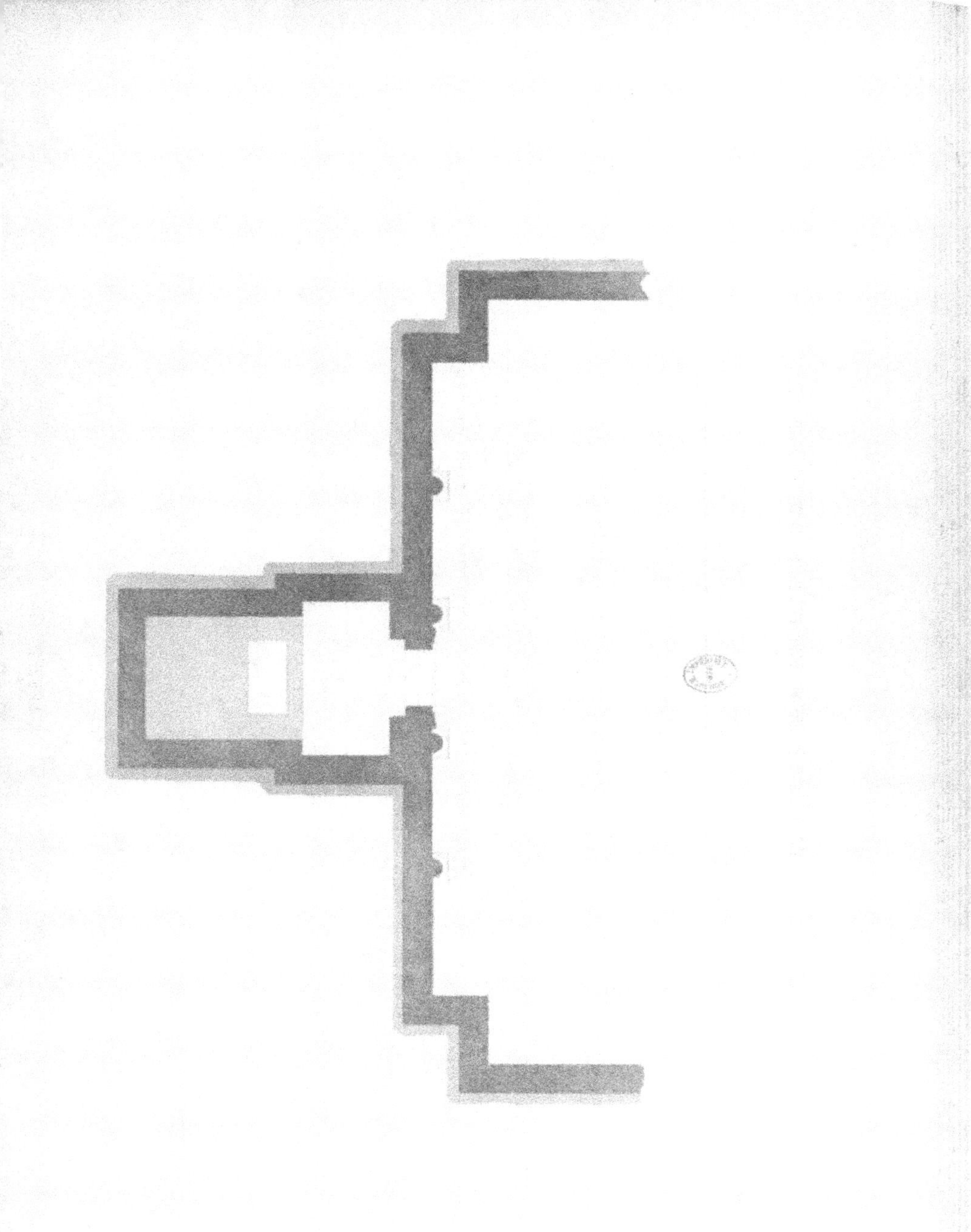

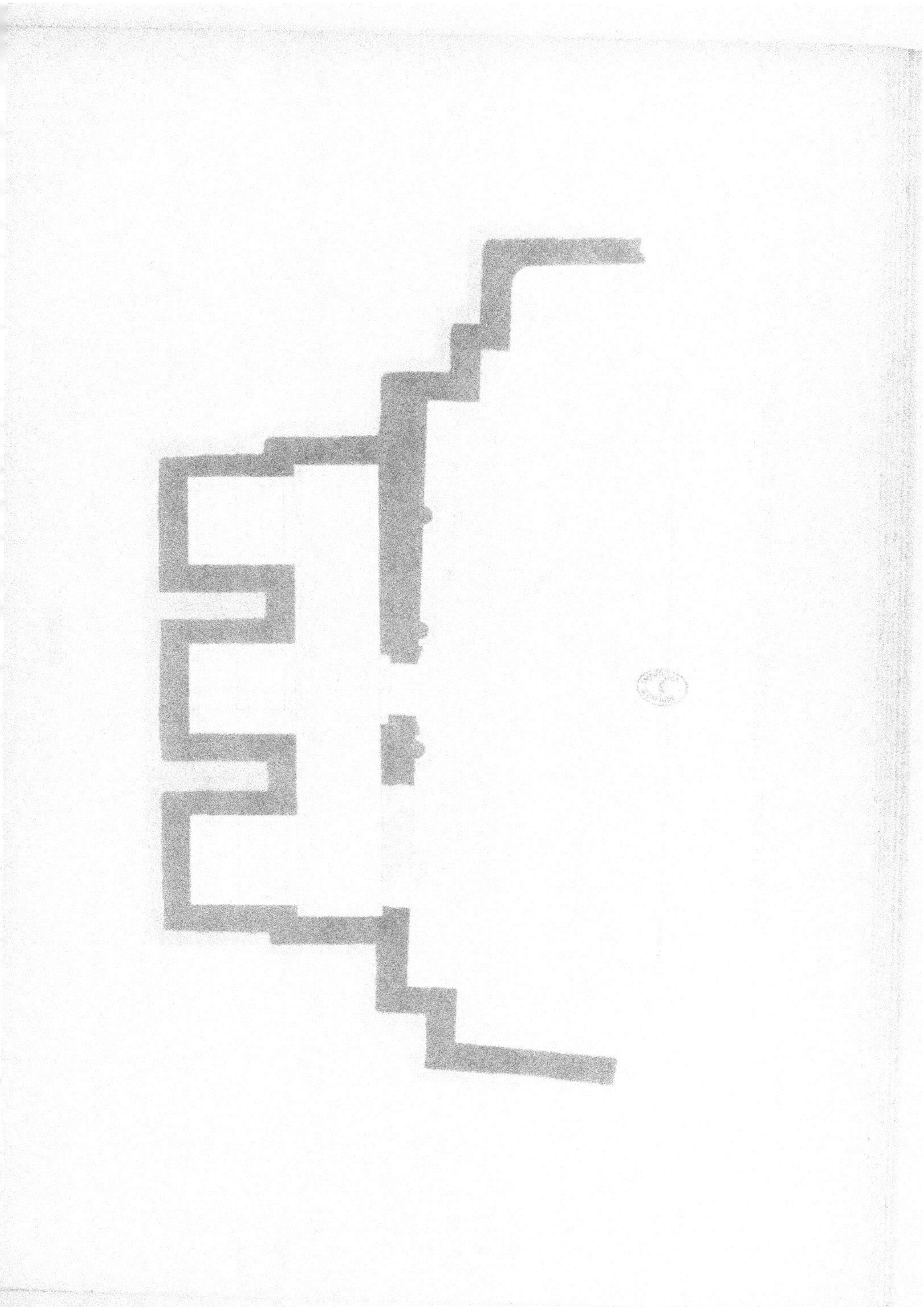

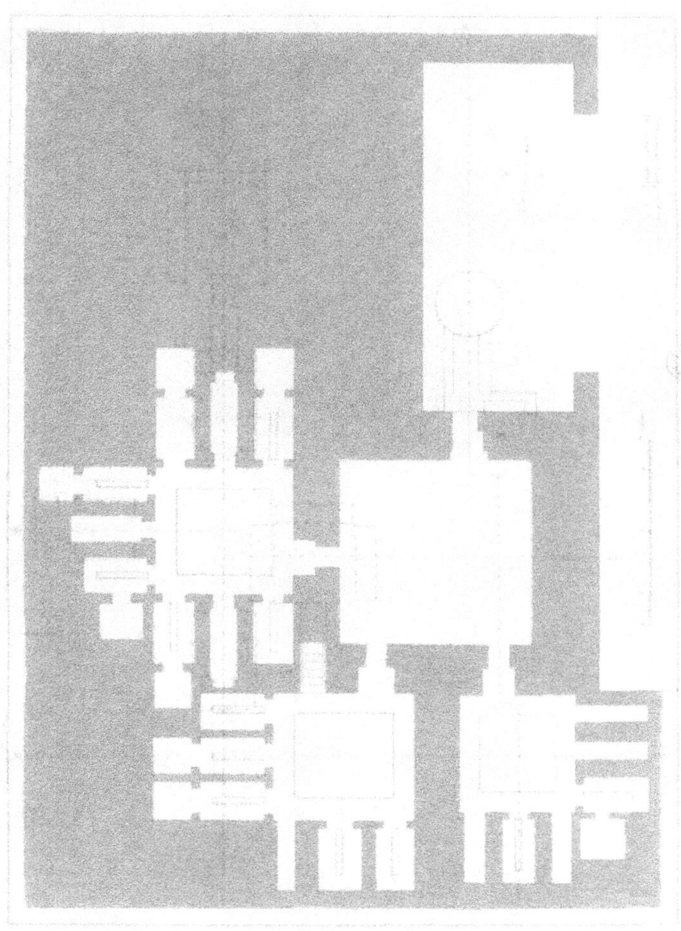

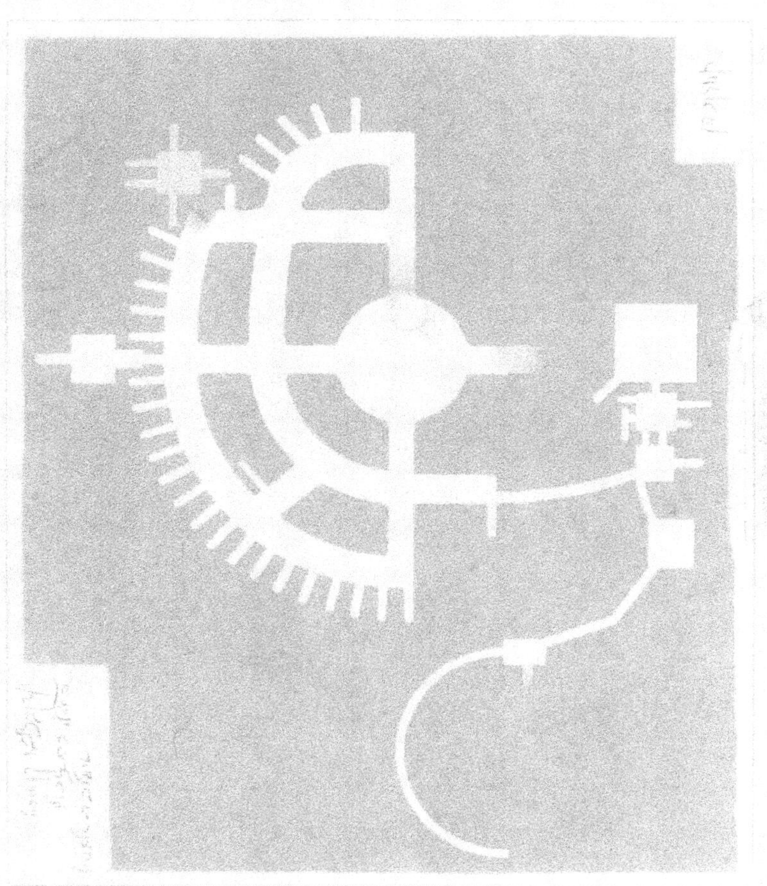

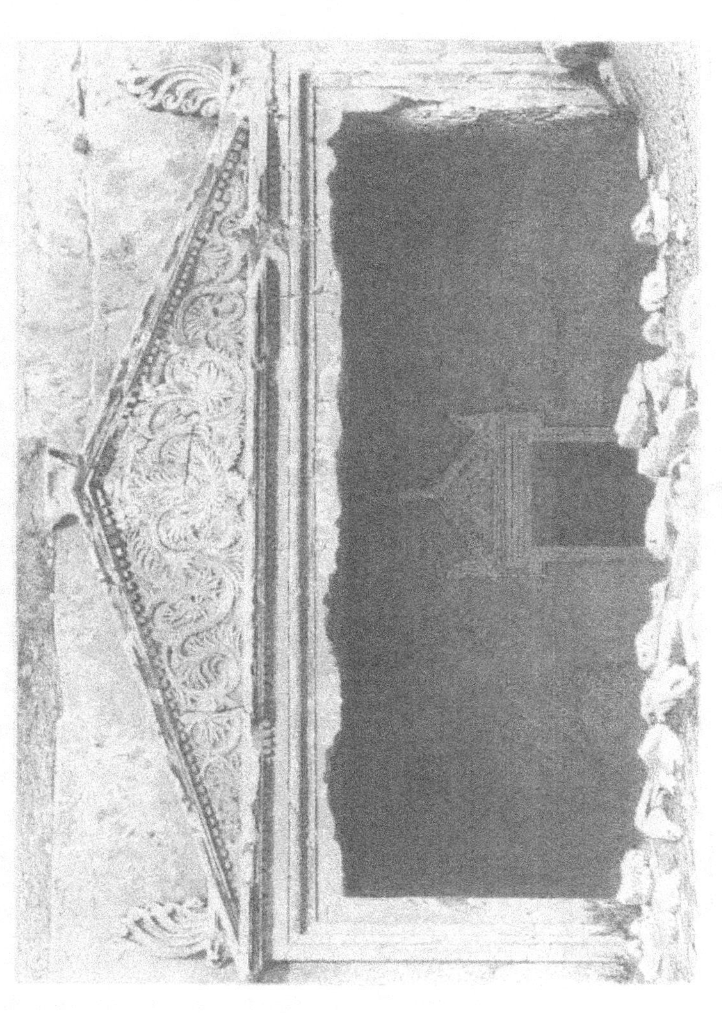

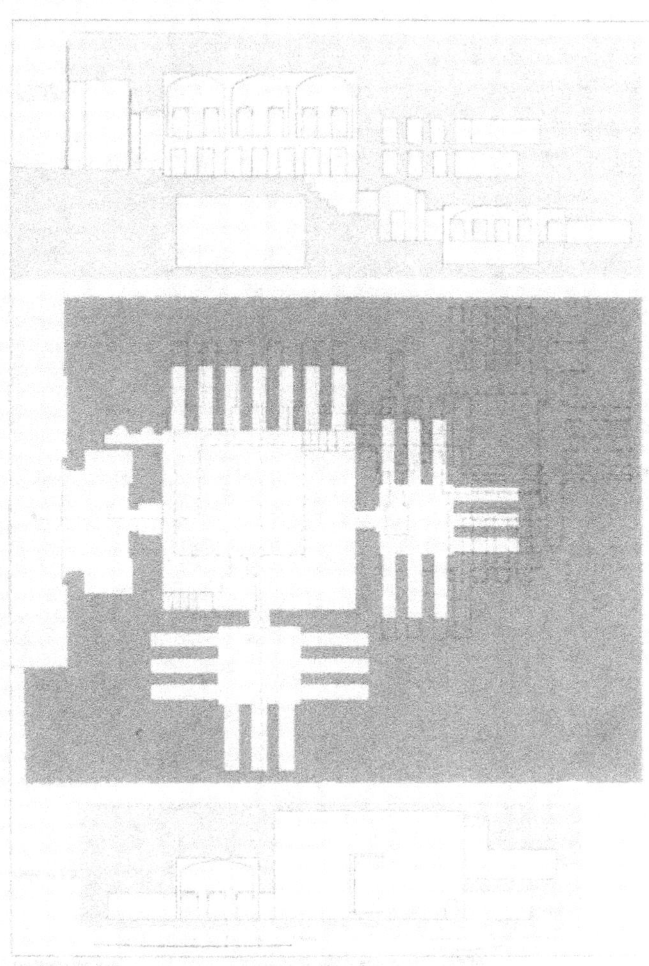

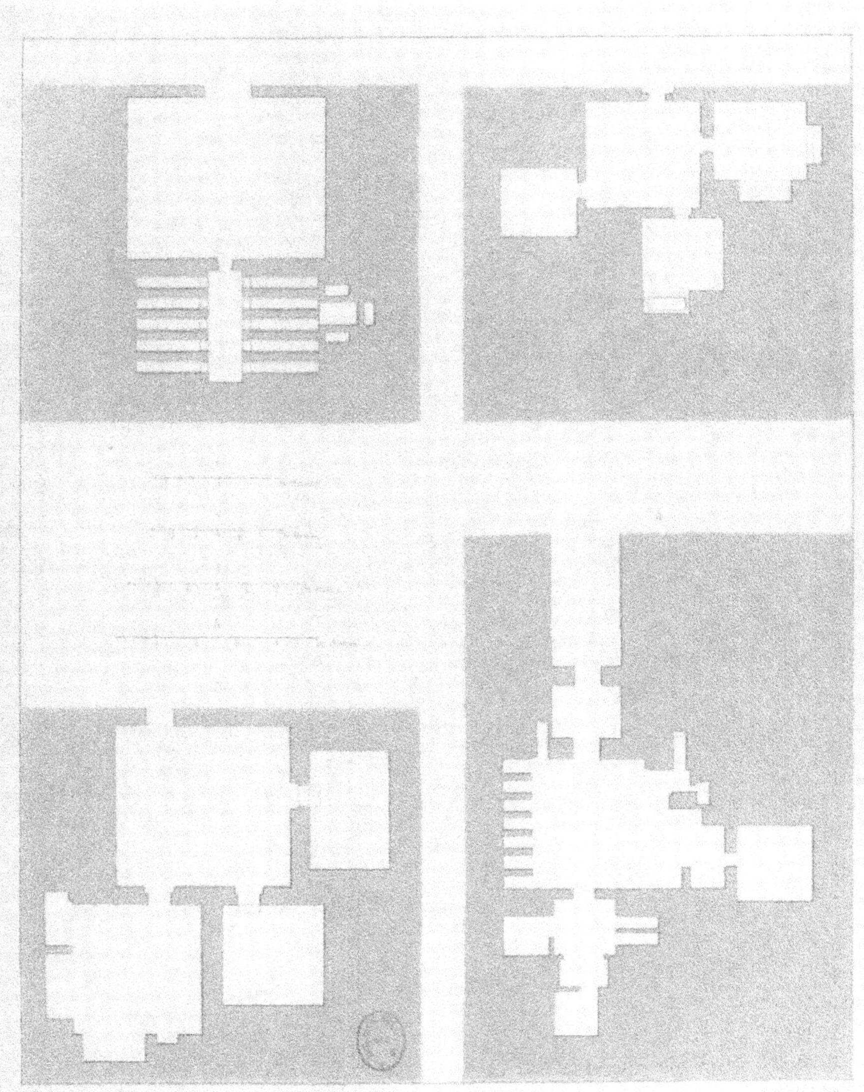